卓越教师培养系列教材

U0852328

综合实践活动课程概论

Zonghe Shijian Huodong Kecheng Gailun

主　编　何　茜
副主编　黄仕友　刘才利

高等教育出版社·北京

内容简介

本书系统地论述了综合实践活动课程的理念、特点、目标、内容、实施、评价、管理等内容，以《中小学综合实践活动课程指导纲要》为纲领，完整展示了综合实践活动课程的新理念、新成果、新方法，适时引用综合实践活动课程的案例，力图体现本书关于综合实践活动课程的基础性、前沿性、理论性、实用性。

本书可供普通高等院校教育类专业师生使用，也可以作为各级各类教师培训教材，还可以供广大教育研究人员、学校管理人员、任课教师以及教育爱好者学习和参考。

图书在版编目(CIP)数据

综合实践活动课程概论／何茜主编. --北京：高等教育出版社，2020.6

ISBN 978-7-04-053036-0

Ⅰ.①综… Ⅱ.①何… Ⅲ.①活动课程-教学法-中小学-高等学校-教材 Ⅳ.①G632.3

中国版本图书馆CIP数据核字(2019)第253810号

策划编辑 路秋丽 贾玉玲　责任编辑 路秋丽　封面设计 李小璐　版式设计 杜微言
插图绘制 于 博　责任校对 王 雨　责任印制 尤 静

出版发行 高等教育出版社
社 址 北京市西城区德外大街4号
邮政编码 100120
印 刷 北京新华印刷有限公司
开 本 787mm×1092mm 1/16
印 张 11.5
字 数 270千字
购书热线 010-58581118
咨询电话 400-810-0598
网 址 http://www.hep.edu.cn
http://www.hep.com.cn
网上订购 http://www.hepmall.com.cn
http://www.hepmall.com
http://www.hepmall.cn
版 次 2020年6月第1版
印 次 2020年6月第1次印刷
定 价 28.60元

物 料 号 53036-00

前　言

教育总是和社会发展保持密切的关联，21 世纪伊始，世界各国就宣扬知识经济时代、经济全球化、社会信息化的到来，如今人们已经感觉到时代发展之迅猛，当大家还在对第五次工业革命津津乐道的时候，专家已经预测一场以生物工程和基因产业为特征的第六次工业革命即将到来……面对这样的时代潮流，教育要紧跟时代步伐，始终不忘为国家培养全面发展的优秀人才的初心。在启动了面向 21 世纪的基础教育课程改革之后，国家相继出台了《2003 — 2007 年教育振兴行动计划》《国务院关于加强教师队伍建设的意见》《国务院关于深入推进义务教育均衡发展的意见》《教育部关于全面深化课程改革 落实立德树人根本任务的意见》《中国学生发展核心素养》《促进大数据发展行动纲要》《国务院办公厅关于全面加强和改进学校美育工作的意见》《国务院办公厅关于强化学校体育促进学生身心健康全面发展的意见》《中共中央国务院关于深化教育教学改革全面提高义务教育质量的意见》等文件，一直引领着基础教育持续性的改革与创新。一时间，"学科课程标准""核心素养""互联网 + 教育""大数据""人工智能与教育""智慧学校"等名词层出不穷，无不在助推着基础教育改革和进步。但是，无论时代如何变革，"促进学校课程创新，优化课堂教学改革，提高课堂教学效果，改变学生学习方式，全面推进素质教育"依然是基础教育始终关注的命题。

综合实践活动课程是第八次基础教育课程改革的产物。因为当时正值 21 世纪的开局之年，所以这次课程改革尤显意义重大，也被称为"新课改"，它开启了我国基础教育课程改革的新纪元。"新课改"至今将近 20 年，已不能再称"新"，但是它的思想理念却依然影响着当前的基础教育课程。综合实践活动课程是一门新型的、以学生生活及其发展为核心的实践性课程，课程内容来源于学生的生活经验和社会实践，体现了对知识的综合理解和运用。在三级管理课程体系下，综合实践活动课程对提升教师的专业水平和学校的课程管理能力提出了挑战，为各地各级各类学校彰显鲜明的办学特色提供了机遇。综合实践活动课程独特的课程理念、育人价值，以及丰富的内容体系(研究性学习、社会实践和社区服务、信息技术教育、劳动与技术教育)，厚重地承载着培养全面发展的优秀人才的使命。然而，在实践中，该课程的开设和推进却令人不够满意，其中有诸多原因，一个最为核心的问题就是缺乏专业的教师队伍。事实上，有很多学校无法常态化地开设这门课程,就是因为没有专任专职教师,也没有成立专门的教研组。如果想要有效地改变这个局面,那就要在师范类院校的大学课程中开设相应的专业或课程。目前,在很多师范类院校的师范生培养方案和计划中没有开设相应的课程。如此看来,当务之急就是要加强对这门学科的研究,在师范类院校和专业中开设相应的课程,培养和储备能胜任中小学综合实践活动课程的未来教师。

我于2005年开始接触综合实践活动课程,当时广西很多中小学在"新课改"以后开设了综合实践活动课程。为了了解广西地区该课程实施的情况,受广西壮族自治区教育厅基教处的委托,我和几个学生于2005年6月对广西全区20多所中小学的综合实践活动课程实施情况进行了调研,并完成了调研咨询报告。2014年,我在西南大学教师教育学院开设选修课"中小学综合实践活动设计",课程由我主讲,同时也聘请了西南大学附属中学的黄仕友副校长、西南大学附属小学的刘才利副校长和张静老师作为外聘教师参与课程讲授。在此期间,我们立足讲义,同时不断充实相关内容和资料,使课程更加全面和丰富,本书就是在此课程基础上完成的。

本书是集体智慧的结晶,全书的框架和体例由何茜负责设计,并进行统稿定稿。其中,何茜完成了第一、二章,刘才利完成了第三章,黄仕友完成了第四、五章,张静完成了第六章,何茜和刘睿完成了第七章。2015年,书稿初稿完成,团队成员边讲课边对书稿进行了修改和完善。2017年,恰逢《中小学综合实践活动课程指导纲要》(简称《指导纲要》)出台,我们结合它的新思想和新要求,再次对全书进行了修改和完善。2018年,在西南大学教务处的支持下,这门课程成为西南大学在线课程建设项目,我们与"智慧树"专业人员合作录制了微课程。2019年6月,在高等教育出版社魏延娜老师和路秋丽老师的建议下,为了适应新形态教材出版的要求,全书各章节又做了较大的修改和调整,同时,在重要章节的相关内容上补充了微视频及拓展阅读,通过扫描二维码便可获取,以适应广大学生自主学习的需要。

在本书即将出版之际,首先,感谢团队各位老师一直以来对这门课程注入的信心和认真治学的态度。黄仕友副校长指导中学综合实践活动课程多年,在实践中探索出许多"活教材",为本书提供了大量的实践案例;李宝庆副教授和张良副教授为本书录制了高质量的微视频课程资料。其次,感谢所有选择这门课程的师范生,他们在对综合实践活动课程认知基础较薄弱时选修了这门课程,通过课堂学习、实践基地观摩、小组合作学习等形式,逐渐较好地理解了中小学综合实践活动课程,他们对本课程学习的兴趣是我们前进的动力。再次,感谢西南大学的陈时见教授、刘义兵教授、张学敏教授、张学斌副院长对该课程的支持。学校一直重视教师教育工作,注重以师范生培养为特色,学校多年来对师范生培养所做的改革举措,不仅提升了师范生的能力和素养,而且也给予教师很大的进步空间。最后,感谢高等教育出版社的苏伶俐老师、魏延娜老师和路秋丽老师,她们用专业的眼光和高度负责的态度对书稿提出了诸多修改意见,减少了书中的不足和错误。本书作为教材,引用了大量前辈和同仁的相关观点和案例,在此,我们真诚地表示敬意和感谢。书稿完成经历了5年多时间，其间几易其稿，现在终于得以和大家见面，但是我的内心依然不安，书中一定还有诸多不足，特别是《指导纲要》出台伊始，有些问题仍然需要进一步澄明，所以恳请广大读者在阅读时不吝赐教，多提批评意见，以待日后修正。

何茜

2019年盛夏于西南大学

目　录

第一章
综合实践活动课程概述

学习目标

- 了解课程的概念和几种常见课程类型，比较综合实践活动课程与其他课程类型的异同，掌握综合实践活动课程的性质。
- 了解综合实践活动课程产生的背景、内涵和发展历程。
- 分析综合实践活动课程面临的问题，思考解决问题的策略。
- 能够激发对综合实践活动课程的学习兴趣，能把所学的知识运用于实践，思考当前综合实践活动课程存在的问题并分析其原因。

教学建议

本章共 3 学时，其中学生课前查阅资料、阅读文献、自主研读 1 学时，课堂讲授、讨论 2 学时。

教学是在学生积累了相关的课程改革知识的基础上进行的。第一，学生通过查阅相关资料了解课程的相关知识，比如，几种常见的课程类型，新一轮基础教育课程改革开展的背景和发展历程。第二，学生通过查阅相关的文件和文献，在阅读和整理的基础上，了解综合实践活动课程的发展历程。第三，通过案例学习，让学生了解综合实践活动课程的主题、内容和活动方式，从而产生学习兴趣。

知识导图

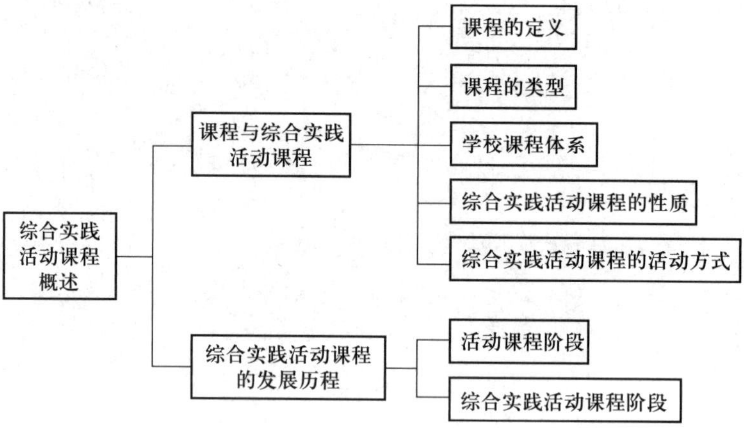
综合实践活动课程概述
课程与综合实践活动课程
课程的定义
课程的类型
学校课程体系
综合实践活动课程的性质
综合实践活动课程的活动方式
综合实践活动课程的发展历程
活动课程阶段
综合实践活动课程阶段

2001年,我国开始了第八次基础教育课程改革,首次提出了在中小学开设综合实践活动课程的规定。综合实践活动课程反映了学生个性发展的内在需要,体现了科技发展与社会进步的客观要求。综合实践活动课程坚持教育与生产劳动、社会实践相结合,引导学生深入理解和践行社会主义核心价值观。综合实践活动课程认为,每一个学生的个性发展都具有独特性、具体性,每一个学生都有自己的需要、兴趣和特长,都有自己的认知方式和学习方式,他们的发展不仅仅是通过书本知识的学习而获得。综合实践活动课程的设计与实施,有利于教师克服书本知识和课堂教学的时空局限,引导学生在社会生活中学习,在实践中发展。

教师必须充分了解综合实践活动课程,才能实施好这门课程,使这门课程的教育价值发挥到最大处,更好地促进学生综合素质的提升。

第一节　课程与综合实践活动课程

综合实践活动课程是学校课程体系的重要组成部分,是活动课程的一种特殊发展形态。理解综合实践活动课程的内涵,应该从它的上位概念"课程"开始。理解了课程的内涵与学校课程的类型后,可以更好地理解综合实践活动课程的内容结构与具体活动方式。

一、课程的定义

自1918年博比特在《课程》一书中首次使用"课程"这个概念后,"课程"作为一门独立学科的地位得以确立。进入21世纪以来,课程问题日益成为教育领域中的重要问题,课程可以说是使用最广泛但是定义最模糊的概念。因为不同的课程观会产生不同的课程定义,迄今为止,学界对课程的定义是多种多样的。

1. 把课程定义为学科

这种观点认为,课程就是学科内容,正如我们在学校课程表里看到的若干门学科,每一门学科就是一种课程。这种定义把课程看作既定的知识、概念、基本原理,将课程按照一定的逻辑序列进行组织和排列,按照一定的手段和方法把学科知识传授给学生。

2. 把课程定义为学习内容的总和

我国课程学者陈侠认为:"课程可以理解为为了实现各级各类学校的教育目标而规定的教学科目及其目的、内容、范围、分量和进程的总和。"①这种观点把课程的作用扩大了,认为课程就是学校为实现培养目标而选择的教育内容及其进程的总和,其包括学校各门学科和所有的教育活动。

3. 把课程定义为预期的学习结果

这种观点强调课程的作用和课程的目的性,重视课程内容的传授,强调课程的计划性和教学的指导性。

① 陈侠.课程研究引论[J].课程·教材·教法,1981(03):7-12.

4. 把课程定义为学习经验

这种观点认为，课程是有计划的学习经验。其更加注重学生在学习中的主体地位和体验，课程不再是一个外在的计划或者文本，而是学生在学习过程中获得的直接或间接的体验，这种观点克服了对课程狭义的理解，把学生看作课程的主体。

5. 把课程定义为文化的再生产

这种观点把课程与文化关联起来，课程作为文化传递的重要载体，其内容是人类文化的一个部分，课程的功能包括对文化的选择、传承和创新等。

课程定义的多样性体现了不同的课程流派价值取向的差异，也体现了不同的哲学理论对课程研究的影响，更反映了不同历史时期的研究者对课程理解的差别。多元的课程定义为课程理解提供了多层次的视角，也为解决课程问题提出了不同的方法和路径。

二、课程的类型

课程在经历了诸多发展之后，呈现出了稳定而成熟的类型。了解课程的类型，有利于丰富对课程的理解，也有助于了解综合实践活动课程的性质以及它在课程中的地位。在课程的理论与实践中，典型的课程类型包括：学科课程与活动课程、分科课程与综合课程、必修课程与选修课程、显性课程与隐性课程。

1. 学科课程

学科课程是指以学科为中心进行设计，按照学科的知识结构序列为逻辑编制的课程。其特点主要有以下三点：第一，学科课程是按照学科知识点组织起来的，可以系统地接受人类文化遗产。学科课程根据知识的逻辑顺序来组织课程内容，并将人类文化遗产的各个要素加以系统化地组织。第二，学科课程是根据学生的学习心理逻辑编写的，便于学生接受。学科课程关注学生发展过程中的心理成长轨迹，强调课程内容的重点要按照逻辑的顺序，以便于学生更好地掌握学科课程内容。第三，学科课程是以人类传统知识序列来进行排列的，便于传授和评估。学科课程强调人类传统知识的系统化组织，是学习者学习人类系统文化的最佳途径，有利于提高传授和评估知识的效率与价值。但学科课程也有其不足之处，正是由于学科课程过分强调学科知识的逻辑体系，忽略学生真实的学习需要和现实生活的实际情况，因而不容易调动学生学习的积极性。

2. 活动课程

活动课程是指在学科课程以外，学校有目的、有计划、有组织地通过多种活动项目和活动方式，运用学生所学的知识，以学生为主体，具有实践性、自主性、创造性、趣味性特征的课程。其特点主要有以下三点：第一，活动课程来自于学生的直接经验。活动课程的目的在于使学生在参与活动课程的过程中获得直接经验，以促进其认知、情感和能力的发展。第二，活动课程以非正式课堂教学的方式作为活动组织形式。该课程主要是在课堂上为促进学生身心发展而组织各种活动，因此活动课程强调课程空间的开放性和活动组织实施方式的灵活多样性。第三，活动课程强调以综合的方式解决问题。活动课程对过程的关注超过对结果的关注，因此活动课程需要从问题或主题出发，在活动过程中不受学科知识的束缚，通过跨学科整合的方式来解决问题。但是活动课程的不足之处在于其过分依赖学生的学习兴趣和个体需要，容易使学生的学习缺乏严格的计划性，造成学生的知识体系比较零散，难以实现对科学知识的系统掌握。

3. 分科课程

分科课程是指根据不同学科门类，按照不同学科知识的逻辑体系，以分科教学的形式向学生传授知识的课程。分科课程与学科课程基本上是一致的，不同之处在于分科课程强调的是课程内容的组织形式，而学科课程强调的是课程内容的固有属性。其特点主要有以下三点：第一，分科课程的内容体系完整，有较强的逻辑体系，注重按照知识结构的序列进行排列，各个学科的知识相对独立。第二，从课程开发来说，分科课程坚持以学科知识及其发展为基点，强调本学科知识的优先性。第三，从课程组织来说，分科课程坚持以学科知识的逻辑体系为线索，强调本学科自成一体。分科课程的不足之处在于由于过分强调学科本身知识的逻辑性和严谨性，导致分科课程往往轻视学生的需要、经验和实践，造成知识与学生的实际生活脱节，同时也会降低学生学习的积极性。分科课程容易造成学科门类繁多，学科间知识交叉重复，增加学生的学习负担。

4. 必修课程

必修课程是指为了保证学习者具备基本的素质、技能和知识基础而必须学习的课程。其特点主要有以下四点：第一，必修课程侧重共同知识、技能、素质的学习，为学生的终身发展奠定基础。第二，必修课程传授基本的科学文化知识、技能、技术，保障基本学力，培养基本素质，有利于学生的个性化发展和终身学习。第三，必修课程强调知识、技能的基础性、基本性、系统性与完整性，学习内容比较稳定。第四，必修课程的实施遵照循序渐进、线性推进的方式，注重课堂讲授、讨论探究和基本技能的训练，通常通过考试的形式来评价学生的学习结果。必修课程的不足之处在于其不利于发展学生的个性、爱好、特长，不利于培养学生自主学习的能力。

5. 选修课程

选修课程是指在学校已开设的课程中，不要求学生必须学习，但可以根据自己的兴趣和需要自由选择的课程。其特点主要有以下四点：第一，选修课程侧重拓展学生的学科视野，深化他们的学科知识与技能，发展其特长、个性。第二，选修课程着眼于学科知识的拓展、深化，能够满足学生的兴趣爱好。第三，选修课程关注较深、较广、较新的知识技能与当代社会生活中的重大问题，学习内容有较大的弹性，且可以随时代的变化及学生的要求进行及时调整。第四，选修课程内容可跨越式跃进，以非线性的方式加以实施，专家讲座，学生自学、讨论、实践为其基本学习形式。选修课程的不足之处在于其知识体系一般都比较松散，不够系统，因此不利于学习者对某一学科知识进行系统和全面的认识。

6. 显性课程

显性课程也叫显在课程，是指为实现一定的教育目标而正式列入学校教学计划的各门学科以及据此进行的有目的、有组织的教育活动。显性课程多为正式课程和官方课程。其特点主要有以下两点：第一，在显性课程中教师一般都采用明确的、直接的、外显的方式来呈现教育内容。第二，显性课程都具有明确的学习计划和目标，因此学生都有明确的学习进度和可预见的学习结果。显性课程的不足之处在于该课程相对比较固定，没有重视学生个体的学习需要和兴趣，从而忽略了对学生自身学习经验的关照，以及隐性环境和文化对学生成长的影响。

7. 隐性课程

隐性课程包括在学校政策及课程计划中未明确规定的、非正式和无意识的学习经验，学生在学校情境中无意识地获得的经验、价值观、理想等内容和文化影响，以及在学校情境中以间接的、内隐的方式呈现的课程，如班级文化、校园环境、师生关系等，这些都会对学生的个体成长产生影响。其主要特点有以下三点：第一，隐性课程具有弥散性、持久性和不确定性。第二，隐性课程对学生发展具有隐蔽的作用。学校的校风、学风、校园文化，教师的教育理念、价值观、知识观、教学风格、教学指导思想等，都会对学生的发展产生间接影响。第三，隐性课程对于学生的影响是潜移默化的，比如学校管理体制、学校组织机构、班级管理方式、班级运行模式、学生的人际关系状况，教师的心态、行为方式等，对学生的性格养成、情感观念、学习态度等都会产生缓慢的影响。隐性课程的不足之处在于：首先，隐性课程对于学生的影响不容易被察觉，因此，如果是对学生产生消极影响的隐性课程，那么其对于学生的危害会比较持久也比较严重。其次，在隐性课程中，学生获得的主要是非学术性知识。最后，隐性课程是无计划的学习活动，是学生在学校中无意识接受的。隐性课程虽然不出现在课程表上，但是却真切地发生在学校场域和学习情境中，并且对学生的发展起着潜移默化的影响。近些年来，由于对课程实施过程中不确定因素的研究进一步深入，隐性课程的非预期性和非计划性等因素对人的发展产生的影响和作用等话题，也引发了一些课程学者的研究兴趣。

三、学校课程体系

课程体系是指在一定的教育价值理念指导下，将各种类型的课程加以排列和组合，使其在学校课程体系的运行中发挥各自的教育功能，形成教育合力，使学校教育目的得以实现。课程体系是实现教育培养目标的载体，是保障教育正常运行和提高教育质量的关键。

学校课程体系是指根据国家人才培养的目标，将各种课程类型进行分析和重新组合，按照一定的比例将选修课程、必修课程，学科课程、活动课程，国家课程、地方课程和校本课程等不同类型的课程进行合理的分配，使学校的课程符合国家人才培养的规格和要求，同时又能有效地促进学生个体的发展。根据第八次基础教育课程改革的要求，学校课程体系的建设应该包括国家课程（必修课程）、地方课程、校本课程等，具体可见图 1－1。

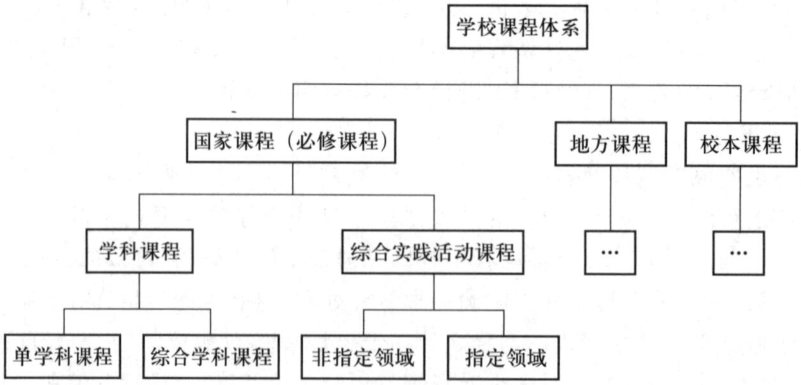

图 1－1　学校课程体系图

国家课程就是国家规定学校开设的课程，其中包括学科课程和综合学科课程。学科课程中的单学科课程包括语文、数学、外语、物理、化学、生物、历史、地理、音乐、美术、体育等，综合学科课程包括科学、品德与社会、历史与社会、综合艺术等。

作为国家规定的必修课，综合实践活动课程是一门与学校其他学科课程并列的课程门类，它是学校课程体系的有机组成部分和有益补充，与学科课程等共同构成了完整的学校课程体系。

四、综合实践活动课程的性质

综合实践活动课程是从学生的真实生活和发展需要出发，在学习和生活情境中发现问题，并转化为活动主题，通过探究、服务、制作、体验等方式，培养学生综合素质的跨学科实践性课程。综合实践活动课程是国家义务教育和普通高中课程方案规定的必修课程，与学科课程并列设置，是基础教育课程体系的重要组成部分。该课程由地方教育行政管理部门统筹管理和指导，具体内容以学校开发为主，自小学一年级至高中三年级全面实施。

（一）综合实践活动课程是一种实践性课程

综合实践活动课程强调学习是一种体验和探究的过程，该课程尤其注重学生多样化的实践性学习方式，转变传统的以单一的知识传授为基本方式、以知识结果的获得为直接目的的学习活动。综合实践活动课程强调通过多样化的实践性学习，如探究、调查、访问、考察、操作、服务、劳动实践和技术实践等获得学习经验。该课程比其他任何课程都更强调学生对实际活动过程的亲历和体验，在该课程中，学生是通过动手操作实践的方式来获得经历和体验的，所以，探究、服务、制作、体验是综合实践活动课程的基本学习方式。

（二）综合实践活动课程是一种生活化的课程

综合实践活动课程强调超越教材、课堂和学校的局限，在活动时空上向自然环境、学生的生活领域和社会活动领域延伸，密切学生与自然、与社会、与生活的联系。综合实践活动课程的主题来源于生活，服务于生活，在确立主题时，教师会引导学生观察生活，了解生活的价值和意义，发现人们日常生活中遇到的困难和问题，引发学生思考。在活动空间上，生活为课程探究提供了有力的保障，大自然的花草树木、社会中的场馆营地，都是综合实践活动课程活动探究的基地，这可以使学生建立起生活与知识、学习与经验之间的直接关联。比如，中国的春节、端午节、中秋节，以及家庭生活中一些旧物改造、美化家庭环境、智能社区的设计和规划等内容，都是很好的主题探究内容，这些内容都与日常生活密切相关，使学生学会在生活中寻找重要的信息和社会热点，能将书本知识用于解决生活实际问题，学会学以致用。

（三）综合实践活动课程是三级管理的课程

综合实践活动课程集中体现了三级课程管理制度。《指导纲要》规定，综合实践活动课程由国家统一制定指导纲要，地方教育管理部门根据地方差异加以指导，学校根据相应的课程资源，进行校本开发和实施，即国家规定，地方指导，校本开发与实施。也就是说，国家提出了综合实践活动课程的宏观目标和原则要求；地方对落实国家的要求提出具体的指导性意见；学校负责针对学生和学校实际，来开发具体的活动内容，其活动评价方式也由学校自行完成。学校成为综合实践活动课程管理的主体,具有课程开发、课程设计、课程管理和评价的权利。这样,综合实践活动课程的校本开发与实施,就能够体现出学校各自的办学特色,满足学生个性发展的需要。

[拓展阅读]柳夕浪:正确把握"四个关系",
着力推动课程形态变革——《中小学综合实践活动课程指导纲要》解读

五、综合实践活动课程的活动方式

为加强对综合实践活动课程过程的具体指导,2017 年颁布的《中小学综合实践活动课程指导纲要》,提出了综合实践活动课程的活动方式,其活动方式具体明确,对教师实施该课程提供了有效的方法指引。《中小学综合实践活动课程指导纲要》提出了考察探究、社会服务、设计制作、职业体验等主要活动方式,对各类活动方式的内涵和要素作了梳理和必要的规范,为各类主题活动的设计和实施提供了基本的理论框架,为教师实施课程提供了有效的方法指引。

[微视频]综合实践活动课程的师生关系

(一)考察探究

考察探究是学生基于自身兴趣,在教师的指导下,从自然、社会和学生自身生活中选择和确定研究主题,开展研究性学习,在观察、记录和思考中,主动获取知识,分析并解决问题的过程,如野外考察、社会调查、研学旅行等,它注重运用实地观察、访谈、实验等方法,获取材料,形成理性思维、批判质疑和勇于探究的精神。考察探究的关键要素包括:发现并提出问题;提出假设,选择方法,研制工具;获取证据;提出解释或观念;交流、评价探究成果;反思和改进。

这类活动的方式通常以问题为核心,用文献收集、调查研究、实地观察、访谈调研、科学实验等多种方式开展活动,通过活动启发学生善于观察生活、探索自然现象、发现问题,初步掌握科学研究的基本步骤和方法。其中包括对自然的探索,如家乡的植树造林发展、校园的绿化等;对社会现象的探索,如垃圾的分类处理、空气污染状况、有机食品的利弊等;对科学实验问题的探索,如太空舱的秘密、重力和引力的关系等。

(二)社会服务

社会服务指学生在教师的指导下,走出教室,参与社会活动,以自己的劳动满足社会组织或他人的需要,如公益活动、志愿服务、勤工俭学等,它强调学生在满足被服务者需要的过程中，获得自身发展，促进相关知识技能的学习，提升实践能力，成为履职尽责、敢于担当的人。社会服务的关键要素包括：明确服务对象与需要；制订服务活动计划；开展服务行动；反思服务经历，分享活动经验。

这类活动，是学生走出教室和学校，走向社会真实场景进行学习和实践的活动。社会服务活动通过学生直接参与社会活动，增加对生活的体验，增强对社会分工的认识，注重对社会现实问题的关注，培养学生的社会责任感，加深对社会公民基本素养的认识。这类活动包括：走进社区的公益服务活动，义务劳动，传统文化体验活动，为特殊群体服务的活动，志愿者活动，参观农场、博物馆、图书馆的活动等。

（三）设计制作

设计制作指学生运用各种工具、工艺（包括信息技术）进行设计，并动手操作，将自己的创意、方案付诸现实，转化为物品或作品的过程，如动漫制作、编程、陶艺创作等，它注重提高学生的技术意识、工程思维、动手操作能力等。在活动过程中，鼓励学生手脑并用，灵活掌握、融会贯通各类知识和技巧提高学生的技术操作水平、知识迁移水平，体验工匠精神等。设计制作的关键要素包括：创意设计；选择活动材料或工具；动手制作；交流展示物品或作品，反思与改进。

这类活动是基于对人们日常生产生活劳动的认识而设计的活动，主要由学生自主设计和制作实物成品。设计制作强调学生通过观察生活参与社会劳动，从生活经验中动手动脑，参与社会实践及劳动体验，掌握基本劳动工具的使用技能，萌发制作和发明劳动工具的情感。这类活动包括：照图设计或者组合工具，设计农场、果园，设计现代化新农村，室内装潢设计，“变废为宝”活动等。

设计制作是一个复杂综合的过程，学生要在观察生活、发现在生活生产过程中产生的人类智慧的基础上，萌生改良和发明新工具的创新意识。这就要求学生在参与劳动的过程中，从生活经验入手，发展综合能力和解决现实生活问题的能力，学习动手创造和美化生活的经验，开发脑洞“变废为宝”。如制作简单手工艺品、陶土艺术、木艺和建筑、使用家用电器、营养和烹饪、服装设计、模型创意、机器人、摄影、三维打印、仿生学等。

（四）职业体验

职业体验指学生在实际工作岗位上或模拟情境中见习、实习，体认职业角色的过程，如军训、学工、学农等，它注重让学生获得对职业生活的真切理解，发现自己的专长，培养职业兴趣，形成正确的劳动观念和人生志向，提升生涯规划能力。职业体验的关键要素包括：选择或设计职业情境；实际岗位演练；总结、反思和交流经历过程；概括提炼经验，行动应用。

职业体验是最直接参与社会实践的方式，使学生通过参与各种社会职业，了解不同职业的功能、作用、日常工作流程，能体验劳动的辛苦和快乐，提升劳动和实践能力，培养独立自主意识，为未来职业规划打好基础。《指导纲要》对这些内容做了一些主题建议，在小学阶段，职业体验的内容包括了解少先队、当家做家务、参与校园文化活动、参观各种社会功能场馆，如：科技馆、博物馆、文化馆、图书馆、植物园、动物园、爱国教育基地等。在中学阶段，有中西方文化对比、职业调查、班级管理、了解新农村建设、社会实践基地、国家权益维护、防范自然灾害等内容。

综合实践活动课程有别于以往的学科课程，主要侧重于学生个性化的活动和学习，而且活动形式丰富多样，这样不仅有助于维持学生高昂的探究兴趣，而且还使综合实践活动课程得以丰富多彩地开展。综合实践活动课程除了以上活动方式外，还有党团队教育活动、博物馆参观等。综合实践活动课程方式的划分是相对的。在活动设计时可以有所侧重，以某种方式为主，兼顾其他方式；也可以整合方式实施，使不同活动要素彼此渗透、融会贯通。要充分发挥信息技术对于各类活动的支持作用，有效促进问题解决、交流协作、成果展示与分享等。

第二节　综合实践活动课程的发展历程

针对我国课程结构单一、难以培养适应未来社会的人才状况，2001 年，第八次基础教育课程改革首次提出了要在学校课程中开设综合实践活动课程的规定。从此，综合实践活动课程作为必修课程，成为学校课程体系的一个重要部分。不过综合实践活动课程并不是一个突然而至的新词，它与过去学校课程中开展和实施的“活动课程”和“课外第二课堂”有着密切的联系，甚至可以说，综合实践活动课程是在这二者的基础上发展而来的。

一、活动课程阶段

活动课程是以学生为主体，以经验和活动为中心的课程。

活动课程的思想可以追溯到自然主义教育家卢梭，他深刻地分析了自然和人的关系，把自然的秩序和人的自然本性密切联系起来，强调人的自然生命体验和生命本质。把培养“自然人”作为教育的主张，强调要遵从儿童的自然本性和自然发展规律进行教育，让儿童能够遵循自然的法则和自然的秩序成长，成为热爱自然的个体。他的这种教育思想，解放了儿童自然的天性，使儿童成为教育的主体，也使教育开始联系儿童的生活，由此活动成为儿童教育的重要方式。

美国教育家杜威进一步继承了卢梭的思想。他强调“教育即生活”，教育不是为了儿童的未来生活做准备，而是在于儿童生活本身。教育的目的即儿童成长，教育就是要满足儿童的兴趣、本能、需要。杜威认为，教育应该以儿童的经验为核心，他强调儿童直接经验的重要性，反对把书本知识作为结论直接教给学生，认为应该把知识还原为经验进行教学。杜威的“五大教育信条”——教育即生活，教育即生长，教育即经验的改造和改组，学校即社会，做中学的思想，对教育产生了极为深远的影响，使教育重新回归到儿童本身，儿童作为教育的主体，其在生活活动中获取的经验和作为活动主体的主观能动性理所当然地成为教育的中心。

20 世纪 30 年代，克伯屈在教育实践中开展了活动课程的探索。他提出“设计教学法”，改变了以往传统教学中呆板的课程教学方式和以书本知识为中心的内容结构，主张根据学生的兴趣和需要，从实际生活环境中寻找需要学习的问题，学生根据问题解决的需要拟定工作计划，通过实践活动尝试去解决问题，整个活动过程始终以学生的活动为中心，以解决问题为教学指导方式，鼓励学生以自愿的方式进行学习。“设计教学法”又称“单元教学法”，是美国进步主义教育思想的代表。

20 世纪 50 年代以后，欧美国家出现了一些新型学校，这些学校强调通过活动来促进学生的发展，增加学生参与社会实践和生活体验的机会，以此让学生积累有益的教育经验，来满足学生兴趣和个性发展的需要。

国外活动课程的浪潮也影响到了我国。1955 年，我国颁布了《关于小学课外活动的规定》，明确了“课外活动”的内容和实施方法。然而由于条件的局限，当时课外活动并没有规范地实施，没有形成相应的规模和影响。但是这种以“活动”作为学习的方式，对于当时学科课程占绝对优势的学校课程体系来说，无疑是一股清流。

20 世纪 80 年代中期以后，我国社会整体处于改革开放后谋求发展的历史阶段，教育界对于学校教育中学科课程比重过多，学校片面追求升学率，学生高分低能等现象进行了批评，开展了关于素质教育的大讨论。“活动课程”作为能促进素质教育和学生全面发展的载体进入了学校课程。

1992 年，国家教委借鉴国内外课程改革的经验，将“活动课程”纳入课程计划，并于次年在《九年义务教育全日制小学、初级中学课程计划》中，明确规定要在学校课程中加入“活动课程”，从此，活动课程和学科课程都成为学校课程的有机组成部分，都是促进学生发展的重要途径。“活动课程”的加入，打破了我国一直以来以学科课程为主的学校课程体系的局面。

1996 年，针对前几年“活动课程”在学校课程实施中出现的问题，国家教委又颁布了《九年义务教育活动类课程指导纲要（草案）》，对“活动课程”的培养目标、内容、形式、组织方式与方法作了规定和要求。在政策的指导下，大家对“活动课程”的重要性、课程性质、课程组织方式等有了明确的认识，使得“活动课程”在实践中得到了广泛推行。《九年义务教育活动课程指导纲要（草案）》规定各级中小学要拿出专门的时间来开设“课外第二课堂”、各种学生兴趣班活动等，这些“活动课程”的开展，丰富了我国基础教育课程的实践经验，同时也为后来的“综合实践活动课程”的提出和确立奠定了基础。

二、综合实践活动课程阶段

2001 年 7 月，《国务院关于基础教育改革与发展的决定》中提出要加快构建符合素质教育要求的新的基础教育课程体系。文件要求新的课程需适应社会发展和科技进步，根据不同年龄学生的认知规律，优化课程结构，调整课程门类，更新课程内容，引导学生积极主动学习。分学段来说，小学加强综合课程的实施，初中将分科课程与综合课程相结合，高中以分科课程为主。

为贯彻落实《国务院关于基础教育改革与发展的决定》，教育部颁布了《基础教育课程改革纲要（试行）》，决定大力推进基础教育课程改革，调整和改革基础教育的课程体系、结构、内容，构建符合素质教育要求的新的基础教育课程体系，这次改革被称为“新课改”。作为这次改革内容的亮点之一，就是增设综合实践活动课程作为基础教育课程体系的必修课程，决定从小学至高中都要设置综合实践活动课程并将其作为必修课程。综合实践活动课程强调学生通过实践，增强探究和创新意识，学习科学研究的方法，发展综合运用知识的能力，增进学校与社会的密切联系，培养学生的社会责任感。在实施过程中，综合实践活动课程注重加强信息技术教育，培养学生利用信息技术的意识和能力，也注意让学生了解必要的通用技术和职业分工知识，形成初步的技术能力。

综合实践活动课程作为一门独立的、崭新的课程诞生了。鉴于这门课程的重要作用,也为了保证课程的顺利实践,教育部明确规定自小学三年级开始至高中阶段设置综合实践活动课程,先从小学实施,逐步普及到高中,每周平均 3 课时。

综合实践活动课程不同于以往的学科课程,它是一门基于学生经验和生活的实践性课程,主要体现了学生自主探究、亲身体验、联系社会生活、关注身边时事的意识,呈现出提倡学生自主学习、主动构建知识、综合运用知识解决问题的课程形态。

新一轮课程改革首次提出综合实践活动课程以后,全国掀起了综合实践活动课程的研究和实践浪潮,很多课程学者和基础教育学校纷纷投身该门课程的思考和实施中,其中包括成立了综合实践活动课程研究会、创办综合实践活动课程网站、编制综合实践活动课程教材、推出基地学校、评选优秀教师和特级教师等。经过几年的努力,综合实践活动课程的研究成果显著,形成了一批理论书籍、经典案例、品牌学校、教学名师。

事物发展的道路总是曲折的,综合实践活动课程的发展之路也绝非平坦,经历了几年的发展之后,综合实践活动课程在实践中从刚开始的轰轰烈烈逐渐走向了冷冷清清的尴尬局面,由于某些教师对这门课程的理解不透彻,因此在教育实践中出现了若干的困难和问题。例如,(1) 把综合实践活动课程当成分科课程来“教”;(2) 在某些地区和学校综合实践活动课程的开设只是纸上谈兵,课表中设置了该课程,但是却不开展相关活动;(3) 综合实践活动课程成为“放羊课”,没有任何计划,只是让学生们自由活动;(4) 综合实践活动课程的任课教师由班主任或者其他电教课教师兼任;(5) 教师自身对某些知识毫不了解,无法指导学生开展活动。

综合实践活动课程在实践中遭遇困境的主要原因有:(1) 综合实践活动课程不是考试指定科目,在当前高考指挥棒的压力下,没有考试的课程自然也是学校里的弱势课程从而不受重视,导致课程在实践中课时难以保证,无法常态化开展。(2) 综合实践活动课程缺乏专门的师资,作为一门新兴的课程,缺少对专任教师培养的科学路径,很多学校担任综合实践活动课程的教师都由其他学科的教师兼任,使得该课程没有一支稳定的教师队伍和教研组,课程实施的效果不理想,同时也不利于任课教师们对该门课程开展集体研讨和教学攻关。(3) 由于综合实践活动课程需要到社会和生活中去实践,很多学校出于对经费考虑和学生安全问题的担忧,都没能按照计划实施校外活动。(4) 综合实践活动课程自身评价的随意性,加上该课程没有国家统一的评价体系,使得该课程评价的方式多为开放性的评价,因此也导致该课程在实践中的评价多流于形式,评价的随意性也是导致综合实践活动课程的实施效果不理想的原因。(5) 教育管理部门缺乏对综合实践活动课程的重视,没有建立良好的课程成果推广的机制和平台,加之社会对该课程性质和价值的认识还需时日,导致这门课程在实践中渐渐失去了原先的吸引力。

2014 年,《教育部关于全面深化课程改革 落实立德树人根本任务的意见》,首次提出了“核心素养”的概念,一时间,“核心素养”成为教育研究的一个热点。学生发展核心素养是指学生应具备的,能够适应终身发展和社会发展需要的必备品格和关键能力,是关于学生知识、技能、情感、态度、价值观等多方面要求的综合表现,包含了个体终身发展和社会发展不可或缺的共同素养,是我们育人的总体目标。

2016 年,中国学生发展核心素养研究成果发布。“核心素养”以培养“全面发展的人”

为核心，其内涵十分全面，分为文化基础、自主发展、社会参与三个方面，综合表现为人文底蕴、科学精神、学会学习、健康生活、责任担当、实践创新六大素养，具体细化为国家认同等18个基本要点。

“核心素养”的提出，对基础教育工作提出了新的要求，各传统学科纷纷开始投身于学科核心素养的研制和解读中。综合实践活动课程也不例外，“核心素养”提出的科学探索精神、学生自主学习、社会责任担当、实践创新和问题解决能力等素养，与综合实践活动课程的理念和课程目标具有异曲同工之处。“核心素养”的出台，对推动综合实践活动课程的研究和发展起到了积极的作用。

拓展阅读

《中国学生发展核心素养》选摘

文化基础

1. 人文底蕴

人文积淀：具有古今中外人文领域基本知识和成果的积累；能理解和掌握人文思想中所蕴含的认识方法和实践方法等。

人文情怀：具有以人为本的意识，尊重、维护人的尊严和价值；能关切人的生存、发展和幸福等。

审美情趣：具有艺术知识、技能与方法的积累；能理解和尊重文化艺术的多样性，具有发现、感知、欣赏、评价美的意识和基本能力；具有健康的审美价值取向；具有艺术表达和创意表现的兴趣和意识，能在生活中拓展和升华美等。

2. 科学精神

理性思维：崇尚真知，能理解和掌握基本的科学原理和方法；尊重事实和证据，有实证意识和严谨的求知态度；逻辑清晰，能运用科学的思维方式认识事物、解决问题、指导行为等。

批判质疑：具有问题意识；能独立思考、独立判断；思维缜密，能多角度、辩证地分析问题，做出选择和决定等。

勇于探究：具有好奇心和想象力；能不畏困难，有坚持不懈的探索精神；能大胆尝试，积极寻求有效的问题解决方法等。

自主发展

1. 学会学习

乐学善学：能正确认识和理解学习的价值，具有积极的学习态度和浓厚的学习兴趣；能养成良好的学习习惯，掌握适合自身的学习方法；能自主学习，具有终身学习的意识和能力等。

勤于反思：具有对自己的学习状态进行审视的意识和习惯，善于总结经验；能够根据不同情境和自身实际，选择或调整学习策略和方法等。

信息意识：能自觉、有效地获取、评估、鉴别、使用信息；具有数字化生存能力，主动适应

“互联网+”等社会信息化发展趋势；具有网络伦理道德与信息安全意识等。

2. 健康生活

珍爱生命：理解生命意义和人生价值；具有安全意识与自我保护能力；掌握适合自身的运动方法和技能，养成健康文明的行为习惯和生活方式等。

健全人格：具有积极的心理品质，自信自爱，坚韧乐观；有自制力，能调节和管理自己的情绪，具有抗挫折能力等。

自我管理：能正确认识与评估自我；依据自身个性和潜质选择适合的发展方向；合理分配和使用时间与精力；具有达成目标的持续行动力等。

社会参与

1. 责任担当

社会责任：自尊自律，文明礼貌，诚信友善，宽和待人；孝亲敬长，有感恩之心；热心公益和志愿服务，敬业奉献，具有团队意识和互助精神；能主动作为，履职尽责，对自我和他人负责；能明辨是非，具有规则与法治意识，积极履行公民义务，理性行使公民权利；崇尚自由平等，能维护社会公平正义；热爱并尊重自然，具有绿色生活方式和可持续发展理念及行动等。

国家认同：具有国家意识，了解国情历史，认同国民身份，能自觉捍卫国家主权、尊严和利益；具有文化自信，尊重中华民族的优秀文明成果，能传播弘扬中华优秀传统文化和社会主义先进文化；了解中国共产党的历史和光荣传统，具有热爱党、拥护党的意识和行动；理解、接受并自觉践行社会主义核心价值观，具有中国特色社会主义共同理想，有为实现中华民族伟大复兴中国梦而不懈奋斗的信念和行动。

国际理解：具有全球意识和开放的心态，了解人类文明进程和世界发展动态；能尊重世界多元文化的多样性和差异性，积极参与跨文化交流；关注人类面临的全球性挑战，理解人类命运共同体的内涵与价值等。

2. 实践创新

劳动意识：尊重劳动，具有积极的劳动态度和良好的劳动习惯；具有动手操作能力，掌握一定的劳动技能；在主动参加的家务劳动、生产劳动、公益活动和社会实践中，具有改进和创新劳动方式、提高劳动效率的意识；具有通过诚实合法劳动创造成功生活的意识和行动等。

问题解决：善于发现和提出问题，有解决问题的兴趣和热情；能依据特定情境和具体条件，选择制订合理的解决方案；具有在复杂环境中行动的能力等。

技术运用：理解技术与人类文明的有机联系，具有学习掌握技术的兴趣和意愿；具有工程思维，能将创意和方案转化为有形物品或对已有物品进行改进与优化等。

2017年，综合实践活动课程迎来了重要的历史时刻。为了全面贯彻党的教育方针，坚持教育与生产劳动、社会实践相结合，引导学生深入理解和践行社会主义核心价值观，充分发挥中小学综合实践活动课程在立德树人中的重要作用，教育部颁发了《中小学综合实践活动课程指导纲要》。《指导纲要》对综合实践活动课程的课程性质与基本理念、课程目标、课程内容与活动方式、学校对综合实践活动课程的规划与实施、课程管理与保障等方面做了详尽的规划引领与实施要求。

《指导纲要》再次明确综合实践活动课程是一门自主性较强，由地方统筹管理和指导，依靠学校的教师和学生共同开发的课程。中小学校是综合实践活动课程规划的主体，其应在地方教育部门的指导下对综合实践活动课程进行整体设计，将办学理念、办学特色、培养目标、教育内容等融入其中。学校应依据学生发展状况、学校特色、可利用的社区资源（如各级各类青少年校外活动场所、综合实践基地和研学旅行基地等）对综合实践活动课程进行统筹考虑，形成综合实践活动课程总体实施方案；还要基于学生的年龄段特征、阶段性发展要求，制订具体的“学校学年（或学期）活动计划与实施方案”，对学年、学期活动做出规划。综合实践活动课程的总体实施方案和学年（或学期）活动计划要相互配套、衔接，形成促进学生持续发展的课程实施方案。其活动内容以主题活动的方式开展，要求各地区和学校根据地区特色、文化背景、学校传统、学生实际选择和组织的活动来确定主题。

综合实践活动课程从开始设立到《指导纲要》出台共历时 17 年，《指导纲要》是在我国全面实施综合实践活动课程，全面了解综合实践活动课程在实践中取得的经验、问题和不足的基础上，对该课程理念、活动方式、组织方式、师生关系、评价体系和课程管理再次做了详尽的规定，重新明确了该课程在学校课程体系中的地位和意义，并且通过前推实施时间（规定小学 1—2 年级也要开设）来表明国家对于该课程的重视程度，也说明该课程对于改变长期以来基础教育阶段课程结构单一和课程内容书本化，学生学习方式固定化和被动化有积极的作用。

本章小结

综合实践活动课程是一门与以往的学科课程有着本质区别的全新的课程，体现了我国课程体系的结构性改变。它是一门必修课程，与学科课程等共同组成学校的课程体系。综合实践活动课程改变了传统上单一追求书本知识进行学习、以书本和教师为唯一获取知识途径的方式，提倡以学生的生活为学习的基础，以活动为获取知识的方式，强调以学生自身感兴趣的问题为研究的逻辑起点，使学生能够通过像科学家一样对问题进行研究，通过主动参与的方式自主建构知识。综合实践活动课程使书本知识与生活实践发生了联系，使书本知识变成了可以应用的活的知识，使接受学习与探究学习有机结合，使学生和教师成为知识探究的共同体，体现了学生在学校学习生活中的地位和价值，对于学生个体健全人格的整体发展具有重要意义。

实践 · 反思 · 探究

1. 请你用简练的语言对综合实践活动课程产生的背景及其内涵进行概括。

2. 请你搜集一个完整的综合实践活动课程的案例，运用所学知识分析该活动的创新之处。

推荐阅读

[1] 教育部．中小学综合实践活动课程指导纲要[S]. 2017.

[2] 教育部．加强中小学综合实践活动课程指导，提升学生综合素质：教育部教材局负

责人就《中小学综合实践活动课程指导纲要》答记者问[S]. 2017.

[3] 钟启泉,崔允漷. 新课程的理念与创新:师范生读本(第2版)[M]. 北京:高等教育出版社,2008.

[4] 陈时见. 中小学综合实践活动实施指南与案例[M]. 南宁:广西科学技术出版社,2010.

[5] 余文森. 核心素养导向的课堂教学[M]. 上海:上海教育出版社,2017.

第二章
综合实践活动课程的理念与特点

学习目标

- 通过案例学习，理解综合实践活动课程的理念和特点。
- 明确综合实践活动课程的师生关系，了解师生共同建构课程的过程。

教学建议

本章共3学时，其中学生课前查阅资料、阅读文献、自主研读1学时，课堂讲授、讨论2学时。

教学是在学生积累了相关的新课程改革理念的基础上开展的，并将对综合实践活动课程进行深入理解。第一，学生通过查阅相关案例了解综合实践活动课程，比如，阅读相关案例，搜集综合实践活动课程的活动图片，观看综合实践活动课程的视频资料。第二，学生通过分享自己的观点和小组讨论，总结综合实践活动课程的理念、特点。第三，学生通过听教师讲解加深对综合实践活动课程的理解，并能运用所学知识，对相关的活动案例进行评价和分析。

知识导图

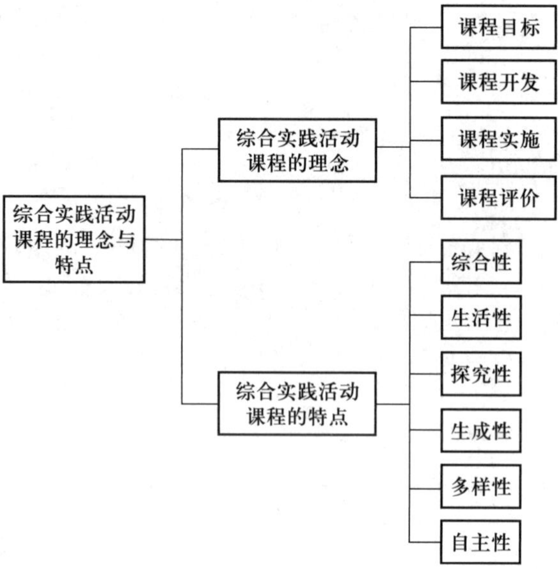

综合实践活动课程的理念与特点
综合实践活动课程的理念
课程目标
课程开发
课程实施
课程评价
综合实践活动课程的特点
综合性
生活性
探究性
生成性
多样性
自主性

课程理解是主体根据自身的知识、素养以及对于课程概念、课程思想等的理解,而对课程做出的具有个体特征的分析框架和意义解读。课程理解是教师建构个人课程观念的首要环节,而课程观念往往会影响教师的课程行为,换言之,有什么样的课程观念就会有什么样的课程行为。综合实践活动课程作为一种全新的课程形态进入学校课程体系,课程理念新颖,以学生为活动主体,旨在让教育回归学生的生活世界,回到个体的生活本身,弥合学科知识与现实生活割裂的状态,打破学校与社会之间的界线,将“个人—社会—自然”有机联系起来,真正突出学生的主体地位,使学生的个体探究成为课程意义的价值核心。教师是学生核心素养发展的促进者,教师对课程的理解,是落实立德树人的社会价值观的根本保证。只有正确的理解综合实践活动课程的理念和特点,才能树立正确的学生发展观、教师观和课程观,并掌握综合实践活动课程开发与实施的方法,促进学生核心素养的提升。

第一节 综合实践活动课程的理念

综合实践活动课程基于学生自身的实际经验,以学生的生活世界为基础,在教师的引导下,通过学生的自主探索和亲身实践,以研究性学习的方式完成对一个综合性问题的探索。作为一门新兴的课程,综合实践活动课程具有鲜明的课程特点和课程理念,只有充分认识和理解这些特点和理念,才能保证在教育实践中充分发挥这门课程的优势。

一、 课程目标以培养学生综合素质为导向

综合实践活动课程强调学生综合运用各学科知识,认识、分析和解决现实问题,提升综合素质,着力发展核心素养,特别是社会责任感、创新精神和实践能力,以适应快速变化的社会生活、职业世界和个人自主发展的需要,迎接信息时代和知识社会的挑战。

综合素质是指一个人的知识水平、道德修养以及各种能力等方面的综合素养。综合素质是一个内涵广阔的概念,人的综合素质一般可以外化为人所具有的认识、分析、处理事物的能力,比如信息处理、逻辑思维、开拓创新、语言及外语能力、电脑操作能力、获取知识的能力、组织能力、管理能力、文字表达能力、动手能力等,对于学生而言,他们的综合素质大体包括身体素质、心理素质、思想素质、文化素质、知识素质。但是,一方面,长期以来,学校课程以课程专家和学科专家为课程内容编制主体,专家们往往按照学科知识的逻辑体系编写教材,注重按照学科知识来编排课程,容易造成课程内容繁重并且远离学生的真实生活。另一方面,课堂教学活动过程在教师在进行知识传授的时候,往往以教师讲学生听的单向传输方式进行,学生被看作容器,被动地接受知识。这样的学习活动中,学生学习的主要方法就是接受和记忆书本知识,没有主动探究知识的机会和空间,这样的学习,无法唤起学生对知识探究的兴趣,很难提升学生的思维能力和动手能力。

为了解决这些问题,综合实践活动课程强调以学生的生活体验和社会实践为基础,通过主题活动,让学生在发现现实生活问题的基础上,主动探究知识、分组讨论,思考和研究解决问题的方案,将书本知识运用于解决实际问题中,进而提高学生的综合素质。综合实践活动课程在实施策略上,主要以主题活动的形式进行,主题一般都是综合性的,涉及学科内容、生活问题、社会热点等等,主题活动的开展都是指向学生综合能力的培养。在课程的目标上,

综合实践活动课程以唤起学生热爱生活并勇于探索为宗旨,把生活的主动权还给学生,让学生在生活中学习,在开放的学习情境中获得积极的体验和丰富的经验。学生在获得生活经验和提升生活技能的同时,精神世界得以满足,这可以使学生真正成为生活的参与者和创造者。在课程的内容选择上,综合实践活动课程从生活实践中取材,以学生的亲身体验或耳闻目睹的富有教育价值的生活实践构建探索的主题,以此来引发学生关注生活、改善生活质量、丰富生活体验、拓展生活技能、反思生活过程,进而提升他们的生活技能和丰富生活阅历。在课程的活动空间上,综合实践活动课程力图打破过去教学中知识的传授只在课堂上完成的传统做法,将活动的空间扩大化,不仅仅局限于学校,而是将活动空间拓展到社区、社会中,充分利用日益进步的现代社会文明进步的成果,让学生在真实的社会环境中开展探索活动,在现实的生活情境中体验、感受、理解生活。

综合实践活动课程将学生综合素质的培养作为重要目标并贯穿学习始终。《指导纲要》规定综合实践活动课程为"跨学科实践性课程","与学科课程并列设置",强调"它的综合实施"。《指导纲要》不主张综合实践活动课程以某一个活动方式单一开展活动,使得彼此割裂,因此明确要求:第一,课程实施过程以学生养成合作、分享、积极进取等良好的个性品质和交往能力为目标。第二,强调围绕主题开展探究活动,以培养学生发现问题、解决问题的能力,使学生获得亲身参与实践的积极体验和丰富经验,激发学生的创新潜能。第三,通过制作设计、社会服务和职业体验,有利于学生形成对自然、社会、自我之内在的整体认识,发展对自然的关爱和对社会、对自我的责任感。第四,通过多种活动方式的整合,促使学生的学习方式发生根本的转变。

《指导纲要》提出要坚持课程的综合形态,是希望弥补学科课程注重知识学习、专业性强的不足。希望在综合的课程中,让学生不再为达到某种具体的预设结果而进行学习,赋予学习者更多的创造空间和创新活力,提升人的综合素质、社会责任感、创新精神和实践能力。①

二、 课程开发面向学生的个体生活和社会生活

综合实践活动课程面向学生完整的生活世界,引导学生从日常学习生活、社会生活或与大自然的接触中提出具有教育意义的活动主题,使学生获得关于自我、社会、自然的真实体验,建立学习与生活的有机联系。综合实践活动课程要避免仅从学科知识体系出发进行活动设计。

综合实践活动课程属于三级课程管理,即由国家设置、地方指导和学校根据实际开发与实施的必修课程。在课程的内容上,综合实践活动课程的内容是开放的、多元的、具有不确定性的,总体来说,其课程内容来自于教师的课程开发,要求教师在建构课程时,要基于学生的直接经验,密切联系学生自身生活和社会生活,体现对知识技能的综合运用。

生活世界是人生长的家园,综合实践活动课程以生活为出发点,扎根于学生的生活世界,为生活的探索提供了丰富而不竭的资源,使学生在习得知识技能的同时,增长生活的技

① 柳夕浪. 正确把握"四个关系",着力推动课程形态变革:《中小学综合实践活动课程指导纲要》解读[J]. 课程·教材·教法,2018,38(11):67-71,97.

能，充实了生活的意义与价值，丰富了人生的境遇和阅历，帮助学生构筑了美好多维的生活愿景。换言之，综合实践活动课程的内容开发以学生的生活为起点，把生活看作是一切学习的基础，学生所有的学习内容和掌握的技能，必须回归到生活中，才被赋予意义与价值。生活是教育的基础也是教育的归宿，生活是教育中最为扎实和广阔的田园，为教育提供连续而丰富的资源，教育能拓展人的生存技能，丰富人的精神世界，使人更诗意的生存。

《指导纲要》指出综合实践活动课程在实施过程中，随着活动的不断展开，在教师指导下，学生可根据实际需要，对活动的目标与内容、组织与方法、过程与步骤等做出动态调整，使活动能够不断深化和生成，由此推进课程的深入和新主题的出现。综合实践活动课程没有固定的教材，因此对于教师的课程理念和开发能力要求很高，要求教师必须面向学生完整的生活世界，引导学生从日常学习生活、社会生活或与大自然的接触中提出具有教育意义的活动主题，使学生获得关于自我、社会、自然的真实体验，建立学习与生活的有机联系。因为生活拥有广泛的课程资源，能给课程提供源源不断的推动力，这与传统的学科知识教学非常不一样，教师要避免仅从学科知识体系出发进行活动设计。

综合实践活动课程是基于学生的直接经验、密切联系学生自身生活和社会生活、体现对所学知识的综合运用的课程，这是一种以学生的经验与活动为核心的实践性课程。因此，综合实践活动课程不只是特定知识的载体，而是师生共同学习和发现的过程。在这一过程中，教师和学生共同探索研究对象，共同商讨研究方案，共同处理所遇到的问题。如学生观察到老年人、肢体残障人士的日常生活护理问题，萌发创意设计了一种可以定位和发声的手镯，代替人体生物眼，感应道路情况和天气预报；学生坐火车时，感觉到铁路轨道发出过大的噪音影响生活，考虑发明轨道消声系统；学生在做家务劳动的时候，发现家里的灰尘和毛发较多，因此发明了专门收集头发的扫把。还有各种节约水、纸、废物利用的活动，以及少数民族地区过民族节的各种庆典和艺术活动。这些活动内容来源于生活，通过开发这些活动，让学生学会观察生活，解决生活中的问题，在生活中将学科所学的知识运用起来，让生活和知识发生关联，使学生对知识的理解更加深入，同时也使学生体会到学习的意义。

三、课程实施注重学生主动实践和开放生成

综合实践活动课程鼓励学生从自身成长需要出发，选择活动主题，主动参与并亲身经历实践过程，体验并践行价值信念。在课程实施过程中，随着活动的不断展开，在教师指导下，学生可根据实际需要，对活动的目标与内容、组织与方法、过程与步骤等做出动态调整，使活动不断深化。

综合实践活动课程是基于学生的自主探索和亲身实践，紧密联系社会生活，体现对知识综合运用的课程形态。它强调创新性问题的解决，合作学习策略的运用，学生享有学习的自主权，探究体验和主动实践成为综合实践活动课程的一大特色。

探究体验是指从学科领域或现实社会生活中选择和确定研究主题，通过学生自主发现问题、实验、操作、调查、搜集和处理信息、表达与交流等探索活动，获得知识、技能、情感、态度与价值观的发展，特别是促进学生探索精神和创新能力的发展。探究学习是一种自主学习活动，是学生自主发现问题，主动参与并获得知识的过程，这种学习有助于帮助学生自主构建知识，掌握解决问题的方法，在活动中获得积极的情感体验。

综合实践活动课程实施的过程没有固定的模式，任何活动进程都需要由学生主动参与，让学生在参与中学习和发展，同时课程也会在学生参与中不断生成新的内容，因此，教师课程开发的能力就显得尤为重要了。其一，综合实践活动课程没有统一的教材，强调课程的生成性和适应性，要求教师必须带领学生在具体的情境中，根据学生个性化的学习需求和地方文化特点设计和开发课程；其二，综合实践活动课程的主角是学生，面向的是社会实践，学生在与情境的相互作用中会不断生成新的主题、新的活动设计，这就需要教师有敏感的洞察力，运用专业的教育智慧帮助学生选择适合于他们能力发展需求的课程内容；其三，综合实践活动课程不是某一学科知识的学习，而是综合知识的运用，师生必须分享在具体的情境中的经验，通过对既有知识的整合，探索解决问题的方案，并在此基础上让学生主动构建新知。因此，综合实践活动课程的过程实际上就是师生共同开发、建构和创生课程的过程。

对于学生而言，他们成为课程实施的另一个主体，在参与活动的过程中，学生的学习方式也发生了变化。学生在主动探究的过程中，改变了传统的被动记忆、机械训练的学习方式，促使自己运用自主学习和合作学习等方式参与课题研究工作。自主学习是以学生作为学习的主体，通过独立地分析、探索、实践、质疑、创造等方法来实现学习目标。自主学习与传统的接受学习相对应，是新一轮基础教育课程改革倡导的一种学习方式。自主学习试图改变传统的过分强调接受学习、死记硬背、机械练习的学习方式，鼓励学生养成主动参与、乐于探究、勤于动手的学习方式，在学习中通过自主搜集和处理信息，主动获取新知识，形成分析和解决问题的能力。自主学习基于学生学习的自觉性和对待事物探索的好奇心。好奇心是人的天性，学生的好奇心既能产生学习需求，又是学习的推动力。自主学习通过学习主体的好奇心，及其对待周围事物、环境、事件的求知和探索的欲望，激发其探究的兴趣，产生学习的动力。合作学习指学生在小组或团队中通过与其他成员间分工协作，共同完成任务的互助性学习。在合作学习中，小组或团队有共同的目标，成员间有明确的责任分工，分别承担任务中的一部分，小组或团队成员之间相互信任，能有效沟通和积极配合，能为共同任务的达成积极努力。合作学习有学生间的合作学习，这样能较好兼顾不同差异的学生，促进学生间相互影响、相互学习。又有教师和学生间的合作学习，体现了学生与教师的平等地位，能够促进学生与教师的有效对话。

四、 课程评价主张多元评价和综合考察

评价作为一种活动，渗透在人类生活的各个方面。在历史长河中，人们时时都在对自然、社会、他人和自己进行评价，同时也时时被他人所评价。在《现代汉语词典》中，“评价”一词被解释为“衡量人或事物的价值”。

评价作为一种以把握世界的意义和价值为目的的活动，在活动中主要体现出对人或事物的价值评定，因此在这一活动中也有一个主体和客体的问题。评价客体也即评价对象，是评价活动所指向的对象，是价值主体与价值客体所形成的价值关系的运动变化的状况及其结果。

综合实践活动课程要求突出评价对学生的发展价值，充分肯定学生活动方式和问题解决策略的多样性，鼓励学生自我评价与同伴间的合作交流和经验分享。该课程提倡多采用质性评价方式，避免将评价简化为分数或等级。要将学生在综合实践活动课程中的各种表现和活动成果作为分析考查课程实施状况与学生发展状况的重要依据，对学生的活动过程

和结果进行综合评价。

课程评价包括对课程本身的评价、对教师的评价和对学生的评价。对于综合实践活动课程的评价而言，由于各地区各学校在课程开发、设计、实施的过程中各具特色，所以在此只对其中最关键的学生评价进行探讨。综合实践活动课程中的学生评价，就是依据一定的标准，对活动过程中学生的表现、能力、情感、态度及观念，进行价值判断。综合实践活动课程的学生评价应遵循以下四项原则。

（一）强调发展性评价

综合实践活动课程的学生评价注意以学生的全面发展为取向，课程评价的目的不是为了甄别、淘汰、选拔学生，而是为了了解学生在参与该课程的过程中，他们发展的程度、速度、水平等情况，以此看学生的发展是否全面和完整，通过评价更好地促进学生的全面发展。评价贯穿于活动的整个过程，在活动过程中的评价以诊断和建设性建议为主，通过评价促进学生反思和调整探究方案。活动结果的评价，应该是对学生在整个活动过程中的整体表现、行动力、合作精神、探究结果、问题处理能力等作出具体的评价。

发展性评价的内容不是空泛的，需要紧扣每次主题活动的内容，例如侧重于评价学生是否积极、主动参与活动，活动过程是否具有创造意识，是否能与他人合作共同完成探究活动，运用了多少种搜集信息的方式，有多少种探究的方式和解决问题的方法，等等。

发展性评价的目的是通过评价学生的行为并对其进行诊断、改进、预测、修正等，因此，它是一种过程性的评价，评价的结果作为学生发展水平的解释，是为了更好地找到解决问题的良方并修改课程方案，从而促进学生发展。

（二）强调质性评价

质性评价是近年来提倡的评价方式，它努力排除主客体二元对立的评价关系，以共同参与、意义共建、标准多样为思想，强调评价的意义在于建立一种评价主体与评价客体共同参与评价的方式，在平等、合作的气氛中对过程实施评价，以多元标准对评价的结果做出意义判断。当我们对待学生如同对待艺术作品，以欣赏的态度审视他们时，我们自然会投入更多的时间，能仔细地观察，慢慢地欣赏他们，这样，评价就能全面观察学生，洞悉学生的感知，体悟学生的心境，解析学生的经历。这样的评价是一种回归生活世界的评价，体现了多元价值取向，强调对活动动态结果的把握。

质性评价是一种多元主体的活动，是学生与教师共同构建的过程。质性评价全面渗透在活动和师生日常生活中，师生之间是否形成平等、尊重、理解以及合作的民主关系对于此评价技术运用有着重要的影响。教师要尊重每一位学生的尊严和价值，尤其要尊重智力发育迟缓的学生，尊重学业成绩不良的学生，尊重被孤立和拒绝的学生，尊重有过错的学生，尊重有严重缺点和缺陷的学生，尊重和自己意见不一致的学生。

质性评价的形式主要有档案袋评价、观察性评价、作品展示评价、描述性评价等。质性评价避免将评价简化为分数或等级，而是相信每一个学生都会用积极的态度投入活动，并能在活动中锻炼自己的能力，积极与同伴合作，鼓励学生选择自己所喜欢的一种表现形式来展现自己所学，深刻记录成长中的每一次惊喜和感动。

（三）强调综合性评价

综合实践活动课程的目的是提高学生的综合素养，因此，在对学生进行评价的时候要注重综合性和全面性，强调对活动过程的指导和评价，以综合性评价为主。从评价的目的来看，综合性评价主要通过诊断课程计划或方案以及实施过程中存在的问题，为课程的实施提供反馈信息，提高课程实施的质量。综合性评价强调全面的评价，尤其注重课程实施的过程，评价的内容包括学生参与活动的态度、研究计划的设计、研究结果表达的形式等多个方面。在综合实践活动课程评价的实际操作中，要明确评价目的，重点从开题时的评价、中期评价和结题时的评价三个阶段着手，把评价贯穿于综合实践活动课程的全过程。在开题时，评价关注学生发现问题、提出问题、思考解决问题设想的意识和能力，促使学生以积极的姿态进入到解决问题的过程中去。中期评价主要是检查研究计划的实施情况，研究过程中资料积累的情况，以及研究过程中解决问题、克服困难的情况。结题时的评价主要对学生参与综合实践活动课程全过程的情况、结果及成果展示方式等进行评价。

综合实践活动课程评价的综合性要防止另一种“只重过程，不重结果”的错误倾向。“学习过程与学习结果是密切相关的”，有了严谨有序的学习过程，其学习结果一定是理想的；相反，如果没有良好的学习过程和形式，那么就不会得到理想的学习结果。两者是互为条件、互为关联的，综合实践活动课程的综合性评价就是要在过程中预见结果，把对过程的评价作为对学生活动的指导；在结果中反映过程，所有结果都是过程的集中体现，结果是对过程的细致描述和真实的记录。

（四）鼓励学生自我评价

评价是为了让学生能更加准确地了解自己，从而进行适度调整，形成恰当的自我认识和自我意识。只有学习者的自我评价才最能起到反思的作用，引起自我改进，学生通过经常性的、从各方面出发的自我评价，不断校准自己的行为与目标行为之间的差距，从而更快、更好地实现目标。学生的自我评价还能调动学生的积极性，提高学生参与评价的热情，增强学生的主体意识。就本质上说，这种自我评价应当属于形成性评价，而不是终结性评价。

学生进行自我评价的形式主要有两种：

1. 书写反思日记。在综合实践活动课程中，教师要鼓励学生充当批评家，将活动的收获、喜悦用文字的方式记录下来，包括自己在活动过程中的变化、进步，已经实现的目标，对活动过程中不够满意的地方，以及在活动过程中对教师的建议等。反思日记作为活动的精彩记录，同时也是学生内心真实的独白，是他们成长的珍贵回忆。一方面反思日记可以作为学生成长的材料，另一方面反思日记也有助于培养学生自我反思和自我教育的习惯。

2. 建立自己的活动档案袋。学生通过档案袋收集自己在活动过程中的艺术作品或者科技作品，整理自己在活动过程中有价值的调查报告或者建议书，使学生养成细心、耐心的好习惯。档案袋是一份美好的记录册，能让学生了解自己努力的过程，了解自己在各个时期的发展状况，并能与其他人分享自己探索的体会和进步的喜悦。

拓展阅读

中小学综合实践活动课程指导纲要（节选）

为全面贯彻党的教育方针，坚持教育与生产劳动、社会实践相结合，引导学生深入理解和践行社会主义核心价值观，充分发挥中小学综合实践活动课程在立德树人中的重要作用，特制定本纲要。

一、课程性质与基本理念

（一）课程性质

综合实践活动课程是从学生的真实生活和发展需要出发，从生活情境中发现问题，转化为活动主题，通过探究、服务、制作、体验等方式，培养学生综合素质的跨学科实践性课程。

综合实践活动课程是国家义务教育和普通高中课程方案规定的必修课程，与学科课程并列设置，是基础教育课程体系的重要组成部分。该课程由地方统筹管理和指导，具体内容以学校开发为主，自小学一年级至高中三年级全面实施。

（二）基本理念

1. 课程目标以培养学生综合素质为导向

本课程强调学生综合运用各学科知识，认识、分析和解决现实问题，提升综合素质，着力发展核心素养，特别是社会责任感、创新精神和实践能力，以适应快速变化的社会生活、职业世界和个人自主发展的需要，迎接信息时代和知识社会的挑战。

2. 课程开发面向学生的个体生活和社会生活

本课程面向学生完整的生活世界，引导学生从日常学习生活、社会生活或与大自然的接触中提出具有教育意义的活动主题，使学生获得关于自我、社会、自然的真实体验，建立学习与生活的有机联系。要避免仅从学科知识体系出发进行活动设计。

3. 课程实施注重学生主动实践和开放生成

本课程鼓励学生从自身成长需要出发，选择活动主题，主动参与并亲身经历实践过程，体验并践行价值信念。在实施过程中，随着活动的不断展开，在教师指导下，学生可根据实际需要，对活动的目标与内容、组织与方法、过程与步骤等做出动态调整，使活动不断深化。

4. 课程评价主张多元评价和综合考察

本课程要求突出评价对学生的发展价值，充分肯定学生活动方式和问题解决策略的多样性，鼓励学生自我评价与同伴间的合作交流和经验分享。提倡多采用质性评价方式，避免将评价简化为分数或等级。要将学生在综合实践活动课程中的各种表现和活动成果作为分析考察课程实施状况与学生发展状况的重要依据，对学生的活动过程和结果进行综合评价。

第二节　综合实践活动课程的特点

综合实践活动课程是一门以学生生活经验为基础的综合性、实践性课程，它淡化了学科的界限，强调学生在学习中自主实践探究的过程。具体来说，综合实践活动课程具有综合性、生活性、探究性、生成性、多样性和自主性等特点。

一、综合性

综合实践活动课程强调淡化学科之间的界限，主张以学生的经验为基础进行课程整合。

该课程综合性的特点既体现于课程目标、课程内容上,又体现于课程实施过程、实施结果等方面。在课程的目标及功能上,它强调态度、能力、知识等各方面素质的整体提高和全面发展,使学生在社会态度、价值观念、行为规范、感情世界、思维方式、实践能力等方面有所进步。在课程的内容选择上,它以主题(问题探究)的方式把生活、社会或自然中的现象、问题或事件等有机地组织起来,按照水平组织的原则将科学、社会与品德、艺术及劳动技术课程整合起来。在课程的学习策略上,它要求运用观察、搜集资料、参观、调查、实地考察、手工制作及科学实验等多种方法展开研究。

综合实践活动课程是以"问题探索"为起点的课程,而现实中的问题比书本里要复杂得多,且往往是综合性的,仅仅依靠单一学科的知识无法全面认识问题和解决问题,必须整合多个学科领域的知识才能实现对问题的全面审视。比如修筑一个水坝,人为地抬高水位集中水源,可以有防洪、供水、灌溉、水力发电、改善航运之用。但是水坝的修建不仅仅是一个建筑问题,除了建筑学和力学外,还会涉及很多其他学科的知识。例如水坝周围的岩石或土壤的结构问题、地壳问题,是否位于地震带上,周围山体的质地,山体的倾斜度是否稳定,水坝形成后对附近的河渔场、森林、野生生物和人的居住的影响问题等。这是一个综合性的问题,如果仅仅从一个方面考虑而忽略其他方面的话,那很有可能会导致灾难性的结果。

在现实社会中,很多问题都是错综复杂的,解决问题的方法也是综合性的,问题解决的路径也不是单一的,不存在唯一的标准解决方案。这就要求学生提高综合考虑问题的能力,在"求异、发散、求优"的思维过程中探索多种问题解决的方案,提高综合运用知识来解决综合性问题的能力。

二、生活性

陶行知先生很早就提出过"生活即教育"的观点,他的观点包括:生活具有教育的意义和具体教育的作用;生活决定了教育,教育不能脱离生活;教育为改造生活服务,在改造生活的实践中发挥积极作用。从陶行知先生的生活教育理论来看,生活就是教育,生活中蕴含着教育的内容;生活是教育的目的和归属。生活教育的内容博大无比,因为生活是动态的,教育会因生活的变化而变化,因而教育也是全面的,由此而开展的教育是有利于受教育者终身发展的。生活与教育存在着天然的密切关系,生活既是教育的基础也是教育的目的。对于学生而言,他们不可能把自己的生活、自己的印象、自己的感受通通留在校门之外,他们带着对这个世界的直接感知,怀着对世界的认知和向往走入校园接受教育,教育应该将学生和与之相关的自然环境和社会环境建立合理的联系,以此成为教育的逻辑起点。

综合实践活动课程秉承这一立场,强调以学生生活经验为基础,其课程内容主要围绕着学生真切的生活问题而展开,其重点不是停留在对书本知识的间接掌握上,而是强调学生所获得的真实生活体验。现在我们来看看表 2-1 所示的广西某校综合实践活动课程的选题和内容。

表 2-1 广西某校综合实践活动课程的选题和内容

选题	内容
小鬼当家	了解家庭成员的工作、家务情况，能帮助父母分担一些家务，体验家庭劳动的快乐
书海遨游	了解书的历史，比较电子书和纸质书的优缺点
民间游戏	了解所在城市的民族传统文化
劳动与生活	通过体验家务劳动和田间劳动，了解劳动中蕴含的智慧
神奇中草药	通过调研了解常见中草药的种类和功效
端午节	了解端午节的习俗和由来
缤纷花世界	了解各种花朵及花的含义，尝试种植和护理花卉等
科技新生活	了解生活中的新产品、新工具以及科技给人们生活带来的便利
平安伴我行	调研学校、家庭、社区中存在的安全隐患，认识一些突如其来的危险，学会躲避危险的方法
最美志愿者	了解志愿者的工作和意义，根据自己的能力，体验当志愿者的快乐

从表 2-1 所示的选题和内容中，可以看出综合实践活动课程是以学生的生活情境为探索起点的，它强调学生通过生活实践、社会实践、科学实践等直接的实践活动进行自主学习。学生从生活中发现问题，确立主题，通过专题讨论、课题研究、方案设计、模拟体验、实验操作、社会调查、参观访谈等多种形式，去发现和解决现实生活中的问题，培养自己的创新精神及实践能力。综合实践活动课程通过开展一系列的实践活动，让学生从关心生活开始，探索生活中的奥秘，解决生活中的问题，积累生活经验和能力，从而学会基本的生活技能，同时培养热爱生活的性情，提升生活品位。

生活世界能给学生带来丰富而直接的感知经验和实践智慧，是对自我、生命、世界的直接感知和领悟，这与以知识的逻辑编排而成的学科课程存在根本的区别。综合实践活动课程面向学生的生活世界，帮助学生体验生活并学以致用，生活为学生的探索提供了无限的可能，将知识学习融入真实的生活情境中，使认知过程变成了活的教育，使课程知识有效转化为学生的实践能力。

三、探究性

人类的文明进步依赖于人们对自然界永不止步的探究，探究精神和探索勇气是人类认识世界、创造世界的手段，所以说，探究是人类基本的生存方式之一。综合实践活动课程强调通过学生的自主探究，深入对某一个问题的研究，突出学生学习的自主性，强调学生积极主动的学习状态，以及学生在活动过程中的体验和收获。今天学生所面对的许多问题，都是综合性问题。解决这些综合性问题所需要的知识远远超出某一学科的范围，所以，综合实践活动课程必须给学生提供足够的自主探究时间和机会，在探究过程中，调动他们将所学知识，不论是关于生活、社会还是自然的知识，运用到真实的问题情境中。只有探究活动才能促进学生有效地将书本知识经过处理后加以利用，这样的过程有助于学生对知识的记忆，更有利于学生创造和运用新的知识。

[微视频]探究性

在《指导纲要》的活动方式里面，特别提到了“考察探究”是综合实践活动课程的活动方式，这里的探究就是学生基于自身兴趣，在教师的指导下，从自然、社会和自身生活中选择和确定研究主题，开展研究性学习，在观察、记录和思考中，主动获取知识，分析并解决问题的过程。

探究活动的目标在于：第一，培养学生的问题意识和创新精神，发展学生的能力，包括发现问题的能力、制订计划的能力和解决问题的能力；第二，使学生养成科学探究的态度，比如主动积极参与探究、认真思考、严密推理和科学求真的精神、不折不挠永攀科学高峰的态度；第三，学生能够获得关于社会的、自然的、生活的综合知识，而不仅仅是学科知识。这些目标既有整体性同时又有层次性，要通过长期的积累逐步达成。探究活动在不同年龄段学生的学习生涯中应该有层次性，在低龄阶段，主要以能积极参与探究活动为目标，将学生内在的需要、动机和兴趣置于中心地位，让学生快乐地投入学习，自觉主动地去探索和发现，培养其好奇心以及对周围生活和社会观察的兴趣，使他们获得参与探究活动的积极体验。在中高年龄段，学生要能逐渐掌握开展探究活动的方法，能提出适宜的选题，能设计自主探究的可行性方案，能坚持完成探究任务，并得出预期的结果，能较好地与同伴分享研究结论。

探究活动在内容上是开放的。只要学生想到而且力所能及的活动，都可以成为探究的内容。探究活动的内容可以是社会的、自然的、生活的综合内容，而不仅仅是学科内容。这种探究不在于学生能创造多少惊人的成果，而在于丰富学生的感受和经验，使他们能够了解开展科学研究的基本方法，体会到科学研究的快乐与挑战，培养具有探索旨趣和探索精神的未来人才，同时也逐渐深化他们对客观世界的认知。

探究活动的方式是多元的，如野外考察、社会调查、研学旅行等，让学生在探究活动中将探究方法加以综合运用，通过实地观察、访谈、实验等获取材料，培养学生的理性思维、批判质疑和勇于探究的精神。综合实践活动课程的主题探究过程最重要的就是让学生学习科学研究的方法和形成科学研究的精神。

探究活动有助于学生掌握科学研究的方法。科学研究的基本方法有：选题方法、文献调查法、系统科学方法、抽样方法、访谈法、问卷调查法、统计方法、历史研究法等。在综合实践活动课程里，学生会大量运用这些方法，经过讨论确定选题，然后开展调查研究，访谈相关人员，查阅相关资料，获得相应数据，根据对这些数据的分析和思辨，寻找解决问题的方法，这些方法和步骤，跟科学探究的基本流程具有很多相似性。

探究活动有助于培养学生的科学精神。科学精神简单来说可以认为是求真的信念、勇攀科学高峰的勇气、坚定的意志力、务实的工作态度、富有逻辑的理性思维能力、对社会的人文关怀精神和淡泊名利的奉献精神等，内涵极为丰富。在综合实践活动课程中，学生亲身参与实践，构建主题，开展各种活动的过程，就是科学探究的过程。在这个过程中，他们能逐渐体会到科学带来的精神感受，感受到参与科学探究的快乐和魅力。

我们已经深刻感受到，在这个科学技术日新月异、知识大爆炸的时代，人们的日常生活与科学技术的关系已经越发紧密，科学正在改变我们的生活，而知识更新的速度也超越了我们的想象。如果我们在课堂上仅仅传授给学生固有的知识，那么学生在面对工作的时候，他们所学到的就已经是过时而陈旧的知识了，所以我们要教给学生的不仅仅是知识，而是应该为他们探究新知提供机会、精神支持以及方法指引。

四、生成性

生成论是一种哲学理论，是关于事物生成、演化过程和规律的思想立场，它反映的是一种万物持续生长的世界观，认为世界始终处于动态发展中。雅斯贝尔斯在《什么是教育》中说过，“教育决不能按人为控制的计划加以实行”[①]。传统的学科课程过于突出对书本既定知识的传授，使教学活动终日沉浸在追求一个可见目标的迷阵中，而泯灭了学生对学习本身意义的体悟，教师因此也变成了只求完成教学任务的训练师，教师和学生的主体地位在课程实施中被彻底忽视，缺少了教师和学生的参与，课程就变成了一个静态的文本，这并非课程的本义。生成是课程实施过程中的一种艺术，是教师与学生在参与课程实施过程中主体感受到关注的体现，是教师教育智慧的体现，是教师教学创新能力的体现。

在具有生成性的课程中，课程不再仅仅是对已知的结论性知识的传递，而是师生通过对话探究知识并获得发展的动态过程。在传统的学科课程中，教师非常强调课堂预设，教学的目标、环节、指导学习的过程都是事先预设好的，这样的课程活动，使得教师的教学智慧和教学创造性大大降低。因为教师认为自己的教学预设很周密，所以就会牢牢地根据完整的教学方案开展教学活动，从而出现“满堂灌”的做法。因为教师认为如果没有按照计划开展教学活动，没有完成教学任务，就会影响学生的成绩。“满堂灌”的教学，关注的是教师本身的教学行为，关注的是书本知识的传递。如果我们把关注点转向作为学习主体的学生，关注学生在学习过程中生命的价值体现，那么情况就不一样了。教师会考虑不同学生的学习需要，会关注不同学生的学习差异，会允许学生用不同的学习方式来学习，这样一来，课程就有了“生成”的可能性。

生成性是一种以学生为中心的课程思想，它把学生视为未完成的生命体，视为具有无限发展可能性的开放性存在，坚信每个学生生命中都潜藏着巨大的创造潜能，并力图发掘出来。生成性其实就是活动过程中，学生的创造潜能不断得以唤醒与激发的结果。

在综合实践活动课程中，其生成性的特点是很明显的。比如，主题往往都是学生通过讨论而产生的，然后师生开始制订研究计划，随着研究的深入和学生发现新的问题，不断对原先的研究计划进行补充和改变。教师通过观察学生的活动、记录学生兴趣的转变，及时调整活动方案，从而生成新的课程内容，推动探究活动的不断深入。通过师生的相互合作，不断生成新的问题，使学生的探索活动始终处于一种鲜活、充满挑战的情境中，而平等的师生关系也在知识探索的道路上展示光芒。

生成性使综合实践活动课程关照学生生命的独特性。综合实践活动课程是人人都可以参与的活动，每个生命都有独特的芬芳，每个学生都作为独特且不可替代的生命个体而存

---

① 雅斯贝尔斯．什么是教育[M]．邹进，译．北京：生活·读书·新知三联书店，1991：24.

在，不同生活背景的学生，他们在认知、情感、性格等领域，都有着各自的特点和个性。好的教育应该是让人成为更好的个体的教育，应该是尊重个体生命潜能和满足他们发展可能性的教育。每个学生在参与主题探究活动中，都会有不同的发现，有不同的疑问，有不同的兴趣点，随着主题活动的不断开展，可以围绕着学生新的兴趣点进行，这种伴随着主题不断深入而生成的新的探究活动，使得综合实践活动课程融合了教师和学生的智慧而充满了生命的张力。

生成性不仅是综合实践活动课程的一个特点，也是对教师的一种要求和期待。它要求教师从关注自身的教转向关注学生的学，从关注书本知识转向关注学生的生活实践，从关注学生对知识的获得转向学生的学习感受，从关注活动的结果转向关注活动的过程。只有教师具有这种转向，才能改变自身的教育观念，才能打造出未来的专家型教师、研究型教师、智慧型教师。

五、多样性

综合实践活动课程是一门开放的课程，与学科课程偏向统一、强调共性形成鲜明对比，综合实践活动课程尤其突出多样性与个性化，课程的活动主题是多样性的，学生的学习方式是多样性的，学习探究的过程是多样性的，学习成果的展示也是多样性的。

（一）活动内容多样性

综合实践活动课程的内容以学生的生活和社会经验为基础，其涉及的领域是丰富多彩的，包含以下五项内容：第一，社会热点话题，包括环境保护、生态建设、能源利用、农作物改良、动植物保护、天文地理、水文气象、社会关系研究、企业发展研究、社区管理、人群心理、人口与计划生育、城市规划、交通建设、法制建设、政治制度、社会经济发展、宗教历史、贸易与市场、乡土文化与民俗文化、历史遗迹、名人思想与文化、传统道德与建设、传统文化与现代文明、东西方文化比较、民间文学与艺术活动等。第二，学校传统活动，包括节日活动（国家重大节日、纪念日、民族传统节日活动以及科技节、艺术节、体育节、成人仪式等）、社团活动、值周等管理服务活动。第三，外出考察、调查活动，包括参观教育基地、社区人文或自然景观，考察社区环境、传统、生活习惯、经济发展情况，对社区机关、特定群体、典型人物、热点事件进行调查、访谈等。第四，社会各行各业的体验性活动，包括军训、学工（商）学农、志愿者活动、科技文化活动、勤工俭学等。这些活动也可以作为研究性学习的组成部分，综合地进行实施。第五，社区服务活动，如拥军优属、敬老服务、法制宣传、环保卫生、领养绿地、科普活动、电脑培训等。

（二）学习探究的形式多样性

综合实践活动课程的实施要切实转变传统的学科课程中单一的学习方式，引导学生开展调查研究与访问、实验研究与观察、社会参与与服务、信息收集与处理等多种学习实践活动，体现了学习方式的多样性，主要包括三大类学习实践活动：一是以研究为主的方法和过程，包括制订方案、调查、访问、观察、实验、统计、信息收集与处理等。二是以社会实践和社区服务活动为主的方法和过程，包括参观、考察、服务、宣传、义务劳动、经济活动等。三是以项目设计和技术实践为主的方法和过程，包括项目立项与研究、设计、制作、研制、种植、养殖、信息发布，以及科技小发明、小制作等技术实践，鼓励学生大胆创新。这三类学习实践活动可以相对独立，但更多的是相互融合，相互贯通。

（三）活动评价的内容多样性

多一条标准就会多一位好学生，评价方式的多样性能更好地发现学生的优点。评价的内容包括：第一，学生参与活动的态度和表现，能够考查他们是否认真参与每一次课题组活动，努力完成自己所承担的任务以及遵守纪律的情况，在社会实践与社区服务中的整体表现等。第二，学生在活动中对于相关的知识、方法和技能的掌握情况，主要评价学生对查阅资料、实地观察记录、调查研究、整理材料、处理数据、运用包括现代信息工具在内的各种工具的水平。第三，学生的个性品质，如合作精神、人际交往能力、公民素养等。第四，学生解决问题和创造的能力，如在整个活动过程中有自己的独特看法和建议，具有创造性的思维品质，能提出化难为易、事半功倍的好办法，对研究结果有特别贡献等。

每个学生在生活中都有自己的特点，都会表现出自己的气质、性格和才能等个性特征。综合实践活动课程强调尊重学生的个体差异，关注学生生活资源的开发，因此，各地区各学校所确立的主题内容都不尽相同，其课程目标的设定、活动内容、课程实施的方式也是多维度和多层次的，在成果展示中，综合实践活动课程更是允许学生根据自己的特长运用多种形式展示成果（可以是艺术、科技作品，论文报告等形式）。这些都要求教师具有开放的课程理念，为学生充分表现自己的能力、发挥个人的特长、展示自身独特的个性魅力提供十分自由的舞台与机会。

综合实践活动课程的多样性特点，正好体现了该课程具有广泛的适应性，能够适应不同地区和不同层次的学校根据自身实践设计和规划课程，正是这种特性能为学生的发展提供多种途径，能满足不同水平层次学生的发展需求。

六、自主性

新课改主张给教师赋权增能，综合实践活动课程充分尊重教师和学生的自主权，在内容选择、组织形式、学习方式、时空安排等方面，都体现了极大的自主性。

传统教学采用以教师讲授为主，学生被动接受的教学方式，虽然教学中也强调师生的交流，但大多都是在教师引导下的“一问一答”。教师布置作业多是书面习题与阅读，很少有如观察、制作、实验、读课外书、社会调查等实践性作业，学生很少有根据自己的理解发表看法与意见的机会。这种教学方式使学生感到枯燥、乏味，加重了学习负担，阻碍了学生自主性的发展，而且学生在掌握了书本知识后，却不知如何将所学知识运用于生活中，这种被动的学习不利于学生综合素质的提高。

在未来，科技的发展将超出人们的想象，但是任何高科技都是人发明创造出来的，所以，要想适应未来的发展，培养具有独立精神和创新品质的人才势在必行。这就要求学生具有主动学习的意识，能自主建构自己的知识体系，学会质疑、调查、探究，在实践中学习。教师要尊重学生的人格，关注学生的个体差异，满足不同学生的学习需求，创设能引导学生主动参与的教育环境，激发学生学习的积极性，培养学生掌握和运用知识的态度和能力，使每一个学生都能成为学习的主体，具有自主学习的能力。

（一）管理制度的自主性

综合实践活动课程没有国家统一规定使用的教材，这样看来，要想在实践中开好该课程，取决于学校管理层面的自主和自觉。以往的学校管理是封闭性的，随着学校组织的边际不断扩大，原来狭隘封闭的学校藩篱正在被打破，单一依靠上级的指令来进行办学已经不能满足现代学校发展的需要，必须建立一种开放办学的有效机制。过去学校管理是单主体的，只看重校长与主要行政人员的作用，忽视或无视学生、教师、家长等主体的参与，造成学校管理的"一言堂"。过去的学校管理是层级制的，校长过度依赖"自上而下"的科层制管理，忽视了教师作为主体对学校管理的参与权和主动权，使教师处于听命执行和被检查、评价的地位，缺乏作为学校一员的"主人公精神"。以往的管理制度，导致学校管理表现出强制性、机械性、常规性、动力单一性、缺乏自主性等特点，使得学校管理低效能。综合实践活动课程是一门国家规定、地方指导、学校开发的课程，这就给学校赋予了极大的管理权限，并且要求学校根据本校的实际情况为学生提供一切条件，以满足不同学生的发展需求。学校应该体现"以人为本"的发展理念，以国家"立德树人"为中心任务，建立能够自我激励、自行规划、自主建设、自律约束的自主发展机制，使学校成为自主发展的文化主体，并且依靠各具特色的管理办出自己的特色。

（二）课程内容选择的自主性

由于综合实践活动课程没有统编教材，各地方、各学校可以根据自己的实际情况、当地的社区资源、本校的文化传统、学生的兴趣特点建构自己的课程内容，甚至形成校本课程。对课程内容进行选择、编制时，教师承担了课程开发的主要任务，有了极大的自主权，真正体现了"教师即课程"，这对于教师而言，既是权利的体现，也是一种挑战，其优点在于能够使课程真正面向每一个学生，关注学生的个性发展，尊重每一个学生发展的特殊需要，表现出较强的针对性和发展性。在实践中，我们看到各个地区和学校选择的主题内容都不尽相同，有研究蜗牛的、昆虫的、百草园的以及各种动植物的；有研究园林文化、科学新产品、幸福社区的……这些内容百花齐放，体现了综合实践活动课程内容围绕学生的生活展开，鼓励他们关注身边发生的有趣而有意义的事件并以此开展研究，发挥学生学习的自主性。

（三）时间安排的自主性

《指导纲要》规定综合实践活动课程是必修课程，并且规定小学 1—2 年级，平均每周不少于 1 课时；小学 3—6 年级和初中，平均每周不少于 2 课时；高中执行课程方案相关要求，完成规定学分。各学校要切实保证综合实践活动课程的时间，在开足规定课时总数的前提下，根据具体活动需要，把课时的集中使用与分散使用有机结合起来。《指导纲要》倡导在实践过程中要灵活安排、有效使用综合实践活动课程的时间，给予学生广阔的探究时空环境，保证学生活动的连续性和长期性。因为综合实践活动课程很多的探究活动要到社会中去开展，所以教师要处理好课内与课外的关系，合理安排时间并拓展学生的活动空间与学习场域。综合实践活动课程不像学科课程那样受规定的时间和固定的空间所牵制，教师和学生可以自主决定活动的时长，时间和空间可以根据探索活动的需要来灵活安排，具有极大的灵活性、弹性和自主性。

（四）课程实施的自主性

综合实践活动课程是以学生为中心的课程，学生是学习的主体，在学习过程中享有很强的自主性。学生在确定探究主题的时候，可以自主设计活动方案，在活动开展过程中，不是“坐等听”而是“思动做”，可以在真实的社会生活情境和广阔空间里自主观察、自主操作、自主交流、自主探究，所有这些都体现了鲜明的自主性特点。

总之，解放教师的思想，为教师赋予充分的权利，充分尊重学生的意愿，注重学生的亲身经历和体验，鼓励学生自主探索，这些都是综合实践活动课程自主性的表现，只有这样才能培养出自信、自尊、自立的创新型人才。

本章小结

本章从理念上讨论了综合实践活动课程的性质和特点，形成了对该门课程的整体理解。综合实践活动课程是基于学生的实际经验，以学生的生活世界为基础，在教师的引导下，通过学生的自主探索和亲身实践，以研究性学习的方式完成对一个综合性问题的探索。课程理解总是伴随反思进行，在学习中，我们应该思考几个问题，生活和课程的关系是什么？生活的情境如何转化为活动探究的主题？课程与学生发展的关系是什么？教师如何支持学生自主探究并促进探究的深入？教师如何引导学生体验多元化的活动方式，并培养学生的综合素质？教师如何通过评价促进学生的全面发展？作为国家规定的必修课程，该课程是对传统课程结构的学科课程的有益补充，对于学校管理者和教师，都是一个全新的挑战，需要“学校领导—教师＋社会专业人员—学生”构成探究活动共同体形成教育合力，共同建构“校内＋功能室—社区＋文化资源—校外＋馆所”立体多维的资源系统，只有这样，才能确保综合实践活动的有效开展，才能确保学生深度探究学习的实现。

实践 · 反思 · 探究

1. 请你论述综合实践活动课程与学生生活之间的关系。
2. 教师应该如何促进综合实践活动课程的生成。
3. 搜集一个综合实践活动课程的案例，运用该课程的理念，对案例进行评述。

推荐阅读

[1] 姜平.《中小学综合实践活动课程指导纲要》解读：访综合实践活动课程专家郭元祥教授[J]. 湖南教育，2017(12)：4－6.

[2] 柳夕浪. 正确把握“四个关系”，着力推动课程形态变革：《中小学综合实践活动课程指导纲要》解读[J]. 课程 · 教材 · 教法，2018，38(11)：67－71，97.

[3] 李宝敏. 中小学综合实践活动课程的目标指向：核心素养发展[J]. 中小学管理，2017(12)：8－10.

第三章
综合实践活动课程目标

学习目标

- 理解课程目标的意义，了解课程目标与教育目的、培养目标和教学目标的关系。
- 熟悉综合实践活动课程的各级目标及其分类，能将综合实践活动课程的目标进一步具体化。
- 能尝试叙写综合实践活动课程的课程目标。
- 对综合实践活动课程的目标学习产生兴趣，愿意阅读相关文献，丰富认知。

教学建议

本章共3学时，其中学生课前查阅文献、阅读资料、自主研读1学时，课堂讲授、讨论2学时。

课程目标是教育目标系统中的重要内容，是指导整个课程编制过程最为关键的准则。理解课程目标的含义，了解课程目标与教育目的、培养目标和教学目标的关系，是开展课程建设、课程实施和课程评价的基础和前提。在本章的学习中，需要通过学生自学了解课程目标及综合实践活动课程目标的相关内容，在此基础上，通过课堂讨论、教师讲授进行深入的理解并掌握相关内容。同时，运用相关知识，学习和分析综合实践活动课程的各级目标，并且学会撰写教学目标。课程总是处于动态发展的过程中，对课程目标的研究已经日渐科学和完整，需要学生结合新的理念和发展需要，通过自我研读、小组讨论等方式，不断获取新的知识和能力。

知识导图

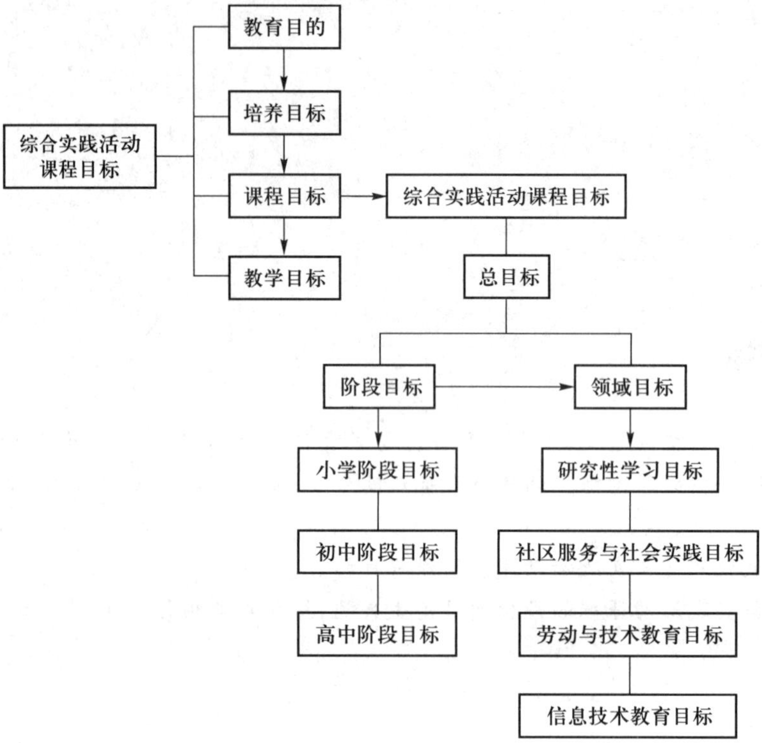
综合实践活动课程目标
教育目的
培养目标
课程目标
教学目标
综合实践活动课程目标
总目标
阶段目标
领域目标
小学阶段目标
初中阶段目标
高中阶段目标
研究性学习目标
社区服务与社会实践目标
劳动与技术教育目标
信息技术教育目标

课程目标是指学校课程力图在某一阶段促进学生身心发展所要达到的国家规定的标准，是学校开展课程编制、课程实施和课程评价的重要依据。综合实践活动课程的目标是发展学生的综合实践能力、创新精神和探究能力，增强学生对自然、对社会以及对自我的责任感，是对学生综合素质发展的基本要求，体现了综合实践活动课程的根本价值追求。

第一节 课程目标概述

课程目标是每一轮基础教育课程改革的逻辑起点，是指导整个课程编制过程最为关键的准则。课程目标的制定以教育目的和培养目标为基础，是实现国家或社会培养什么样的人的具体要求，是学校全部教育内容和教育实践活动的核心指令。教学目标是课程目标的下位概念，是课程目标的具体化。它既指向课程目标，又影响着教学单元目标和具体的课堂教学目标。

一、课程目标的定义与功能

（一）课程目标的定义

回顾课程研究的历史，国内外学者对课程目标的定义是多元的。美国著名课程论专家博比特认为课程目标是指那些儿童需要掌握和形成的能力、态度、习惯、鉴赏和知识的形式①。奥利瓦则从两个不同的层面界定了课程目标，“课程目的就是用没有成就标准的一般性术语表述的取向或结果”“课程目标就是用具体化的、可以测量的术语表述的取向或结果”“它们都是课程规划者希望学生在完成一个特定学校或学校系统的课程计划的部分或者全部后，达到的取向或结果”。②

国内学者对课程目标的研究也越来越深入，有着多种定义。比较有代表性的如，廖哲勋在其著作《课程学》中指出：“课程目标是一定教育阶段的学校课程力图促进这一阶段学生的基本素质在其主动发展中最终可能达到国家所期望的水准，简言之，课程目标是一定学段的学校课程力图最终达到的标准。”③靳玉乐在《现代课程论》中指出：“所谓课程目标，就是指一定教育阶段的学校课程力图促进该阶段学生的身心发展所要达到的预期结果。简言之，课程目标是指特定阶段的学校课程所要达到的预期结果。”④

国内外学者对课程目标定义的多元阐释与界定，为我们理解课程目标提供了不同的视角。但综合起来看，“学生学习所要达到的结果”是大家的共识，体现了课程目标的内涵所在。关于课程目标的定义，本书将采用顾明远《教育大辞典》（增订合编本）中的解释：“课程目标是指课程本身要实现的具体目标，是期望一定教育阶段的学生在发展品德、智力、体质等方面达到的程度。”⑤课程目标“主要包含四类：（1）认知类，包括知识的基本概念、原理和

---

① Bobbitt F. The curriclum [M]. Boston: Houghton Mifflin Company, 1918: 42.

② Oliva P. F. Developing the curriculum[M]. 3rd de. Boston & Toronto: Little, Brown and Cornpany, 1992: 259 – 261.

③ 廖哲勋. 课程学[M]. 武汉：华中师范大学出版社，1991：84.

④ 靳玉乐. 现代课程论[M]. 重庆：西南师范大学出版社，1995：155.

⑤ 顾明远. 教育大辞典（增订合编本）[M]. 上海：上海教育出版社，1998：898.

规律，理解思维能力。（2）技能类，包括行为、习惯、运动及交际能力。（3）情感类，包括思想、观念和信念，如价值观、审美观等。（4）应用类，包括应用前三类来解决社会和个人生活问题的能力。其特点：（1）整体性。各类目标彼此关联，并非彼此孤立。（2）连续性。较高年级的目标总是较低年级目标的继续发展与深化。（3）层次性。技能和情感的目标需要在知识的基础上培养和形成，知识的记忆比其理解低一个层次，知识的应用比其理解高一个层次。（4）积累性。没有低年级目标的积累，就难以到达高年级的目标”①。

（二）课程目标的功能

课程目标是指导整个课程编制过程的最为关键的准则，它“制约着课程的设置，规定着课程内容的选择和组织，以及学生学习活动的方式。课程目标既是课程实施的基本依据和课程评价的主要准则，也是教育目的、培养目标的具体体现”②。因此，研究课程目标的功能对指导课程的实施与评价是非常重要的。

课程目标既然是指课程本身要实现的具体目标，是一定教育阶段的学生在发展品德、智力、体质等方面要达到的程度，那么，课程目标的核心功能无疑指向导向功能和标准功能。它明确了课程编制、课程实施、课程评价的基本方向，也为教育工作者的教育教学理念、教育教学行为做了方向性的规范；同时，课程目标作为教育的终点，也是评价课程编制、课程实施这一系列工作是否合理有效，是否达到预期目标的基本标准。课程目标的导向功能和标准功能体现在课程编制、课程实施、课程评价等不同环节，其所起的作用和影响也是不一样的。

总体来说，课程目标直接指引着教育的方向，是解决“为谁培养人”“培养什么人”等问题的核心。了解并充分发挥课程目标的导向功能和标准功能等，有助于进一步澄清课程编制者的意图，便于教师准确制定教学目标，有效组织课程内容，恰当选择教学方法，促进课程评价的科学合理，从而落实课程目标。

二、课程目标与教育目的、培养目标和教学目标的关系

教育目标是国家教育的逻辑起点，从教育目的出发，到实际的课堂教学中，目标从抽象到具体经历了一系列的转换，大致分为四种不同的类型：教育目的，培养目标，课程目标和教学目标。这四种不同的目标实际上是教育目标在不同层次上的表达，在这四种目标中，教育目的是最上位的概念，它是教育的出发点和归宿，层次最高，指导的范围最广，是一个长期的目标。培养目标是教育目的在学校层面的具体化，体现了一个学校的办学思想和办学特色。课程目标是课程的第一要素，是教育者根据对学生、社会、学科三个维度的研究设定的培养目标的具体化，具有整体性、阶段性、持续性和递进性特点。教学目标比课程目标更加具体，二者对实际的教学活动都有直接的导向和规范作用。研究课程目标，需要弄清课程目标与教育目的、培养目标和教学目标三者间的关系（如图 3－1 所示），在这种关系体系中，才能准确定位课程目标，从而全面理解课程目标的内涵。

---

① 顾明远．教育大辞典（增订合编本）［M］．上海：上海教育出版社，1998：898.

② 钟启泉．课程论［M］．北京：教育科学出版社，2007：111.

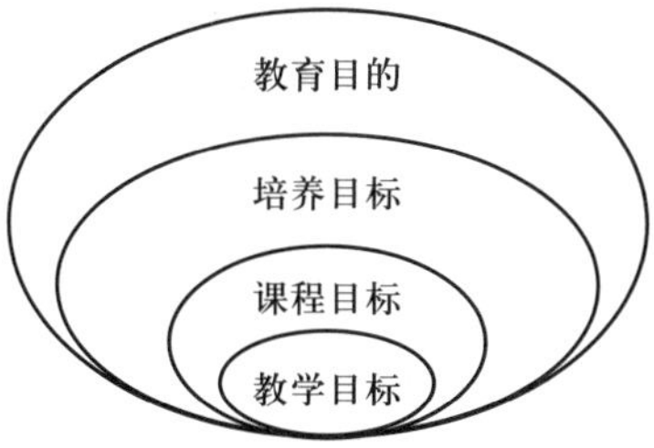

图 3－1　教育目的、培养目标、课程目标与教学目标的外延关系

（一）课程目标与教育目的

教育目的是指“培养人的总目标，关系到把受教育者培养成为什么样的社会角色和具有什么样素质的根本性问题，是教育实践活动的出发点”①。可见，“教育目的的核心是规定培养什么人，即把儿童培养成为什么样的社会角色”②。教育目的是具有方向性的总体目标和最高目标，体现的是一个国家和一个社会人才培养的终极目标。教育目的表现在国家的宪法、教育基本法和教育方针之中，也表现在国家、地方、学校的办学理念和教育实践活动中。1999 年，《中共中央国务院关于深化教育改革全面推进素质教育的决定》对我国现阶段的教育目的作了新的表述。

专栏 3－1

我国现阶段的教育目的

实施素质教育，就是全面贯彻党的教育方针，以提高国民素质为根本宗旨，以培养学生创新精神和实践能力为重点，造就有理想、有道德、有文化、有纪律的德智体美全面发展的社会主义事业的建设者和接班人。

课程目标是“课程本身要实现的具体目标，是期望一定教育阶段的学生在发展品德、智力、体质等方面达到的程度”③。课程目标体现着教育目的的主旨和意图，受教育目的的制约。教育目的作为教育目标的最上位概念决定了培养目标、课程目标和教学目标的性质与方向。但因为教育目的对人的培养是一种高度概括性、一般性和抽象性的规范要求，因此它并不能直接指导课程目标的制定，必须转化成培养目标才能发挥对课程目标的指导作用。

（二）课程目标与培养目标

培养目标是教育目的在各级各类学校中的具体化，是各级各类学校及教育各个学段应具体达到的教育目标。它与教育目的没有实质性的区别。但相对于教育目的反映的是较长历史阶段内的教育总体目标而言，“培养目标具有阶段性、层次性和灵活性的特点”④。虽然

① 顾明远．教育大辞典（增订合编本）[M]．上海：上海教育出版社，1998：765.
② 廖哲勋，田慧生．课程新论[M]．北京：教育科学出版社，2003：146.
③ 顾明远．教育大辞典（增订合编本）[M]．上海：上海教育出版社，1998：898.
④ 钟启泉．课程论[M]．北京：教育科学出版社，2007：108.

"培养目标在本质内容上必须服从于教育目的,它还必须根据学校实际或各学段的特点,提出具有地方特色、学校特色以及学段教学特点的具体目标"①。我国新一轮基础教育课程改革,对新课程的培养目标提出了明确的要求。

专栏 3－2

新课程的培养目标

新课程的培养目标应体现时代要求。要使学生具有爱国主义、集体主义精神,热爱社会主义,继承和发扬中华民族的优秀传统和革命传统;具有社会主义民主法制意识,遵守国家法律和社会公德;逐步形成正确的世界观、人生观、价值观;具有社会责任感,努力为人民服务;具有初步的创新精神、实践能力、科学和人文素养以及环境意识;具有适应终身学习的基础知识、基本技能和方法;具有健壮的体魄和良好的心理素质,养成健康的审美情趣和生活方式,成为有理想、有道德、有文化、有纪律的一代新人。

培养目标是教育目的和课程目标的桥梁、中介,在本质内容上与二者也是相通的。但是,在概括性方面,培养目标显著高于课程目标。培养目标一旦制定,就要求各级各类学校的各门课程都要服从培养目标的要求。例如,我国第八次基础教育课程改革,各门课程标准的制定、课程实施、课程评价等一系列活动都必须要服从上述新课程培养目标的要求。但在可操作性方面,课程目标强于培养目标。因为课程目标更加具体,体现了学科特点,对学科或领域的课程结构、课程内容选择与组织、课程实施、课程评价等都具有指导意义和实践价值。在使用功能方面,培养目标主要是对学校的办学方向、性质、途径以及人才培养等方面提出教育发展的要求,适用于学校的所有教育教学人员。

(三)课程目标与教学目标

教学目标是指"教学中师生预期达到的学习结果和标准"②。它是课程目标的进一步具体化,是指导、实施和评价教学的基本依据。教学目标按照教学活动的需要,可以依次划分为学年教学目标、学期教学目标、单元教学目标、课时教学目标等不同类型。学年教学目标是教师根据课程目标要求、知识内容及本年级学生实际情况而制定的、本学年学生应达到的学习结果和标准;学期教学目标是教师根据课程目标制定的、通过本学期学习学生应达到的学习结果和标准;单元教学目标是对某门课程结构中各个组成部分的具体要求;课时教学目标是指每一堂课所要达到的具体要求。在这一系列的教学目标中,前者是后者的依据,后者是前者的具体化。明确各级教学目标内容间的相互关系和要求,有助于学生学习的系统性、层次性,便于教师采取必要的措施促进学生的学习。

课程目标与教学目标都是培养目标的具体化,共同指导和规范着实际的教学活动,为达成培养目标发挥各自的作用。二者关系非常紧密,持课程与教学整合观念的学者就将课程

① 高孝传,杨宝山,刘明才. 课程目标研究[M]. 北京:教育科学出版社,2001:4.
② 顾明远. 教育大辞典(增订合编本)[M]. 上海:上海教育出版社,1998:717.

目标与教学目标合为一体，统称为“课程与教学目标”。虽然如此，课程目标与教学目标的区别还是明显的。“这主要体现在目标制定者、目标使用范围和目标功能方面”[①]。首先，课程目标的制订主要由教育行政部门和课程工作者完成，具有方向性和规定性；而教学目标主要是由教师来制订，具有实用性、实效性和差异性。其次，课程目标为课程编制提供依据和参考，为教师的教和学生的学提供方向性指导，是评价学校课程实施的基本标准，具有规范性和稳定性，它关系到学生对该学科知识和能力掌握程度的要求；而教学目标为教师的教和学生的学提供了指导和借鉴，它对具体的教学活动产生导向、激励和制约作用。再次，教学目标具有很强的实践性和个别性，教育目的、培养目标、课程目标的主要意图都要通过教学目标的落实来体现，它是教学活动的起点和终点，是影响各项目标落实的重要闭环。

上述分析表明，课程目标与教育目的、培养目标、教学目标有着密切的联系。教育目的是教育的总目标，反映的是一个国家或社会特定历史时期对人才培养的总体要求。培养目标是教育目的的下位概念，是对各级各类学校对于学生的具体培养要求。课程目标体现着教育目的和培养目标的意图，既有指导性又有操作性，是开展和评价学校教育活动的重要标准。教学目标是培养目标和课程目标的具体化，它既体现了课程目标的诉求，又具体可行，是教师教学与学生学习活动的指导。

第二节　综合实践活动课程的目标体系

综合实践活动课程目标是以培养学生综合素质为导向，强调学生综合运用各学科知识，认识、分析和解决现实问题，提升综合素质，着力发展核心素养，特别是社会责任感、创新精神和实践能力，以适应快速变化的社会生活、职业世界和个人自主发展的需要，迎接信息时代和知识社会的挑战。综合实践活动课程目标整体上分为总目标和学段具体目标。总目标指向学生核心素养发展，以价值体认、责任担当、问题解决、创意物化四个维度，建构起立体化、进阶式与螺旋上升的整体目标体系。学段目标以总目标为基础，根据不同学段学生的特点，制订了不同的目标体系。

一、综合实践活动课程的总目标

《中小学综合实践活动课程指导纲要》规定，在基础教育阶段，综合实践活动课程的总目标是：“学生能从个体生活、社会生活及与大自然的接触中获得丰富的实践经验，形成并逐步提升对自然、社会和自我之内在联系的整体认识，具有价值体认、责任担当、问题解决、创意物化等方面的意识和能力。”综合实践活动课程的总目标指向学生核心素养的发展，体现了课程的基本定位和出发点，表现出以下四个方面的特点。

① 钟启泉．课程论[M]．北京：教育科学出版社，2007：110.

[拓展阅读]李宝敏：中小学综合实践活动课程的目标指向：核心素养发展

1. 增强社会责任感，落实立德树人根本任务

综合实践活动课程总目标以“价值体认、责任担当、问题解决、创意物化”四个维度建构起立体化、进阶式的整体目标体系，其中，“价值体认”是核心目标。可见，综合实践活动课程首先需要落实的是立德树人的育人目标。因此，综合实践活动课程的总目标提出了在促进学生正确认识人与自然、社会、自我之间的各种关系的活动中，重视引导学生形成积极的情感体验，树立爱国情怀；增强价值体认，深化学生对国家认同、民族自信、文化自信的理解；树立责任担当精神，使学生将对社会、对国家的责任和个人的理想追求结合起来，提升社会责任感，践行社会主义核心价值观。

2. 回归教育的本原，强调知识学习与生活意义的联系

综合实践活动课程的总目标要求学生能从个体生活、社会生活以及与大自然的接触中获得丰富的实践经验，形成并逐步提升对自然、社会和自我之内在联系的整体认识，实际上就是要打破学科知识与现实生活的割裂状态，打破学校与社会之间的藩篱，让学生在真实的问题情境中，能够综合运用各学科知识解决问题，从而体验并掌握认识问题、分析问题和解决问题的过程与方法，获得丰富的实践经验。让教育回归学生的生活世界，实现课程生活化，培养学生的跨学科素养和综合能力，是综合实践活动课程的目的。

3. 强调以人为本，尊重学生的个性发展

综合实践活动课程强调“人”的回归，主张人要回归生活，回归社会，回归实践与体验。该课程倡导多元、开放的教育活动，把学生的需要、兴趣、爱好置于课程的核心地位，让学生走进现实生活、走近社会，围绕个人感兴趣的领域，广泛地开展实践探索。同时，综合实践活动课程打破了学科之间、学校与社会之间的界限，为学生的探究性学习和创造性活动提供了广阔的空间和场域，让学生在“问题解决、创意物化”的过程中，充分地发挥特长，张扬个性，激发潜力；在主动的探究实践与服务中发展志趣，释放情怀。

4. 突出实践操作，培养学生的创新实践能力

综合实践活动课程的总目标提出了“创意物化”的目标维度，体现了综合实践活动课程对培养学生创新精神和实践能力的价值诉求。“创意物化”既要动脑，又要动手。学生个体只有通过主动地认知世界，发现问题，开动脑筋，才有创意与想法；有了创意和想法，学生需要在特定的情境中，利用工具操作实践，将其物化为产品，以解决现实生活中的问题。在“动手”“动脑”的过程中，提升了学生的创新精神和实践能力。

综合实践活动课程的总目标是基于学生核心素养发展的实际需求制定的，体现了综合实践活动课程的根本价值。各中小学要正确认识综合实践活动课程总目标的基本定位和出发点，从整体上把握学校课程结构，加强课程的整体规划，从活动方式、内容选择等角度，拓展综合实践活动课程的实施空间和学习场域，有效提振综合实践活动课程的实施力度，使综合实践活动课程的总目标从应然状态转化为实然状态，并可以有效达成。

二、综合实践活动课程的学段目标

综合实践活动课程的课程目标在提出总目标的基础上，力图凸显目标的实践性、阶段性和连续性，使目标本身成为组织教学活动的线索。因而，不同学段的综合实践活动课程的实施，有着不同类型和不同层次的课程目标。《中小学综合实践活动课程指导纲要》将学段目标分为了三个阶段，即小学阶段具体目标，初中阶段具体目标和高中阶段具体目标，都分别从“价值体认”“责任担当”“问题解决”和“创意物化”四个维度提出明确的具体要求，突出了培养学生综合素养，落实立德树人的根本任务。同时，各学段目标为学校综合实践活动课程的规划与实施提供了明确导向，为学生的综合素质评价提供了直接的依据。

（一）小学阶段具体目标

小学阶段综合实践活动课程的主要目的是最大限度地拓展学生的学习空间，引导和鼓励学生热爱生活，参与社会，走进科学，并能在综合实践活动课程中，学会和掌握发现问题、解决问题的基本技能，培养自理能力和自立精神。四个维度的具体目标要求如下。

（1）价值体认：通过亲历、参与少先队活动、场馆活动和主题教育活动，参观爱国主义教育基地等，获得有积极意义的价值体验。理解并遵守公共空间的基本行为规范，初步形成集体思想、组织观念，培养对中国共产党的朴素感情，为自己是中国人感到自豪。

（2）责任担当：围绕日常生活开展服务活动，能处理生活中的基本事务，初步养成自理能力、自立精神、热爱生活的态度，具有积极参与学校和社区生活的意愿。

（3）问题解决：能在教师的引导下，结合学校、家庭生活中的现象，发现并提出自己感兴趣的问题。能将问题转化为研究小课题，体验课题研究的过程与方法，提出自己的想法，形成对问题的初步解释。

（4）创意物化：通过动手操作实践，初步掌握手工设计与制作的基本技能；学会运用信息技术，设计并制作有一定创意的数字作品。运用常见、简单的信息技术解决实际问题，服务于学习和生活。

（二）初中阶段具体目标

在小学阶段的基础上，初中阶段综合实践活动课程的实施，更加注重学生综合素质的发展，培养学生形成综合实践能力。具体来说就是以探究能力和创新精神为核心，发展学生发现并提出问题的能力、自主获取知识的能力、分析与解决问题的能力、表达与交流的能力，培养学生良好的情感、态度、价值观。四个维度的具体目标要求如下。

（1）价值体认：积极参加班团队活动、场馆体验、红色之旅等，亲历社会实践，加深有积极意义的价值体验。能主动分享体验和感受，与老师、同伴交流思想认识，形成国家认同，热爱中国共产党。通过职业体验活动，发展兴趣专长，形成积极的劳动观念和态度，具有初步的生涯规划意识和能力。

（2）责任担当：观察周围的生活环境，围绕家庭、学校、社区的需要开展服务活动，增强服务意识，养成独立的生活习惯；愿意参与学校服务活动，增强服务学校的行动能力；初步形成探究社区问题的意识，愿意参与社区服务，初步形成对自我、学校、社区负责任的态度和社会公德意识，初步具备法治观念。

（3）问题解决：能关注自然、社会、生活中的现象，深入思考并提出有价值的问题，将问题转化为有价值的研究课题，学会运用科学方法开展研究。能主动运用所学知识理解与解决问题，并做出基于证据的解释，形成基本符合规范的研究报告或其他形式的研究成果。

（4）创意物化：运用一定的操作技能解决生活中的问题，将一定的想法或创意付诸实践，通过设计、制作或装配等，制作和不断改进较为复杂的制品或用品，发展实践创新意识和审美意识，提高创意实现能力。通过信息技术的学习实践，提高利用信息技术进行分析和解决问题的能力以及数字化产品的设计与制作能力。

（三）高中阶段具体目标

在义务教育阶段的基础上，普通高中阶段的综合实践活动课程目标具有较强的综合性，更加突出发展学生良好的思维品质和强烈的社会责任感与价值认同，全面提升学生的问题意识、创新精神与实践能力。对四个维度的具体目标要求如下。

（1）价值体认：通过自觉参加班团活动、走访模范人物、研学旅行、职业体验活动，组织社团活动，深化社会规则体验、国家认同、文化自信，初步体悟个人成长与职业世界、社会进步、国家发展和人类命运共同体的关系，增强根据自身兴趣专长进行生涯规划和职业选择的能力，强化对中国共产党的认识和感情，具有中国特色社会主义共同理想和国际视野。

（2）责任担当：关心他人、社区和社会发展，能持续地参与社区服务与社会实践活动，关注社区及社会存在的主要问题，热心参与志愿者活动和公益活动，增强社会责任意识和法治观念，形成主动服务他人、服务社会的情怀，理解并践行社会公德，提高社会服务能力。

（3）问题解决：能对个人感兴趣的领域开展广泛的实践探索，提出具有一定新意和深度的问题，综合运用知识分析问题，用科学方法开展研究，增强解决实际问题的能力。能及时对研究过程及研究结果进行审视、反思并优化调整，建构基于证据的、具有说服力的解释，形成比较规范的研究报告或其他形式的研究成果。

（4）创意物化：积极参与动手操作实践，熟练掌握多种操作技能，综合运用技能解决生活中的复杂问题。增强创意设计、动手操作、技术应用和物化能力。形成在实践操作中学习的意识，提高综合解决问题的能力。

可见，综合实践活动课程学段目标是以学生核心素养发展为主线的，整体遵循纵向贯通、横向整合、循序渐进、螺旋上升的原则。从小学阶段具体目标、初中阶段具体目标到高中阶段具体目标，既体现了学生核心素养发展的进阶性和层次性，也体现了学生核心素养发展的横向整合性。例如，“价值体认”维度目标的建构，在小学阶段关注的是个体的价值体验和基本的行为规范，初步具有朴素的集体主义思想；到初中阶段为注重与他人的分享与交流，形成国家认同，初步具有生涯规划意识与能力；到高中阶段，为进一步深化国家认同和文化自信，把个人的理想追求与国家、社会的发展联系在一起。三个学段的“价值体认”目标的不同要求体现了学生从小我到大我，从“体验”到“体悟”再到“体认”的情感升华历程。“责任担当”维度目标的建构，小学阶段关注的是自理能力的养成，到初中阶段成为关心身边的人与事，关心社区和社会发展，到高中阶段成为形成主动服务他人、服务社会的情怀，体现了学生责任意识与责任感的渐进发展与提高。“问题解决”维度目标的建构，从问题来源于主题生成、形成研究课题，到问题解决的过程与方法，问题研究的结果呈现，体现了不同学段学生问题解决能力的递进式发展。“创意物化”维度目标的建构，从手工设计与制作，到创意实践能力的培养，到综合运用技能解决复杂问题，体现了不同学段学生在实际操作中，创新实践能力的不断提升。学段目标的四个维度具有整体性，彼此相互作用，密切联系，相互融合与促进，通过内在的整合与联系，共同指向学生核心素养的整体发展。

三、综合实践活动课程的领域目标

中小学综合实践活动课程的主要内容包括研究性学习、社区服务和社会实践、劳动与技术教育、信息技术教育四大领域。这四大领域既有彼此紧密联系的要素，又有各自不同的活动项目。结合综合实践活动课程学段目标的具体要求，围绕“价值体认、责任担当、问题解决、创意物化”四个维度，对各学习领域也提出了具体的活动目标。

（一）研究性学习领域的基本目标

研究性学习是综合实践活动课程中一个十分重要的学习领域，是综合实践活动课程的基本活动。它是指学生在教师指导下，从自然现象、社会现象和自我生活中选择和确定研究主题，并在研究过程中主动地获取知识、应用知识、解决问题的学习活动。研究性学习特别注重学生对所学知识的实际运用，学习的过程及学生的实践和体验，其目标定位与一般的学科教学目标既有一定的联系，又有较大的差异。针对小学和初中阶段学生的不同特点和发展需要，综合实践活动课程分别制定了小学、初中阶段研究性学习的基本目标。

专栏 3－3

小学阶段研究性学习的基本目标

（1）激发观察生活、发现与探究问题的兴趣

学生通过探究活动，接触和了解自然与社会，观察和思考身边的自然现象、社会现象，并通过自己的操作实践，品尝探究和解决问题的愉悦，激发探究兴趣，获得探究的初步经验，初步养成好观察、好质疑、好探究的学习习惯。

（2）初步学会观察与发现，发展探究问题的能力

学生通过探究活动，初步形成用不同的方法观察事物、发现问题，并对问题进行探究的能力。包括：针对特定情境中的事物仔细观察并且提出问题；针对所探究的问题，形成初步的探究思路，并以自己的方式实施探究；学会使用简单的工具和设备，采集基本的信息、数据；运用信息和数据对问题做出合理的解释或回答；用明白的话语与同伴交流观察、思考、探究的过程与心得，展示成果。

（3）初步形成尊重科学的意识和认真实践、努力钻研的态度

学生通过探究活动，初步形成尊重事实的意识，养成凡事认真思考的习惯；既敢于大胆想象，又能够认真实践、尝试、探究；不怕困难与挫折，不轻易放弃探究；能进行初步的反思和自我评价；学会尊重他人的意见和观点。

（4）初步形成合作与分享的意识

学生在探究活动中，要乐于与伙伴互相帮助，分工合作；克服依赖心理，养成认真完成分工的自觉性；形成人际沟通的初步能力；热爱集体，乐于与同伴交流和分享信息、创意及成果。

(5) 初步形成对自然和社会的责任意识

学生通过探究活动,初步形成对人与自然、人与社会关系的正确认识,学会关心他人和环境,关注社会进步,懂得社会发展人人有责的基本道理,注意个人行为对于自然和社会环境的后果。

小学阶段研究性学习的目标是打基础,重在意识、习惯、态度和基本能力的培养,是学生科学精神、实践能力、社会责任感等综合素质培养的初级阶段。通过探究活动,能够引导学生在与自然、社会的接触、了解的过程中,激发与培养学生观察生活、发现与探究问题的兴趣和能力;初步形成尊重科学的意识、认真实践、努力钻研的态度,以及合作与分享的意识,对自然和社会的责任意识。

专栏 3-4

初中阶段研究性学习的基本目标

(1) 获得亲身参与研究探索的体验

研究性学习强调学生通过自主参与类似于科学研究的学习活动,获得亲身体验,逐步形成一种在日常生活与学习中喜爱置疑、乐于探究、努力求知的心理倾向,产生积极情感,激发他们探索、创新的欲望。

(2) 提高发现问题和解决问题的能力

研究性学习通常围绕一个需要研究解决的实际问题展开。在研究性学习的过程中,通过引导和鼓励,学生自主地发现和提出问题,设计解决问题的方案,利用多种有效途径,收集和获取信息,分析资料,调查研究,得出结论并进行成果交流活动。在这个过程中,引导学生应用已有的知识与经验,学习和掌握一些科学的研究方法,培养发现问题和解决问题能力。

(3) 学会分享与合作

合作的意识和能力,是现代人所应具备的基本素质。研究性学习的开展将努力创设有利于人际沟通与合作的教育环境,使学生学会交流和分享研究的信息、创意及成果,发展乐于合作的团队精神。

(4) 培养科学态度和科学道德

在研究性学习的过程中,学生要认真、踏实的探究,实事求是地获得结论,尊重他人想法和成果,养成严谨、求实的科学态度和不断追求的进取精神,磨练不怕吃苦、勇于克服困难的意志品质。

(5) 培养对社会的责任心和使命感

在研究性学习的过程中,通过社会实践和调查研究,学生要深入了解科学对于自然、社会与人类的意义与价值,学会关心国家和社会的进步,学会关注人类与环境和谐发展,形成积极的人生态度。

（6）激活各科学习中的知识储存，尝试相关知识的综合运用

高中学生已经具备了多门学科的知识积累，为他们今后的发展打下了有利的基础。但是，如果让这些知识长期处在相互分割和备用的状态之中，它们就会被遗忘，就会逐渐失去可能发挥的效用。研究性学习的重要目标是在综合运用中提高各科知识的价值。

初中阶段研究性学习是学生综合运用各学科知识，认识、分析和解决实际问题，提升综合素质，特别是社会责任感、创新精神和实践能力的重要阶段。突出强调了“责任担当”和“问题解决”在研究性学习中的重要意义。明确要求初中阶段的研究性学习，要进一步深化学生的社会责任心和使命感，培养学生科学的研究精神和态度，把科学研究与国家、社会的进步，人类的发展联系在一起，形成积极意义的价值体验，树立责任担当精神。同时，在“问题解决”维度，重在激活学生各学科学习中的知识储存，综合运用相关知识，提升学生发现问题和解决问题的实践能力。教师在组织研究性学习活动中，要科学引导，生成研究主题，选择相应的活动方式，有效达成研究性学习的活动目标。

（二）社区服务与社会实践领域的基本目标

社区服务与社会实践是指学生在教师的指导下走出教室，亲历各种社会生活和社会活动领域，参与社区和社会实践活动，以获得直接经验、发展实践能力、增强社会责任感为主旨的学习领域。它改变了学习的方式和途径，把课程与现实结合起来，把教育与学生生活结合起来，通过该领域的学习，增进学校与社会的密切联系，不断提升学生的精神境界、道德意识和实践能力，将学生情感体验的获得与态度价值观的养成特别是社会责任感的培养提到课程改革的最高目标层面。社区服务与社会实践领域结合小学、初中不同阶段的学生特点和课程目标要求，确定了小学阶段和初中阶段社区服务与社会实践的基本目标，更能有效地指导课程实施。

［微视频］社区服务与社会实践

专栏 3－5

小学阶段社区服务与社会实践的阶段目标

（1）增强服务意识，初步形成积极健康的情感体验和充实进取的生活态度

热心参与志愿者活动，参与公益活动，关心社区中的重大活动和社区存在的主要问题；关心他人，关心残疾人、老年人等弱势群体，乐于为他们做一些力所能及的事情。积极面对生活学习中遇到的困难与挫折，对他人的帮助心存感激，并随时乐意帮助他人。通过社区服务与社会实践，学生要逐渐认识到，服务和关心并不仅仅是给予，它更能带来心灵上的收获，

在服务社区、帮助他人特别是帮助弱势人群的公益活动过程中,会有痛苦也会有快乐,会有挫折也会有成就,这都是难得的教育资源,都有助于学生珍视生命,热爱生活,体验服务的充实与愉悦。通过社区服务与社会实践,学生要逐渐理解,帮助他人、贡献社会的体验不是一个抽象的概念,而是一个自己完全能达到的活生生的过程。这对于丰富学生的生存体验,全面提升学生的精神境界具有独特价值。

(2) 参与社会实践,培养实践能力,强化社会责任感

小学阶段要特别注意积极参与社会生活和适合学生特点的社会实践,通过形式多样的活动与实践,提高实践能力,获得社会经验。要学会对自己所做的事情负责,进而逐步增强对家庭、社会和国家的责任感。要懂得为人做事的基本道理,懂得尊重人、宽容人,初步形成与他人友好相处、共同成长的意识与能力,学着处理人与人、人与社会、人与自然的互动关系,初步树立心中有祖国、心中有集体、心中有他人的道德情感。这对于实现学生在认知、能力、情感态度价值观等领域的全面、协调发展具有重要意义。

(3) 改变学习方式,提升学习质量

学生要力求在实践中,在服务社会、帮助他人的体验中寻求学习的动力,克服重书本学习轻社会实践的现象,注重实践教育、体验教育,贴近实际、贴近生活,把学习场所从教室拓展到社区乃至整个社会,改变单一的学习方式和学习空间,使课堂知识学习和社会体验学习结合起来,教学与生活结合起来,发掘蕴藏于邻里、社区乃至整个社会的有利于学生学习和成长的教育资源,充实学生的学习生活,全面提升学习质量。

专栏 3-6

初中阶段社区服务与社会实践的阶段目标

(1) 增强服务意识,形成积极健康的情感体验和充实进取的生活态度

热心参与志愿者活动和公益活动,关心社区中的重大活动和社区存在的主要问题。关心他人,关心残疾人、老年人等弱势群体,乐于为他们做一些力所能及的事情。积极面对生活学习中遇到的困难与挫折,对他人的帮助心存感激,并随时乐意帮助他人。通过社区服务与社会实践,学生要认识到,服务和关心并不仅仅是给予,它更能带来心灵上的收获,在服务社区、帮助他人特别是帮助弱势人群的公益活动过程中,会有痛苦也会有快乐,会有挫折也会有成就,这都是难得的教育资源,都有助于学生珍视生命,热爱生活,保持蓬勃朝气和昂扬向上的精神状态,体验服务他人与社会的充实与愉悦。通过社区服务与社会实践,尤其要让学生认识到,帮助他人、贡献社会的体验不是一个抽象的概念,而是一个自己完全能达到的活生生的过程。这对于深化学生的生存体验,舒展学生的个性,全面提升学生的精神境界具有独特价值。

(2) 参与社会实践,培养实践能力,强化社会责任感

初中阶段的学生要经常接触社会现实,参与各种社会活动,自觉实践,自主参与,提高实践能力,获得社会经验。增强对家庭、社会和国家的责任感与使命感,懂得为人做事的基本道理,懂得尊重人、宽容人,能对自己所做的事情负责,形成与他人友好相处、共同成长的意

识与能力，学会处理人与人、人与社会、人与自然的互动关系，牢固树立心中有祖国、心中有集体、心中有他人的道德情操，把个人的成长进步同祖国的繁荣富强紧密联系在一起，为担负起建设祖国、振兴中华的光荣使命时刻准备着。这对于实现学生在认知、能力、情感态度价值观等领域的全面、协调发展具有重要意义。

(3) 改变学习方式，提升学习质量

社区服务和社会实践的最大追求不是授人以书本知识，不是记忆、背诵，而是培养学生不断地领悟世界的意义和人生的意义。因此，要特别注意促使学生在实践中、在服务社会、帮助他人的体验中寻求学习的动力，克服重分数轻发展、重书本教学轻社会实践的现象，注重实践教育、体验教育，贴近实际、贴近生活，把学习场所从教室拓展到社区乃至整个社会，改变单一的学习方式，使课堂知识学习和社会体验学习结合起来，加强学校与社会、教学与生活的联系，发掘蕴藏于邻里、社区乃至整个社会的有利于学生学习和成长的教育资源，充实学生的学习生活，全面提升学习质量。

总体来说，在社区服务与社会实践活动领域，社区服务与社会实践服从于综合实践活动课程的总目标和学段目标，同时更为注重学生的社会适应能力、社会参与意识、公民责任感及创新意识的培养。虽然小学和初中阶段的基本目标有所不同，但整体上需要达成一些基本要求，即引导学生融入生活，获得感受，形成健康、进取的生活态度；让学生亲近、关爱自然，懂得与自然和谐相处；促进学生自我了解，肯定自我价值，发展兴趣与专长；主动参与社会实践，增强学生公民意识和责任感；使学生自觉服务社会，对他人、对社会富有爱心；从而拓展知识，增长经验，增进学生的社会适应与创新能力。社区服务与社会实践，打破了学校与社会之间的藩篱，使教育回归生活世界，对促进学生形成积极健康的情感体验与价值观，培养高度的社会责任感和担当精神、服务意识，改变学生的学习方式，提升学习质量等方面都发挥着重要的作用。

（三）劳动与技术教育领域的基本目标

劳动与技术教育是以学生获得积极劳动体验、形成良好技术素养为主的多方面发展为目标，且以操作性学习为特征的学习领域。它强调学生通过人与物的作用、人与人的互动来从事操作性学习；强调学生动手与动脑相结合。通过该领域的实践活动使学生了解必要的通用技术和职业分工，养成良好的劳动习惯，形成初步的技术意识和技术实践能力。

[微视频]劳动与技术

顾名思义，劳动与技术教育的基本内容即是劳动教育和技术教育内容的有机结合。在义务教育阶段，根据实践活动的目标层次不同，将劳动与技术教育的基本内容概括为技术、家政和职业三方面，并设置了相应的实践目标。

小学和初中阶段的劳动与技术教育的实践目标在内容上是有差异的。在小学阶段，劳动与技术教育的基本内容分为技术、家政和职业了解三个方面。

专栏 3－7

小学阶段劳动与技术教育的基本目标

（1）了解劳动世界，理解劳动意义，形成正确的劳动观点和热爱劳动的情感

通过丰富多彩的劳动活动和技术实践，丰富劳动体验，形成对劳动的初步认识；与此同时，培养认真负责、遵章守纪、团结互助、爱护公物以及爱惜劳动成果的品质，形成良好的劳动习惯。

（2）注重生活中的技术学习，学会生活自理，形成积极的生活态度

掌握一些生活必备的技术基础知识与基本技能，学会生活自理；建立生活中的主体意识，形成积极的生活态度。

（3）积极参与技术实践，掌握一些基本的技术知识与技能

认识日常生活和周围环境中的常见材料，学会使用一些基本的工具；通过简单的工艺品或技术作品的设计与制作实践，了解设计、制作及评价的一般过程和简单方法；或者了解作物生长和农副产品生产与销售的一般过程，掌握一些简单种植或饲养的一般方法。

（4）激发技术学习兴趣，初步形成从事简单技术活动和进行简单的技术探究的基本能力

关注身边的技术问题，形成亲近技术的情感，具有初步的技术意识；能够安全而有责任心地参加技术活动，初步具有与他人进行技术方面合作与交流的态度与能力；通过体验和探究，学会进行简单的技术学习，初步形成科学的态度及技术创新的意识，具有初步的技术探究能力；初步形成与技术相联系的经济意识、质量意识、环保意识、安全意识、伦理意识、审美意识以及关心当地经济建设的意识。

（5）关注职业领域，增进职业了解，形成初步的职业认识

关心日常生活中成人的职业角色，初步了解社会的职业分工；知道职业与技术、与社会、与人的发展的联系，培养初步的职业意识和创业意识。

在小学阶段，劳动与技术教育是综合实践活动的一个重要活动领域，紧紧围绕小学学段目标的四个维度，结合劳动与技术教育的活动内容，制定了该领域的基本目标。在目标的设计上，小学阶段更加关注学生的生活自理能力和基本劳动技能的培养。通过丰富多彩的劳动活动，技术实践，建立学生生活中的主体意识，养成劳动习惯，掌握基本技能，形成初步的职业认识，体现了劳动与技术教育活动对促进学生获得积极意义的劳动体验，养成自理能力与自立精神，掌握手工设计与制作的基本技能等方面发挥的重要作用。

专栏 3-8

初中阶段劳动与技术教育的基本目标

(1) 认识劳动世界,形成正确的劳动观念和热爱劳动的思想感情

通过技术实践活动,深化自己的劳动体验,形成正确的劳动价值观;养成勤俭、负责、守纪的劳动品质,形成良好的劳动习惯。

(2) 拓展生活中的技术学习,形成积极的生活态度

学会自我的生活管理,掌握一些提高家庭生活质量所必备的基本技能;增强生活中的主体意识,形成积极的生活态度。

(3) 主动进行技术实践,初步掌握一些现代生产通用的技术基础知识和基本技能

学会使用简单的工具和设施,并对常见材料进行简易加工;初步掌握简易设计与制作的一般过程与方法,并根据自己的设计进行简单工艺品和技术作品的制作,或者了解作物生长和农副产品的生产与销售的一般规律,了解一些现代农业技术,并进行技术实践;在使用和改良技术作品、进行技术实践的过程中,作出多方面的有一定根据的评价。

(4) 发展技术学习兴趣,初步形成从事技术活动和进行技术学习的基本态度与能力

关注日常生活和周围环境中的技术问题,形成持续而稳定的技术学习兴趣,具有较强的技术意识;理解从事技术活动必须具备的品格与态度,能够安全而负责任地参加技术活动,具有初步的与他人进行技术合作、技术交流的态度与能力;通过体验和探究,掌握基本的技术学习方法,形成一定的科学精神、科学态度以及技术创新意识,具有初步的技术探究、解决日常生活中的简单技术问题的能力和一定的技术的终身学习能力,形成一定的与技术相联系的经济意识、质量意识、环保意识、安全意识、伦理意识、审美意识以及推动当地经济建设的意识。

(5) 关注职业领域,增进职业认识,形成初步的职业选择意向和初步的创业意识

了解从事职业活动必须具备的劳动保护知识和相应的职业道德;关注本地区的经济发展和人才需求,进行学习或就业的初步选择;知道创业过程的艰辛和乐趣,形成初步的创业意识。

在初中阶段,劳动与技术教育的基本内容仍然包括技术基础、家政和职业引导三个方面,但目标要求相对较高。在技术基础方面,小学阶段具有初步的技术意识,进行简单的技术学习;初中阶段具有较强的技术意识,掌握基本的技术学习方法。在家政活动方面,初中阶段提出了掌握提高家庭生活质量的必备技能;在职业引导方面,从职业认识到职业选择,都体现了目标的纵向贯通与螺旋上升。综合实践活动的领域目标不仅结合内容,也紧扣学段目标的四个维度进行设计。如,在“价值体认”维度,小学阶段重在获得劳动体验,从而了解劳动,爱惜劳动成果,培养劳动习惯;初中阶段的重在深化劳动体验,从而认识劳动,形成正确的劳动价值观和良好的劳动品质,呈递进式发展。

(四) 信息技术教育领域的基本目标

中小学信息技术教育是教育为了适应技术迅猛发展的信息时代对人才培养提出的新要

求而设置的学习领域，是综合实践活动课程中以培养学生的信息素养和信息技术操作能力为主要目标，以操作性、实践性和探究性为特征的基本学习领域之一。信息技术教育不仅是综合实践活动课程有效实施的重要手段，也是综合实践活动课程的重要内容。

信息技术教育的基本内容包括信息实践和技术实践两个方面，其基本目标也是从这两个方面进行陈述的，并根据年段特点制定了小学阶段、初中阶段的信息技术教育的目标。

专栏 3－9

小学阶段信息技术教育的基本目标

目标：培养学生积极主动参与信息技术学习的兴趣，良好的信息意识和必要的信息处理能力，健康负责的信息技术使用习惯，引导学生学会使用信息技术支持学习和解决问题。

小学信息技术强调学生在实践活动中，体验借助计算机和网络获取、处理、表达信息并用以解决实际问题、开展学科学习的过程；在活动中感知信息的重要性，初步形成良好的信息意识；通过动手操作，掌握利用计算机等常见信息处理工具搜集、处理信息的操作与方法；形成积极参加信息技术活动，主动探究信息技术工作原理和信息科技奥秘的求知欲；在参与实践活动的过程中，观察、思考和讨论与信息技术应用相关的社会现象，养成适当的信息技术使用习惯。

专栏 3－10

初中阶段信息技术教育的基本目标

目标：发展学生积极学习和探究信息技术的兴趣，巩固良好的信息意识和健康负责的信息技术使用习惯，提高信息处理能力，强化学生使用信息技术支持各种学习和解决各类问题的意识与能力。

初中信息技术强调学生在实践活动中，体验借助计算机和网络获取、处理、表达信息并用以解决实际问题、开展学科学习的过程；在活动中理解感知信息的重要性，分析信息编码以及利用计算机等常见信息处理工具处理信息的一般过程；发展积极参加信息技术活动，主动探究信息技术工作原理和信息科技奥秘的兴趣；在参与实践活动的过程中，思考、讨论和分析与信息技术应用相关的社会现象，养成适当的信息技术使用习惯。

信息技术教育活动领域以信息实践和技术实践为基本内容，具有较强的独特性。在目标的设计上，以“兴趣”“意识”“能力”为着力点，以运用信息技术支持学习和解决问题为生长点。小学和初中阶段的目标要求体现了递进式原则。

综合实践活动课程目标是一个分层次多级别的目标体系，在总目标和学段目标的基础上，再设计领域目标，实则是将目标的四个维度与活动内容紧密结合起来，更具有针对性和指导性。在综合实践活动具体的实施过程中，一个主题活动往往不止涉及一个活动领域，这就需要老师综合各领域的目标要求，结合学段目标，制定切实有效的活动目标。

第三节　活动目标的撰写

撰写活动目标是综合实践活动课程实施的重要环节。活动目标是指导、实施和评价教学的基本依据，编写一个准确、清楚、意思明了的活动目标，可以帮助人们正确理解活动意图，有效指导活动内容的选择与组织、实施策略的运用，全面展开活动评价等。如果活动目标在撰写上不清楚，不恰当，甚至不科学，就会误导人们的理解与判断，造成活动设计、实施和评价有失偏颇。

一、活动目标撰写的基本要求

活动目标撰写的前提是要弄清什么样的活动目标才是有效的，确定准确的活动目标内容后，继而思考如何清楚、明了地表述活动目标。一般来说，活动目标的撰写至少应该符合以下四个方面的基本要求。

1. 整体性：首先活动目标要有整体性，即整体把握教育目的、培养目标、课程目标、学段目标之间的关系，在这种关系体系中准确定位活动目标。活动目标必须包含所有学生应准备达成的学习结果，具体来说就是核心素养的要求。其次活动目标要有统一性，即强调活动目标的各个维度是一个有机的整体，互相之间存在内在的联系，而不是相互割裂的关系。

2. 主体性：活动目标的撰写主体是课程专家或教师，但活动目标的行为主体是学生，教师要从学生的角度出发，表述行为结果，避免出现主体错位的现象。

3. 准确性：活动目标的准确性主要指两个方面。一是要有明确的学习成果，活动目标需要清楚、明确地指出学生需要达到的学习结果。二是活动目标中对于学习结果的表述要准确清楚、通俗易懂，不能含糊其词、意思不确定，更不能使用带有歧义的词语，致使学习结果出现失误。

4. 可行性：活动目标的撰写要根据学生的实际能力和现有的教学资源条件而制定，并适应当前的社会环境和学校的课堂环境，具有可行性和可操作性。

二、活动目标撰写的常见问题

活动目标撰写中出现的常见问题，主要指活动目标陈述的内容、表达的方式和语言的使用等方面存在问题，不能使活动目标符合基本的要求。常见的问题有以下五个方面。

1. 目标体系不完整：表现在活动目标没有完整地体现教育目的、培养目标的全部价值追求，与教育目的、培养目标的追求不一致。反映在具体的学科或领域里，就是活动目标的撰写只关注三维目标的某些维度，而忽略其他维度的要求，缺乏整体性。

2. 主体不明确：活动的行为主体是学生。因此活动目标在撰写的时候，应该从学生的角度出发，陈述学生学习之后的行为结果。有的活动目标比如，能收集资料和整理信息解决问题。一个“能”表达了行为结果。但实际上，在活动目标的陈述中，常常出现行为主体错位的现象。有时是以教师为活动目标的行为主体，有时主体又是教师和学生二者的交叉混合。以教师为活动目标的行为主体,指出的是教师需要做什么,比如提高学生整理资料和信息的能力,但是学生收集资料和整理信息的能力到底应该达到一个什么水平,却没有明确指出。可见,同样的学习内容,因为行为主体不同,活动目标所表述的意思就不一样。

3. 内容不清楚:一方面是因为行为主体不明确,造成了活动目标内容不清楚。以往我国的教学大纲习惯采用“提高学生……”“促进学生……”“培养学生……”等方式来表述,从教师的角度将活动目标当成教师需要完成的工作来陈述,没有明确指出学生应该达到什么样的学习结果,也就是行为程度不明确。另一方面,就是对活动目标内容的陈述较为模糊、笼统、不具体,缺乏质与量的具体规定性。例如,“了解纸文化的特点”的活动目标,这个“特点”包含哪些方面不够清楚。又如,“形成探究能力”的活动目标,这个表述也很笼统。探究能力包含提出问题的能力,收集资料和信息的能力,进行社会调查的能力,开展科学观察和科学实验的能力等等,不同学段的学生,学习基础不同,对应该形成的能力要求也不一样,活动目标撰写的时候需要明确指出来。

4. 表述不准确:主要表现为行为主体错位,用词不准确,比如这样的表述,“使学生……”“让学生……”“培养学生……”;或者是使用的行为动词难以理解,缺乏可评估性,不利于实际教学时的把握和评价时运用,比如这样的表述,“灵活运用……”“熟练掌握……”等。

5. 可行性不足:撰写的活动目标空泛,不具体、不明确,不具有可行性和可操作性。

专栏 3－11

教学目标中的常见错误①

在学习一般教学目标时,格劳伦德建议应该避免下列常犯错误。

1. 描述教师表现而非学生表现。如增加学生的阅读能力——这个例子并不能够清楚地显示教学的意图结果。

2. 叙写学习过程而非学习产物:“获得”“学习得到”“发展”等着重学习过程的描述而非学习的预期结果。

3. 罗列学科内容。

4. 在每一个一般目标内包含成果一类的学习成果。如认识科学方法并把它有效应用。

泰勒也曾批判过叙写课程目标时常犯的错误,他还指出了另一个常犯错误,即只叙述理想的学生行为,而忽略行为所应用的生活领域或内容。

三、 活动目标的撰写方法

(一) 活动目标的表达形式

2001 年,教育部颁布了《基础教育课程改革纲要(试行)》,《纲要》指出, 国家课程标准

① Gronlund N. E. How to write and use instructional objectives (4th ed)[M]. New York:Macmillan Publishing Company, 1991//李子建,黄显华. 课程:范式、取向和设计[M]. 香港:香港中文大学出版社,1996:216－218.

“应体现国家对不同阶段的学生在知识与技能、过程与方法、情感态度与价值观等方面的基本要求”①,确立了活动目标的三个维度。从此,三维目标模式成为活动目标表述的基本框架。在活动目标的表达形式上,可以采用分项式表达法和融合式表达法两种。

1. 分项式表达法:将三维目标的三个维度“知识与技能、过程与方法、情感态度与价值观”逐项撰写。这种撰写方式条理清晰,内容清楚,但三个维度之间的内在联系不能一目了然。正因如此,容易造成三个维度之间的割裂,使它们变成三个目标。因而,在采用分项式表达法撰写活动目标的时候,要特别注意三个维度之间的内在统一性,使它们相互交融,互相促进,成为一个有机的整体。

专栏 3 - 12

低碳生活,我能行②

——温差门铃发明的探究

教学目标:

知识与能力

- 掌握温差发电的知识,掌握发明的基本技法、制作技巧和工艺。
- 掌握资料的收集、归类、整理、分析及通过资料获得结论的能力。
- 掌握发散思维、聚合思维,了解、掌握批判与实证的思维方法。

过程与方法

- 通过研究,体验在学习或生活中善于质疑、乐于探究、勤于动手、努力求知的学习方式与方法。
- 掌握逻辑实证的过程与方法。

情感态度与价值观

- 通过研究,认识到技术创新是实现低碳生活的重要方式和途径。
- 体验到交流、合作、分享带来的乐趣以及研究成果带来的喜悦感和成就感。
- 认识到信息技术不只是电子游戏,体会到坚持、细心的重要性。

2. 融合式表达法:与分项式表达法相反,融合式表达法就是将三维目标的三个维度融合在一起撰写。这种表达法大都能直接体现各个维度之间的内在关系,有利于课堂成为一个融合的整体。

① 教育部. 基础教育课程改革纲要(试行)[N]. 中国教育报,2001 - 07 - 27(2).

② 案例由西南大学附属中学黄仕友提供。

专栏 3-13

隐性杀手——噪音

教学目标：

通过自学或小组学习等方式，了解物理学等相关学科的知识，能应用相关知识解决噪音问题。

开展社会调查和实践，了解噪音形成的原因，提出减少噪音的建议和措施。

在综合实践活动课程中，培养提出问题、探究问题、解决问题的能力，认识并掌握基本的科学研究方法。

体验学习活动的全过程，能自信地交流与展示自己的学习研究成果。

（二）活动目标的撰写

要准确地撰写活动目标，首先要弄清课程目标的不同类型。对此，国内外学者已经做过大量的研究。在具体的课程目标类型研究中，有不同的主张。艾斯纳提出了三种类型的课程目标主张，即行为目标、解决问题的目标和表现性目标。舒伯特认为课程目标主要有四种类型：普遍性目标、行为目标、生成性目标和表现性目标。我国《基础教育课程改革纲要（试行）》（2001）从三个维度提出了课程目标：知识与技能目标、过程与方法目标和情感态度与价值观目标。分析活动目标的撰写，我们将采用较为广泛运用的课程目标分类说，即将课程目标分为“行为目标”“生成性目标”和“表现性目标”三种类型。由于生成性目标不是由外部事先规定的结果，而是在教育情境之中，随着教育过程的展开而自然生成的目标，具有开放性的特点。因此，我们将重点讨论行为目标和表现性目标的撰写。

1. 行为目标的撰写

行为目标是以显性的、具体的、可操作性的行为描述形式来展示课程目标的，是追求课程目标的结果、显性、规定性取向的代表。行为目标的倡导者博比特认为，课程目标必须具体化、标准化，有一套可操作的程序。泰勒认为，有效的行为目标表述必须包含“行为”和“内容”两个方面，才能够精确而清晰地表述目标。20 世纪 60 年代，马杰认为行为目标撰写仅有“行为”和“内容”是不够的，还应该包括“表现”“条件”和“标准”三大要素。马杰在三要素的基础上，进一步发展，形成了目前广泛使用的四要素行为目标 ABCD 撰写方法。

行为目标 ABCD 撰写方法分别采用的是四要素英文首字母，含义分别是：A 学习者（audience）；B 行为（behaviour）；C 条件（conditions）；D 程度（degree）。运用 ABCD 撰写方法表示行为目标，我们可以看两个例子，“借助思维导图（条件），学生（学习者）能讲解（行为动词）家乡的某一著名景点（表现程度）”；“在小组合作学习中（条件），学生（学习者）能在 10 分钟内（表现程度）完成（行为动词）测量摩擦力大小的实验设计”。

一般来说，撰写行为目标需包含四个方面的要素，即行为主体、行为动词、行为条件和行为程度。但是，也并不是所有的行为目标都要表现这四个要素。只要能使学习者正确理解，不产生歧义或误会，有时为了撰写简便，也可省略行为主体或条件，使行为目标的表述更加清楚、准确。

行为目标的撰写方法除了马杰的ABCD撰写方法之外，还有很多种。比较有代表性的如布卢姆在将教育目标划分为认知领域目标、情感领域目标和动作技能领域目标的基础上，提出了各领域目标层次。认知目标的层次——知识、领会、应用、分析、综合、评价；情感领域的层次——接受、反映、价值判断、组织、价值观或价值观体系的个性化；动作技能目标的层次——知觉、准备、指导的反映、机械练习、复杂的外显反应、适应、创造，以及它们的撰写范例与评价方法。豪恩斯坦在布卢姆目标分类的基础上，进行了重新架构，提出了行为目标的四大领域，并指出了各领域的目标层次，即认知领域的层次——形成概念、领会、应用、评价、综合；情感领域的层次——接受、反应、形成价值、信奉、展露个性；动作技能领域的层次——技术性信息和符号性信息输入、知觉、模仿、生成、外化与精熟；心理动作领域的层次——知觉、模仿、生成、外化、精熟。

2. 表现性目标的撰写

表现性目标是美国课程理论家艾斯纳提出的课程目标撰写的一种主张。他认为，表现性目标"不是规定学生在完成学习活动后所习得的行为，而是描述教育中的'际遇'；指明儿童将在其作业中遇到的情境、儿童将要处理的问题、儿童将要从事的任务，但并不指定儿童将要从这些'际遇'中学到什么"。表现性目标撰写所采用的行为动词往往是体验性的，过程性的，表达的总是无需结果化的或难以结果化的活动目标。比较典型的表现性目标如，"阅读并解释《失乐园》的意义""考察和评估《老人与海》的重要意义"；"参观动物园，讨论在那里看到的最有趣的几件事"①等。显然，这些活动目标并不期望指明学生在参加这些活动后能做什么，而是识别他们将际遇的形式。

表现性目标适用于一些复杂的智力性活动，并且这些活动需要智慧的参与，具有创造性，有可能会创生出新的思维和文化。表现性目标还适用于那些不强求学生得到统一性发展的活动上，即在某一教育情境中，学生所得到的收获和感受是不同的，这种具有多样性和个体化的收获，使用表现性目标最为适宜。鉴于表现性目标的灵活性和开放性，他对教育活动预期的结果通常没有明确和统一的规定，因此表现性目标撰写所使用的动词也就没有那么严格和具体，通常可以使用：解释、讨论、说说、表达、表述、表现、欣赏、从事、做、说、画、写、模仿、表达、展示、设计、制作、描绘、涂染、折叠、编织、雕塑、拓印、表演、编导、编写。

本章小结

综合实践活动课程目标是根据我国现阶段教育目的和培养目标制定的，整体上分为总目标和学段目标。总目标具有高度的概括性，突出强调学生应积极参与自然、社会生活，获得丰富的实践经验，提升整体认识。学段目标分为小学、初中、高中三个阶段，各学段目标都包括"价值体认""责任担当""问题解决""创意物化"四个维度的内容。

综合实践活动课程的目标要符合四项基本要求，即整体性、主体性、准确性和可行性，不能出现目标体系不完整、行为主体不明确、内容不清楚、表述不准确和可行性不足等问题。

---

① Eisner, E. W. Instructional and expressive objectives [M]//Golby M., Greenwald J. &West R. Curriculum design[M]. Manuka Australia: Croom HelmLondon, 1975: 352.

活动目标可以采用分项式表达法和融合式表达法两种。

实践·反思·探究

1. 试述课程目标与教育目的、培养目标、教学目标的关系。
2. 阐述我国基础教育阶段综合实践活动课程的总目标和学段目标。
3. 思考国内外中小学综合实践活动课程的活动目标设计异同。

推荐阅读

[1] 中华人民共和国教育部．中小学综合实践活动课程指导纲要[S]. 2017.

[2] 李宝敏．中小学综合实践活动课程的目标指向:核心素养发展[J]．中小学管理，2017(12):8－10。

[3] 郭元祥．“综合实践活动课程”在国外[J]. 课程教学研究,2019(06):96.

[4] 梁燕霏．试论综合实践活动课程的核心素养[J]. 新课程研究(上旬刊),2017(08):7－8.

第四章
综合实践活动课程内容

学习目标

- 了解综合实践活动课程内容组织的原则和要求。
- 掌握综合实践活动课程主题的产生过程、选题方法和主题表达方法。
- 尝试运用所学知识确定综合实践活动课程主题，并思考综合实践活动课程主题的产生和确定过程与培养学生综合能力的关系。

教学建议

本章共 6 学时，其中，讲授综合实践活动课程内容选择和主题确定 3 学时，实践操作 3 学时。

本章内容既有课堂教学内容也有实践操作内容，综合实践活动课程的主题来源与确定的学习强调的是实践性和操作性。第一，学生应当充分讨论，通过观察、实践、延伸等方法提出多种主题。第二，学生在小组讨论的基础上，按照选题确定的步骤将提出的问题通过分析后，确定可行的活动主题。

知识导图

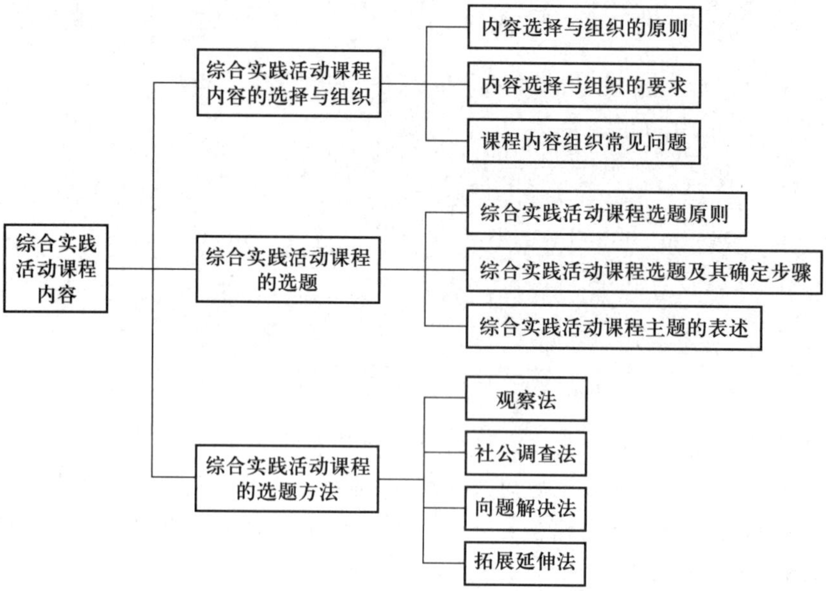
综合实践活动课程内容
综合实践活动课程内容的选择与组织
内容选择与组织的原则
内容选择与组织的要求
课程内容组织常见问题
综合实践活动课程的选题
综合实践活动课程选题原则
综合实践活动课程选题及其确定步骤
综合实践活动课程主题的表述
综合实践活动课程的选题方法
观察法
社会调查法
问题解决法
拓展延伸法

课程内容是构成课程的基本要素，是课程实施的前提条件与根本保障。不同的课程内容观，决定了课程内容的选择与组织形式也不相同，综合实践活动课程的内容不是确定统一的，而是与学生的生活密切相关。学生的生活世界是丰富多彩的，既有奇妙无穷的自然，又有变化万千的文化；既有复杂有序的现代社会集体，又有自主独立的自我生命。这其中蕴含着取之不尽、用之不竭的综合实践活动课程资源。综合实践活动课程的内容是从学生的真实生活和发展需要出发，将生活情境转换为活动主题，随着实践活动的不断展开，学生的认识和体验不断丰富和深化，新的活动目标和活动主题也不断生成。

主题的确立是综合实践活动课程开展的第一步，也是最为关键和重要的一步。教师要充分结合学生的经验，为学生提供活动主题选择以及提出问题的机会，引导学生构思选题，鼓励学生提出感兴趣的问题，并及时捕捉活动中学生动态生成的问题，组织学生就这些问题展开讨论，确立新的探究内容。一个有价值、有意义的活动主题的提出，凝聚着师生共同的智慧。

第一节　综合实践活动课程的内容选择与组织

学校和教师要依据综合实践活动课程的目标，并基于学生发展的实际需求，设计综合实践活动课程的主题，选择与组织具体内容，并设置相应的活动方式。

一、内容选择与组织的原则

综合实践活动课程的内容选择与组织应遵循如下五个原则。

（一）自主性

在进行主题开发与活动内容的选择与组织时，要重视学生自身发展的需求，尊重学生的自主选择。教师要善于引导学生围绕活动主题，从特定的角度切入，选择与组织具体的活动内容，并自定活动目标任务，提升自主规划和管理能力。同时，要善于捕捉和利用课程实施过程中生成的有价值的问题，指导学生深化活动主题，不断完善活动内容。

[微视频]综合实践活动课程资源开发的原则

（二）实践性

综合实践活动课程强调学生要亲身经历各项活动，在“动手做”“实验”“探究”“设计”“创作”“反思”的过程中进行“体验”“体悟”“体认”，在全身心参与的活动中，发现、分析和解决问题，体验和感受生活，发展实践创新能力。

（三）开放性

综合实践活动课程面向学生的整个生活世界，具体活动内容具有开放性。教师要基于学生的已有经验和兴趣专长，打破学科界限，选择综合实践活动内容，鼓励学生进行跨领域、跨学科学习，为学生的自主活动留出余地。要引导学生把自己成长的环境作为学习场所，在与家庭、学校、社区的持续互动中,不断拓展活动时空和活动内容,使自己的个性特长、实践能力、服务精神和社会责任感不断获得发展。

(四) 整合性

综合实践活动课程的内容选择与组织,要结合学生发展的年龄特点和个性特征,以促进学生的综合素质发展为核心,均衡考虑学生与自然的关系、学生与他人和社会的关系、学生与自我的关系这三个方面的内容。对活动主题的探究和体验,要体现个人、社会、自然三者的内在联系,强化科技、艺术、道德等方面的内在整合。

(五) 连续性

综合实践活动课程的内容选择与组织应基于学生可持续发展的要求,设计长短期相结合的主题活动,使活动内容具有递进性。要促使活动内容由简单走向复杂,使活动主题向纵深发展,不断丰富活动内容、拓展活动范围,促进学生综合素质的持续发展。要处理好学期之间、学年之间、学段之间活动内容的有机衔接与联系,构建科学合理的活动主题序列。

二、内容选择与组织的要求

(一) 以融合的方式设计和实施课程

“融合实施”就是指以主题活动的方式将综合实践活动课程的活动领域组合成一个有机整体去实施。它要求在实施具体的活动主题或活动项目的过程中,不应仅仅局限在完成某一领域的具体任务上,而应注重各领域任务和内容的相互配合,相互渗透和延伸,达到理想的整合状态。比如学生在开展水污染问题的研究性学习时,在学生了解了水污染的现状、原因以及危害,并得出水污染的治理方案或建议后,教师可以根据当地实际,引导学生做一些关于水资源保护法的社会宣传活动,或开展力所能及的水治理义务劳动,如植树等。这样能够较好地把考查探究、社会服务、设计制作、劳动体验等活动结合起来,使之成为一个有机的整体,得以融合实施。

(二) 以探究学习为核心,以多种方式组织开展综合实践活动课程

考查探究作为一种活动方式,强调学生在教师的指导下自主地发现问题、探究问题、获得结论;考查探究作为一种教学形态,是指学生在教师指导下,从学习生活和社会生活中选择和确定研究专题,主动地获取知识、应用知识、解决问题的学习活动。新《指导纲要》强调要将“研究性学习”的观察、探究、操作、研讨等活动形式贯彻于综合实践活动课程的整个过程。如设计主题时,在每一项活动主题的实施过程中,要引导学生尽可能多地利用多种学习方式开展活动,将野外考察、社会调查、研学旅行等方式进行整合使用,体现该课程的基本精神。

[微视频]综合实践活动课程资源开发的自然维度

(三) 以实践学习为重要途径,避免纯粹的知识教学和技能训练

综合实践活动课程是一门综合性的实践课程,更是一门以直接经验获得为主的课程,它

与以间接经验获得的学科课程（或分科课程）不同。综合实践活动课程主张学生通过亲身体验获得对客观事物和自己生活的感知与直接认识，更注重学生的个人感悟与知识的获取，强调学生的个性化发展。因此，在综合实践活动课程中，要根据开展主题活动的具体内容，引导学生关注与主题活动相关的生活问题、社区问题和社会问题，按照实际需要学习并掌握相应的劳动技术与方法，开展劳动实践、工艺制作、技术实验和项目设计等活动，以解决家庭、学校、社区和社会问题，进行社会服务，尽量避免单纯的劳动技能训练或劳动服务。不能用单一一种活动方式取代综合实践活动课程，主题活动要体现综合实践活动课程的基本理念，避免课程纯粹进行劳动与信息技术知识的教学和技能训练。

三、课程内容组织常见问题

目前综合实践活动课程的内容在组织上出现了一些问题，值得我们认真反思。

（一）课程内容分科化

课程内容分科化是指综合实践活动课程在实施的过程中将活动的各个部分划分为具体的课程加以实施。一个表现是一些地方和学校在开设综合实践活动课程时，人为地将四种活动方式划分为四门具体的课程，按照开设学科课程的模式，将每周综合实践活动课程的总课时划分到几个活动方式中。如此一来，综合实践活动课程就成了学科课程，其课程独特的价值与意义就失去了。

另一个表现就是用学科课程的实践性学习代替综合实践活动课程。在一些地方和学校中存在着以学科课程或地方课程分割综合实践活动课程的课时，代替综合实践活动课程的现象。新课改之后，在课程内容的安排上，学科课程也可以包容各种实践性的学习活动。如语文学科的综合性学习，数学学科的综合性学习，等等。某些地方和学校就会用语文综合实践活动课程或数学综合实践活动课程等挤占综合实践活动课程的课时，以此代替综合实践活动课程。学科课程中实践性学习的直接目的是掌握系统的书本知识，离开了系统的间接经验或理论知识的习得，学科课程就不复存在。学科课程中的实践性学习是围绕系统的学科知识来展开的，因而，它只能被称为学科课程中的“活动教学”，与综合实践活动课程有着本质的区别。

（二）课程内容片面化

《指导纲要》所提的四大活动方式，各有其不同的活动内容、目标和价值追求，它们互相配合，共同构成综合实践活动课程的内容体系。但是一些学校在实施综合实践活动课程时，常常把某个单一的活动方式当成综合实践活动课程。如一些学校重视研究性学习，认为研究性学习对于发展学生的探究能力，提高学生的思维品质有好处，对于学科知识的掌握有帮助，于是选择只开展研究性学习。也有一些学校用社会服务、劳动体验活动代替综合实践活动课程。这些做法都会导致综合实践活动课程内容的窄化和片面化。

（三）实施方式简单化

由于综合实践活动课程没有固定的教材，所以对于教师课程开发的能力要求较高，很多教师的专业能力难以实施该课程，加上这门新的课程不纳入升学考试科目，所以导致在实践中这门课程常常被忽视。又因为这门课程要求学生进行自主学习和探索，有时候还要到校外进行社会实践，所以，对学校的安全责任要求很多，这些种种因素都导致课程在实施的时候遭遇了简单化，甚至用“教”的方式来进行综合实践活动课程的实施。有不少的学校和教师也习惯了按照以往的方式讲授职业体验、社会服务等内容，把综合实践活动课程上成纯粹的知识教学和技能训练。

（四）课程内容教材化

综合实践活动课程的内容是开放的，面向学生的整个生活世界。学生关心什么，对什么感兴趣，是因人、因时、因地而异的。尊重每一个学生的兴趣、爱好与特长，体现每一所学校及其所在社区的特色，是选择综合实践活动课程内容时应遵循的基本原则。还有些地区和学校，编制了综合实践活动课程的地方教材，但是教师们在使用的时候，不考虑时代的发展，城乡差异，地域差异，学校特色，不去研究学生、资源、时代的热点问题，生搬硬套教材内容，脱离学生当下生活及其需要，极大地限制了综合实践活动课程的范围，阻碍了学生兴趣的培养和能力的发展，难以实现综合实践活动课程的价值。综合实践活动课程的内容不应该教材化、固定化，而是提倡以资源包、资源库的形式保存优质资源，并不断丰富、补充，形成动态发展的资源中心。

（五）内容整合机械化

内容整合机械化是指综合实践活动课程在实施的过程中将四大活动方式机械地拼凑在一个主题活动中。虽然综合实践活动课程要求以融合的方式设计和实施活动主题和项目，但也要求设计者根据主题活动自身的需要选择内容和方式开展活动。一些学校和教师在设计综合实践活动课程时，把该课程的活动主题分解为了研究性学习、社会服务、设计制作、职业体验等环节，这样做只是将四大领域机械地拼凑在了一起，使得几种活动方式相互割裂，课程内容机械单一。

第二节　综合实践活动课程的选题

综合实践活动课程的选题作为综合实践活动课程的重要步骤，关系着学生的兴趣导向，影响着课程实施的成效。在综合实践活动课程的实施中，主题的选择与确定是教师最为关心的两个问题。综合实践活动课程是一门具有综合性、生活性、探究性、生成性和自主性特点的课程，该课程的选题除要在宏观上始终把握落实“立德树人”这个根本任务和融入社会主义核心价值观这个大的方向不变外，还要充分考虑学生、自然、社会三者的关系，立足于学校文化和地域特色，体现学生的主体性，关注学生的生活经验和生活世界，凸显主题的活动性。

一、综合实践活动课程的选题原则

综合实践活动课程的选题是由实施者充分发挥其创造性而确定的，该课程没有传统和固定的教材，也没有更多现成的经验，需要教师根据学生的需要、学校特色、社区环境特点，密切联系学生的学习、生活实际确定课程选题。在确定综合实践活动课程的选题之前，我们首先要明确选题确定需遵循的原则。

[微视频]综合实践活动课程选题确定的基础

(一) 体现学生的主体性

综合实践活动课程是培养学生综合素质的跨学科实践性课程,在选择和确定推荐主题时就要从学生自身成长的需要出发。每个孩子都是一个独立的个体,具有无限发展的潜能,只有当学生的主体性得以彰显的时候,学生发展的潜能才能被激发出来。人的主体性是各种潜能中最重要、最高层次的潜能,是素质结构的核心。综合实践活动课程为培养学生的主体性提供了条件,开发、提高学生的主体性是综合实践活动课程的重要功能。自主性、能动性和创造性是培养学生主体性的基本内容。主体性不是口号,而是要体现在日常教育活动中,综合实践活动课程要充分尊重学生的兴趣、爱好,为学生主体性的发挥提供广阔的空间。《指导纲要》明确强调综合实践活动课程内容的确定需要“尊重每一个学生的兴趣、爱好与特长”。综合实践活动课程是学生自主的实践活动,如果课程活动选题的确定符合学生的身心发展需要,能激发学生的兴趣,适合于学生的爱好,将大大调动学生的积极性和主动性,促使学生自主、深刻地投入实践活动,在探索和体验过程中始终保持强烈的兴趣和积极的态度。综合实践活动课程的出发点是学生,该课程始终关注学生关心的事物和感兴趣的问题。学生的发展应该是全面的,学生的学习不是为了背诵冰冷的学科公式和定义,而是要关注学生的经验与生活世界,学科知识也应联系学生个体的实际生活,能够为学生解决实际问题提供思路。

综合实践活动课程面对的是学生丰富的生活世界和鲜活的生活经验,它的综合性、开放性、实践性的特点要求选题的确定应有利于引导学生走向现实的社会生活,促使学生深入学校生活、社会生活,在生活中感受、体验、发现、反思,在社会中观察、调查、访谈、探究,在实践中设计、制作、试验、操作,积极融入社会生活领域,为自己的个性发展和能力提高提供开放的空间。

综合实践活动课程本身要求选题从学生的生活情境出发,关注并充分利用学生的生活经验,日常生活的经验是学生学习的基础。综合实践活动课程强调尊重学生的生活世界,引导学生从日常生活中选取自己感兴趣的课题或问题进行探究,努力把学科知识与日常生活整合起来,这是综合实践活动课程的重要使命,当然综合实践活动课程要考虑学生的年龄特征,使活动具有可行性。

生活是教育不可回避的现实,生活为学生的学习提供了经验基础和探究的基础,教师要善于引导学生从日常生活中选取可探究的问题或者主题,使学生能够将所学的知识运用到日常生活中去,鼓励学生到真实的世界中进行各种体验,灵活地适应实际生活的需要。学生只有在生活的课堂中从学校走向大自然,才能去锻炼以增长才干,去创造以完善自我。

拓展阅读

当代社会是个信息化的社会,随着出版业的发达、互联网的普及,学生获取信息的渠道越来越多,教师的职责不再只是传授现成教科书的知识,而是要指导学生懂得如何获取自己所需要的知识,掌握获取知识的工具以及学会如何根据认识的需要去处理各种信息的方法,使学生从被动学习转向主动学习,真正成为学习的主体。

从传统的教与学关系上看,强调教师的教,忽视学生的学,学生的学习方式比较单一,被动地接受式学习为学生的主要学习方式,枯燥的听讲、大量的习题、经常性的考试、让人烦恼的排名榜,这种现象屡禁不绝,即使有再多的学生考上高一级的学校,就能说教育是成功的吗?

新课程的核心理念就是承认学生是人,是不成熟的人,是正在成长的人。教师不再是知识的占有者,不再是课堂上的独奏者,而是学生学习的促进者。有了这样的理念,教师应体现出如下内涵。

1. 创设丰富的教学情境,激发学生的学习动机,培养学生的学习兴趣,调动学生的学习积极性。

2. 指导学生形成良好的学习习惯,掌握学习策略,发展学习能力。

3. 作为学生学习的参与者,和学生分享自己的情感和想法。

课程改革体现在教师身上就是要培养全面发展的学生,教师要探讨育人的规律,改变教师的职业形象,使教师同时具有崇高的社会地位及学术地位。教师角色的发展与变化是一个复杂的过程,它不仅需要教师自身理论上的充实,还要有促进教师角色转化的外部条件。教师要经历角色的期待阶段、转变阶段及适应与发展阶段,每一阶段都会有不同的目标和任务。愿我们把握好时机,在此次课程改革中能够走在前面,并做出自己的贡献。

综合实践活动课程的实施,注重突出学生主体,强调学生主动参与、乐于探究、勤于动手的自主性,同时也要求教师对学生进行有效指导。目前在实验区综合实践活动课程的具体实施过程中,教师的指导方式、指导行为往往存在一系列问题:偏重活动形式,忽略具体活动方法的指导;偏重学生活动方案,忽略教师指导方案;偏重活动过程与阶段,忽略活动的具体落实程度。增强教师指导的有效性,是实施综合实践活动课程的基本要求。因而,研究和探讨综合实践活动课程实施过程中的教师有效指导策略是目前课程实施需要注意的基本问题,教师的有效指导是防止综合实践活动课程流于形式的基本保障。

(二) 立足于学校文化和地域特色

对任何一所学校而言,综合实践活动课程是其课程体系的一个部分,也是学校文化的有机构成,充分体现了学校的办学特色。由于每所学校的资源、师资情况、学生情况、周边资源开发利用的情况及综合实践活动课程开设的历史和经验都不相同,以及该课程是基于学生真实生活情境开展的实践性课程,它的开展需要结合本校学生的生活实际和发展需求,需要依赖本校或本地的资源和条件。综合实践活动课程内容的选择应立足于每一所学校的特色,并使其成为学校特色建设的重要环节。学校是综合实践活动课程管理的主体,每所学校对综合实践活动课程都有自己的认识和理解,都会考虑本校的“资源”优势,考虑本校指导教师的实际状况,考虑本地的文化传统、民俗民风、地理环境、人文历史、经济发展,考察本地的社会实践与锻炼场所及项目,从基于学校实际、融合地方资源的角度出发,选择和确定相关的实施主题,体现出学校的办学特色、发展取向和所在地的地域风貌。综合实践活动课程的实施需要大量课程资源的有效支持,集中体现为通过主题的设计与实施带动资源的利用与整合。因而在选题时,指导教师应充分考虑课程的实施能如何积极地利用学校现有的各种资源，如图书室、网络室、实验室、种植角（园）、实践基地等，这些资源的利用与开发要与选题结合，使之发挥明显的资源效应。同时，学校还要考虑如何优化配置指导教师队伍，发挥他们的特长、经验、学识、智慧的优势作用，为课程的实施提供有力的人力资源保障。此外，综合实践活动课程的实施也要考虑各学科知识在选题实施中的整合，总体提升资源的利用率。

学校所处的区域文化特色是综合实践活动课程的重要资源，也是活动开展的保障条件。课程应该将学生成长的环境作为学习场所，使学生在与区域文化持续的交互作用中得以健康发展。在进行活动选题时，指导教师要因地制宜，充分考虑本校、本地的实际情况，如本地、本校有哪些可以利用的教育教学资源，如高等院校、企业事业单位、政府机关，包括图书馆、博物馆、纪念馆、展览馆等，以及有不同知识背景、特长爱好、技能技艺的居民、教师、家长等。只有充分了解了这些情况，经过认真分析后制订出来的主题活动，才能保证今后课程的开展和实施。

（三）强调选题探究的可行性

综合实践活动课程强调要“善于引导学生从日常生活中选取探究的课题或问题”，因此，该课程选取的课题或问题不能过于宏大和空泛，否则将会导致活动无法实施。在学生的学校生活和社会生活中，总是蕴藏着问题，教师可以把这些问题作为帮助学生展开实践、深入实践的起点，鼓励学生运用已有的知识、经验和技能分析和解决这些问题。通过这些问题的探究和解决，学生的信心将大为增强，会更加关注身边可解决的问题或现象。有价值的选题，如果不具备可行性，最后也无法实施。因此，教师还需要对选题进行可行性论证，一方面指地区或学校是否具备选题实施所需要的课程资源，如学校或当地是否能提供课题研究的必需条件，具体来说主要有知识基础、信息资料、实验设备、研究对象、时间、精力、财力等。另一方面，课程活动选题的切口越小，选题越具体，越具有可行性。教师应指导学生在选题时不要好高骛远，研究所涉及的内容和范围应与学生的认知基础相适应。中小学生由于受年龄、知识经验的限制，选题时更应选择小而精，容易操作的主题，重在对科学研究方法的体验，切忌贪大求全。比如这样的选题，“环保问题的研究”→“水污染”→“身边的水污染情况调查”→“节水行动”，随着课题范围的逐渐变小，其可行性却在逐步增大。如果让小学生去研究世界环保十大问题，他将无从下手，“水污染”是一个比较大的主题，研究过程具有一定的危险性，学生从中获得的也仅仅是对该问题的情况了解。而“节水行动”这个活动选题虽然小，但学生可以从为什么要节水、我用多少水、怎么节水、我节约了多少水等具体小问题入手，教育意义也较为深远，所以一般来说这样的选题是可行的。

二、综合实践活动课程的选题及其确定步骤

在综合实践活动课程的实施过程中，活动选题的确定是最关键的一步。综合实践活动课程选题的确定主要来自两个方面。一方面来自《指导纲要》，其为小学、初中和高中推荐了 152 个活动主题供学校选择参考，这些主题不仅有活动名称，主题活动内容、活动形式以及活动目标等，而且推荐主题的主要目的是帮助还没开课的学校或者开课不到位的学校把综合实践活动课程规范地开设起来，把《指导纲要》的基本要求落到实处。另一方面是自主选题，其更能激发活动实施者的兴趣和投入程度，也直接影响了活动的实施效果，学校在实

施综合实践活动课程的过程中逐步积累经验后，可以选择稍难的主题，开发一些校内外资源，选择与时代发展相适应的前沿领域，如创客、创办学生公司、人工智能等。自主选题包括发现问题、分析归纳、形成主题三个环节。

［微视频］综合实践活动课程选题确定的技术路线

（一）发现问题

确立活动选题的第一步就是发现问题。教师要引导学生从生活中发现问题，由于学生的生活世界大致可以划分为自然、社会和儿童生活三个方面，因此，发现问题也应该首先着眼于这三个领域。此外，日常生活、学习、交往、休闲以及周边环境等都是发现问题的领域，如交通斑马线、社区的交通、城市的变迁、家乡的旅游资源等。

案例：

我要提问题[①]

“观察组”中几位同学都喜欢动物，其中一位同学暑假后从乡下带回了几只蜗牛，于是他们决定观察蜗牛。

小浩同学将蜗牛放在洗脸盆中，给蜗牛喂花生米、苹果皮，却发现蜗牛对这些食物几乎没有什么“胃口”。小浩又在一只蜗牛爬动时将其爬行痕迹抹去，而另外一只不抹去痕迹，发现没被抹去痕迹的蜗牛可沿原路爬回，而另一只却爬到别处去了。小浩是住读生，离开家时没有将饲养蜗牛的事告诉爸妈，当他一周后回到家时，发现蜗牛还活着。

小强同学将蜗牛放在废弃的花盆中，他给蜗牛喂豆芽、树叶、菜叶等东西，一天后，他发现白菜叶和一些嫩树叶边沿出现了缺口。在一次观察中，小强不小心把一只蜗牛的壳弄碎了一大块。隔了一段时间后，他发现蜗牛破壳处长好了。在饲养蜗牛的过程中，小强还发现饲养蜗牛的盆中有许多乳白色的东西。十多天后他发现陆续有一些小蜗牛从中出来，而且刚出生就会爬。

提出问题

蜗牛有哪些生活习性？
我们在哪些地方能找到蜗牛？
蜗牛最喜欢的食物是什么？食量有多大？
蜗牛有脚吗？它们是靠气味、爬行痕迹识路的吗？它们会识别路吗？它们会找捷径吗？
蜗牛怎样进行交流？
蜗牛有固定的家吗？
蜗牛晚上睡觉吗？
蜗牛的爬行速度是多少呢？
蜗牛妈妈是怎样产下小蜗牛的呢？蜗牛是卵生吗？

蜗牛的壳能再生吗？
蜗牛刚出生就会爬，它们认识自己的妈妈吗？

① 案例由西南大学附属中学黄仕友提供。

（二）分析归纳

学生提出和发现的问题，有的可以直接作为研究的选题，但并非所有的问题对所有的人来说都能成为综合实践活动课程的选题。学生发现问题后，必须经过分析、归纳才能成为可以实施的综合实践活动课程主题。

1. 问题的归类

发现问题之后，首先，教师让每一个（或每一组）学生汇报、交流自己发现的问题，这项工作可以使学生将处于朦胧状态的问题理清脉络，使问题明朗化，也可以使学生在交流中学会更多发现问题的方法。其次，通过讨论等方式对问题进行归类，可将众多小问题归纳成大问题。再次，当众多的问题被归纳、提升、分类后，学生就可以根据自己的兴趣、爱好、能力、特长等选择自己想要研究的问题，这些问题既可以是自己发现的，也可以是别人发现的。

教师还可通过教学生学习将问题按“是什么”“为什么”“怎么做”三方面进行归类，以确定哪些问题可以转化为综合实践活动课程主题。对于“是什么”这一层次的问题，比较容易解决，我们可以通过查阅文献找到答案，“怎么做”属于决策类问题，需要我们进行全面分析、研究后，得出答案。对某一事件的研究，用我们自己的研究结果可以回答“为什么”。对于回答“做什么”这一层次的问题，研究比较复杂，一般可以作为综合实践活动课程的主题。

案例：

在上一个案例中，“观察组”同学提出了大量问题：

① 蜗牛有哪些生活习性？

② 我们怎样找到蜗牛？

③ 蜗牛为什么喜欢吃嫩菜叶等食物？

④ 蜗牛怎么识别道路？

⑤ 蜗牛是卵生动物还是哺乳动物？

⑥ 蜗牛壳为什么能再生？

接下来“观察组”同学对这些问题按照“是什么”“为什么”“怎么做”进行分类，分类结果如表 4－1 所示。

表 4－1 问题归类分析表

“是什么”问题	①⑤
“为什么”问题	③⑥
“怎么做”问题	②④

问题①和问题⑤属于“是什么”的问题，通过资料查阅就可以得到答案，一般不专门作为研究的主题，但可以在相关主题研究中一并解决。而问题③⑥和问题②④，分别属于“为什么”和“怎么做”的问题，解决这两类问题需要学生在设计研究方案的基础上进行深入研究，有一定的深度和研究的广度，可作为学生综合实践活动课程研究的主题。

2. 可行性分析

综合实践活动课程选题的确定，要考虑活动的现实指向性和可行性。在确定活动主题时，教师要注意选择一些对学生自身、家庭、学校以及所在地区具有实际意义、值得研究、内容积极、对学生的成长有利的活动及课题。综合实践活动课程需要我们创造条件，克服困难，通过努力"跳一跳"去解决一个个问题，创造条件进行研究也是解决问题的重要内容，但实施中需要一定的条件和经费作为基础，活动是否可行，也是选题时要考虑的一个问题。对于大多数初中学生来说，研究一个课题，并不能完全在人力、物力、财力、时间等方面都具备很好的条件。学生选出待研究的问题后，教师要指导学生针对提出的问题进行可行性分析，如表 4－2 所示。

表 4－2　蜗牛主题可行性分析表

问题名称	我们的回答
我们几位同学能研究吗？	
估计需要用到的实验，学校有吗？社区有吗？我们自己能设计吗？	
研究估计要花多少钱？我们准备怎么办？	
预计研究、总结、交流的时间，我们能否保证？	
该问题是主要问题吗？	
该问题是我们通过努力能解决的问题吗？该问题是否具有应用价值？	
该问题是否具有一定的创新性？	

案例：

将问题进行分类后，"观察组"同学通过蜗牛主题可行性分析表对"蜗牛会识别路吗"这一问题进行分析，如表 4－3 所示。

表 4－3　"蜗牛会识别路吗？"可行性分析表

<table>
<tr><td>待研究问题</td><td>蜗牛会识别路吗？</td></tr>
<tr><td colspan="2">我们几位同学能研究吗？
尽管对蜗牛的相关习性不了解，但我们几位同学都非常喜欢动物，正在学习相关科学知识，并且可以请生物老师作为指导教师，通过对相关资料的学习后，我们能对蜗牛进行研究。
我们要做实验吗？实验所需器材，学校有吗？社区有吗？我们自己能设计吗？
解决该问题需要做实验，如需要饲养蜗牛的容器和观察蜗牛爬行轨迹的仪器，这些仪器虽然没有现成的，但我们可以找到相关物品代替。
这项研究估计要花多少钱？我们准备怎么解决？
这项研究估计要花费 120 元钱，我们小组有 6 人，平均每人花费 20 元，我们能够承担。还有，我们也可以在学校、家里找到一些可替代物品，尽量减少花费。
预计研究、总结、交流的时间，我们能否保证？
我们需要花费大量时间对蜗牛进行观察，还需要抽一定时间查阅资料。这些都可以利用研究性学习课或课余时间完成，同时我们几位同学家离得很近，周末我们还可以在一起研究，所以在时间上我们能保证。</td></tr>
<tr><td colspan="2">可行性结论
通过可行性分析，同学们确定把"蜗牛会识别路吗？"作为小组研究问题。</td></tr>
</table>

案例：

确定综合实践活动课程主题[①]

在一次综合实践活动课程中，初一(1)班的学生针对“家庭用水”提出了如下主题：

(1) 我所居住城市家庭均用水量调查

(2) 洗澡水温度与节能

(3) 淘米水的妙用

(4) 设计洗澡水、洗手水循环利用装置

(5) 水价涨幅对普通居民影响的调查

(6) 利用自来水管水压做发电机的设想

(7) 利用洗澡水余热来对进入热水器的自来水进行预热的设想

(8) 下水管道家用废水发电的装置

> 针对“家庭用水”主题，学生提出大量问题，通过对问题进行分类、可行性分析后，将问题上升为课题，这是学生提出和解决问题的一种能力，也是其问题意识的表现。

面对这么多主题，学生不知道该如何取舍。张同学说：“最开始时，我是提不出问题，现在面对这么多问题，我实在不知道该怎么办。”于是，学生在教师的帮助下开始确定研究课题。

> 找到大家共同的兴趣，这对顺利并成功实施课题研究具有重要意义。

学生先将问题按照“是什么”“为什么”“怎么做”进行归类，在归类的基础上，每位学生结合自己的兴趣、特长、能力初步选出待研究的主题，如张同学选的主题是(1)(3)(4)，李同学选的主题是(1)(3)(6)，何同学选择的主题是(3)(7)(8)等。不难发现，研究组几位学生共同感兴趣的主题是(3)淘米水的妙用。

> 环境保护不是空口号，环境保护就在我们身边，如淘米水的再利用，用淘米水洗碗，既节约了用水，又能减少洗涤剂的使用。

通过可行性分析，课题组的学生认为淘米水日常习见，这种水呈碱性，含有米表皮的营养，可以用来浇灌植物，而且淘米水的水分子可以很好地分离油垢，用来清理碗筷。日常生活中，人们认为淘米水没什么用途，在做饭时往往会把淘米水倒掉，非常可惜。所以研究淘米水的妙用不仅可以节约家庭用水，还可以减少洗涤剂对环境的污染等。经过分析，大家认为尽管自己对淘米水了解不多，但可以通过努力“跳一跳”实现研究，即使研究失败了，起码也进行了一次有益的尝试。

主题确定后，在教师指导下，学生们决定为课题取一个准确恰当的名字：淘米水的妙用——家庭淘米水再利用调查报告。

确立综合实践活动课程主题的过程是一个不断发现问题、分析问题，甚至解决问题的过程，在这一过程中，教师应指导学生选定研究角度，把握研究重点，引导学生科学地分析，着眼于提高学生科学的分析能力和良好的思维品质。

---

① 案例由西南大学附属中学黄仕友提供。

三、综合实践活动课程的选题名称表述

在综合实践活动课程实施过程中,有了好的选题不等于就有了课题名称,两者之间有很大差异。综合实践活动课程的选题名称就像人的名字一样,既要好听又要响亮,而且还要有一定意义。综合实践活动课程的选题是找到了问题,指明了方向,圈定了范围,但毕竟还不是一个具体的、可以实施的课题名称。

(一)课题名称表述的要求

综合实践活动课程的课题名称需用具体明确的语句来表述。一般来说,一个好的课题名称应当能够反映出所研究问题的最主要信息。课题名称的确定与表述是课题研究的具体化,它是将一个研究方向演化为一个确切的研究课题的过程。课题名称对课题研究起着决定性作用,课题研究的开展和各个环节的活动都要紧紧围绕它来进行。因此,研究者应结合自己要解决的问题,反复推敲,精心选择,给出恰当的名称。课题名称表述有如下五种要求。

1. 课题的题目要醒目具体,不能太大、太笼统,课题题目宜小不宜大,要能准确反映活动主题的内容、范围以及研究的深度。例如"蔬菜无土栽培研究"这个课题的研究范围太大,对中学生来说,显然无力完成这么大的课题,如果改成"黄瓜或西红柿等蔬菜的无土栽培研究",题目就要具体一些,但题目还是有些大,不妨将题目改为"土壤栽培与无土栽培的蔬菜营养、生长周期等的比较",甚至可以改为"土壤栽培与无土栽培的黄瓜的营养的比较研究"就具体多了。

2. 课题名称表述要准确,特别是关键词选用要精确、贴切,切忌模糊,课题要突出主题,就是主题的表述要力求反映研究的焦点和研究方向,这样有利于研究者明确研究内容,抓住研究重点。有些课题名称的表述,涵盖的范围过于宽泛,论题不集中,或者题目太大,无法操作,使研究者的思路无法集中。例如"白花三叶草与吸铅研究"的课题,很显然,这个标题所反映的研究对象很模糊,到底是研究白花三叶草还是吸铅,没有界定研究范围和方向,如果改为"白花三叶草吸铅能力研究",那么研究对象就清楚一些,如果改为"白花三叶草吸铅能力研究及其在住宅区种植的建议",不仅研究对象清楚,更具有现实意义。

3. 课题名称表述要注意语序。课题题目犹如论文的标题,并非句子,因此,我们在确定标题时要改变正常的语序,用短语形式来表达。如"中学生追星现象的探究"等。一个完整的课题名称应该这样表述:……的(调查、实验、实践)研究。

4. 课题名称应使用陈述句,不使用疑问句、祈使句、比喻句和论文题目。如"如何提高学生课堂回答问题的积极性""让我们的班级更有凝聚力""音乐课堂像欢乐的海洋"等不宜作课题名称。课题名称不可使用论文题目的表达,如课题名称"浅谈初中英语作业的有效性布置""浅议日记习作在作文教学中的作用"都属于论文题目的表述方式。此外,表述一般不宜使用省略语、阿拉伯数字、拼音字母等。

5. 课题名称要明确课题研究中的变量关系。在表述研究问题和研究的具体信息时,课题名称中涉及的自变量与因变量的逻辑关系一定要清楚,这样才能为研究活动提供一个聚焦点,为下一步进行具体研究设计奠定基础。如课题名称"某种有机药物 A 对癌细胞杀死效果如何"中,自变量和因变量的选择太多,如果改为"某种有机药物 A 对癌细胞 M 杀死效果研究",

则研究变量之间的关系就清楚一些。

（二）课题名称表述的方式

确定课题名称是选题的最后一步。课题名称应该简单明了，画龙点睛，高度概括所要研究的内容、对象及方法等，研究者要做到课题名称无歧义，是研究问题的焦点。同时，力求语言生动活泼，对读者有吸引力。课题名称表述可采用以下五种方式。

1. 以活动涉及的对象为课题名称表述，如“端午节的粽子”“一次性筷子”等。

2. 以主要活动为课题名称表述，如“关于近视问题的调查”“关于校园周边临时摊点的调查”等。

3. 以主要问题为课题名称表述，如“纸是怎么形成的”“如何过一个有意义的春节”“重庆市农村留守儿童现状研究”等。

4. 以学生在活动中的主要体验为课题名称表述，如“我是重庆缙云山小导游”“今天我当校长”等。

5. 以学生活动的主要空间为课题名称表述，如“走近敬老院”“走入军营”等。

确立课题名称是一个不断发散、归纳、比较、筛选、剔除、提取的过程，在这个过程中，选定研究角度，把握研究重点，进而确立综合实践活动课程的课题。指导确立课题即指导归纳的重点，应放在指导学生理性的思考，引导学生科学的分析上面，着眼于提高学生科学的分析能力和良好的思维品质。

第三节　综合实践活动课程的选题方法

综合实践活动课程克服了以往那种按单一学科知识的“逻辑系列”来选择和组织课程内容的不足，突出了领域意识和问题中心，强调课程内容与学生生活、社会实践和科技发展的密切联系，把人与自然、人与他人和社会、人与自我的关系作为选择和组织课程内容的基本尺度和课题。

综合实践活动课程的实施从问题开始，没有问题就没有综合实践活动课程的课题，也就没有课题的实施。综合实践活动课程的最直接动力就是一个个真实存在的问题，其实生活中不是缺少问题而是缺少发现问题的眼睛。因此，教师不仅要具备一双慧眼，而且更要注意培养学生的问题意识，并从一直在学生身边或身上发生、演变的问题入手，选择那些有意义、学生感兴趣而且又符合学生身心发展规律的问题来设计综合实践活动课程的课题。在综合实践活动课程的实施中，综合实践活动课程的选题方法是教师指导该课程首先面临的也是最为关心的问题。

一、观察法

观察法是借助一定的工具，调动眼、耳、鼻、舌、身、手等一切感官器官认识对象的过程。观察是认识事物的门户和源泉，人的智力活动是从观察开始的，一切发明创造和重大发现也都始于观察。瓦特观察到水蒸气冲动壶盖的现象发明了蒸汽机；牛顿从观察到苹果落地的现象中发现了地心引力；美籍华人科学家丁肇中在观察中发现了新的基本粒子——J 粒子。综合实践活动课程与观察力的培养是相辅相成的，只要细致地观察身边的事与物，就可以寻找到很多问题。

（一）观察法的技巧

1. 按顺序观察

观察时，可按观察对象的空间顺序（从上到下、从左到右、从东到西、从近及远）或按对象的组成部分顺序（从头到尾、由表及里、从整体到部分再到整体）进行观察。

2. 转换顺序观察

转换顺序观察法是用不同顺序观察同一事物的一种方法。通过转换顺序观察法比较并找出观察对象之间的异同，并分析其间的关系。

拓展阅读

观察十经验①

向身边事物寻找问题，这是大多数综合实践活动课程成功学习者的经验。据统计，从1982年开始的每两年一次的全国青少年科学创造发明比赛中，参赛的选题绝大多数来自于发明者身边的衣、食、住、行，多为文具、工具、用具、玩具等的领域中。

观察日常生活可以发现更多问题。敏锐的观察力是创新、实践活动中不可缺少的一种基本能力。身边形形色色、习以为常的事物，在它们的周围都闪烁着发明课题的光点，只要你用心去寻找，去观察，就可以发现更多问题。

我们在观察时若能认真做到以下十条，就可以逐渐培养观察力。若将这些方法应用于综合实践活动课程中，就能抓住事物的本质，找准问题，并很快解决问题。

一“专”：观察时贵在专一，要紧盯目标；
二“苦”：观察时不畏艰苦，要殚精竭虑；
三“全”：观察时注意全面，要一分为三；
四“细”：观察时力求细心，要察微知著；
五“快”：观察时抓紧时间，要迅速完成；
六“比”：观察时勿忘对比，要比较鉴别；
七“思”：观察时开动脑筋，要独立思考；
八“借”：观察时扩大视野，要巧借仪器；
九“记”：观察时勤于动笔，要及时记录；
十“恒”：观察时下定决心，要持之以恒。

（二）观察法的基本步骤

第一步：注意身边的事与物，确定要观察的对象。上山砍柴时被茅草割破了手指，这对上山砍柴的人来说是司空见惯的事情。鲁班却将这一现象记录下来，并仔细观察茅草，思考它为什么会划破人的手指。经过观察和思考，鲁班终于发现原来茅草边沿有锯齿，鲁班由此发明了锯子。

---

① 材料由西南大学附属中学黄仕友整理提供。

第二步：准备好观察工具进行观察，明察秋毫，并将观察到的现象记录在表4－4中。在观察时，我们要带上一定的观察工具辅助观察，如放大镜、显微镜、相机、摄像机和纸、笔、录音设备等。

表4－4　观察表格举例

观察对象		观察时间	
我观察（看、听、闻、摸、想）到了什么？			
通过问“是什么”“为什么”“怎么做”进行思考，尝试回答			

第三步：针对观察到的现象进行思考，思考时不妨问自己，这“是什么”“为什么”“怎么做”，然后尝试回答并提出发明创造的问题。

第四步：经常翻阅自己的观察记录本，从中找问题，记录下新的发明创造问题或新的思考。在观察时，我们不仅要学会提问题，也要养成一种记录问题和思考问题的习惯，因为有时问题和思考的产生是很短暂的，在大脑中一晃而过，如果不把这些问题和思考及时记录下来，它们将转瞬即逝。为了便于查找提出的问题，我们在记录问题时最好写上时间、地点和对问题的简单描述。

二、社会调查法

让学生开展社会调查，了解社会，是使其产生问题意识的有效途径。在社会调查中，学生可能会发现自己好奇的现象或不明白的问题，往往能引发出综合实践活动课程的课题。工人在工厂里生产，农民在田地里耕作都会发现许多问题，同样学生通过社会实践活动也会发现很多课题。社会调查法是我们接触社会，了解社会的基本方法之一，是学生对社会的生活积累，是进行发明创造和发现课题的重要方式，同时也是获得创造发明灵感的重要方法，社会调查法包括如下三个方面。

1. 参观访谈法——发现社会问题

社会生活中蕴含着大量未知的事物，如果能参与到社会实践中去，感知社会，体验生活，我们就能发现很多亟待解决的问题，这些都是可以探索的社会问题方向。

（1）人与自然：低碳生活，水问题，空气问题，噪声问题，垃圾问题，植物问题，动物问题，能源问题，城市问题，农村问题，水土流失……

（2）人与社会：城市/农村老弱病残问题，错别字，牛皮癣，中韩影视，中日动画，家乡的土特产，家乡的风俗，追星，钉子户，农村食品安全，留守儿童……

（3）人与自我：价值观，幸福感，适应，行为习惯，理想，志气，异性交往，叛离……

2. 专题调查法——查找问题

专题调查法就是针对某一方面的社会现象或者社会问题而开展的以引发学生对此类问题的兴趣和关注的实践形式。如针对优秀传统文化、国家安全、生态文明、水问题、空气问题、噪声问题、垃圾问题、植物问题、动物问题、能源问题、城市问题、水土流失等内容进行调查研究。

第一步：确定社会实践活动的专题。

第二步：与同学组成小组，考察该专题的不同方面，如“家庭用水”。

第三步：充分利用学科知识，结合考察过程针对专题提出发明课题，具体课题见图 4－1 右部分。

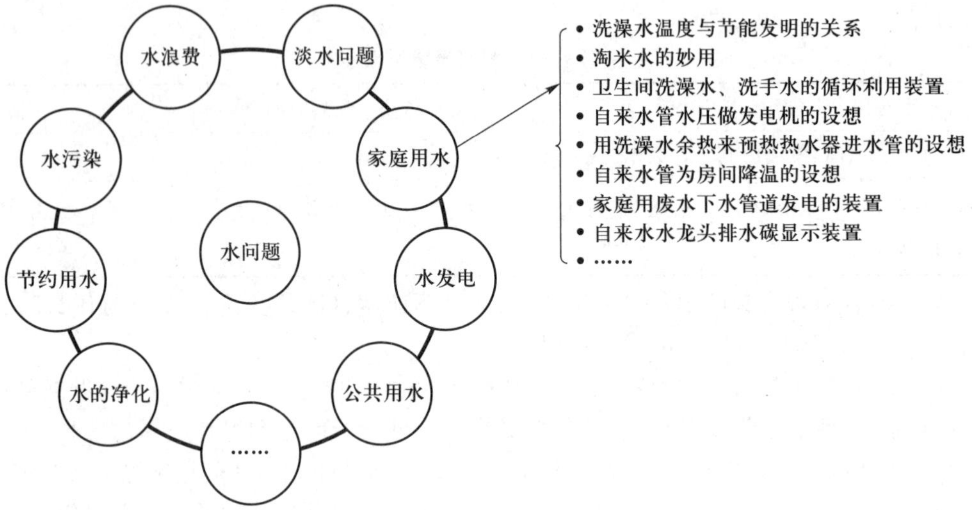

图 4－1 家庭用水情况示意图

3. 生活实践法——寻找问题

在社会实践的过程中，有很多事物是我们可以动手操作或制作的。对于任何一项可以操作的对象，我们在动手制作的过程中，常常能够涌现出意想不到的点子、方法，从而提出更多问题，使我们获得成功的喜悦。同时在动手实践的过程中，我们还可以尝试提出如表 4－5所示的问题。

表 4－5 问题反思汇总

序号	反思问题	我的回答
1	从安全角度可以选题吗？	
2	从提高效率，使实践过程更科学合理的角度可以提出问题吗？	
3	从实践过程环保、节约能源的角度可以提出问题吗？	
4	实践是否可以改进？	
5	实践的演示效果明显方面可否提出问题？	
6	从实践的对象是否可以替换方面能否进行选题？	

案例：

可变式立体衣架①

在日常生活中，人们晾晒不同尺寸的衣服需要选择大小不同的衣架，如此需要购买许多不同类型的衣架，成本较高；传统的衣架晾衣服时衣服的前后会贴在一起，衣服袖子不能伸展开，通风效果较差，晾干衣服的时间较长；传统衣架不能收拢在一起，针对套口装（无衣扣

① 案例由西南大学附属中学黄仕友提供。

的衣服,如毛衣等衣服)时,从衣服下端往领口送衣架时,有点麻烦,如果从领口送入衣架,又容易把衣服拉变形,甚至损坏。

针对以上不足,我利用废弃伞架、铁皮,借用餐桌罩(用于餐桌或食物的遮罩,防止蚊子等害虫叮咬食物)的功能设计可变式立体衣架。可变式立体衣架由上下可推拉的卡位及衣架轴、可伸缩衣架臂、纵向带圆头的旋转头组成。上下可推拉的卡位及衣架轴的功能能使衣架可以收拢和展开;可伸缩衣架臂的功能能使衣架臂能自由伸缩;纵向带圆头的旋转头的功能能使衣架将晾晒的衣服前后打开,实现衣服里面通风。

传统衣架和可变式立体衣架分别如图 4-2 和图 4-3 所示。

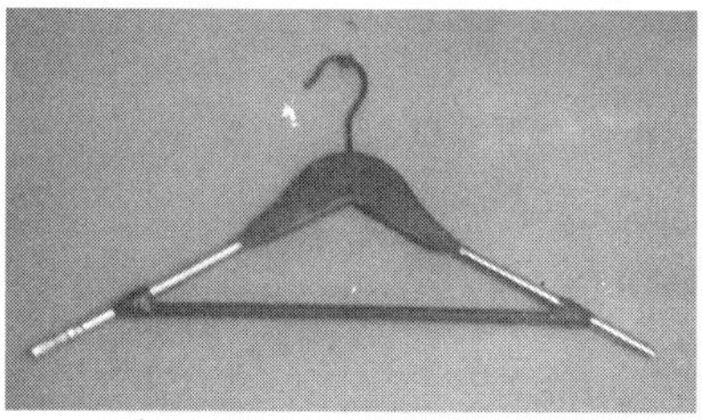

图 4-2　传统衣架实物图

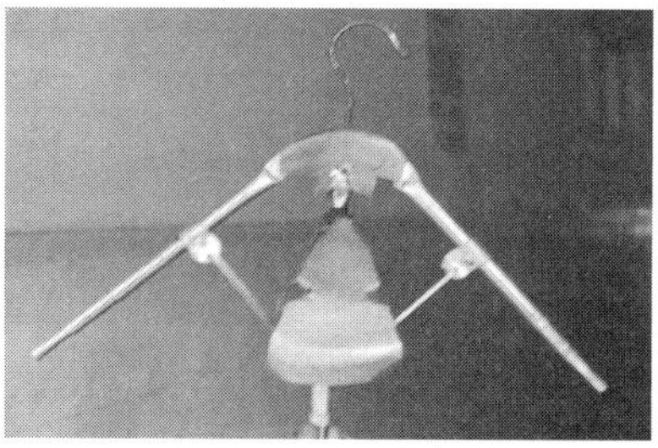

图 4-3　可变式立体衣架实物图

可变式立体衣架具有如下功能:

1. 大小可变

衣架臂可自由伸缩,根据衣服大小调节衣架臂的长短,实现不同宽窄的衣服均可用同一个衣架晾晒。

2. 能将衣架像伞一样收拢

可变式立体衣架能收拢在一起,对于套口装衣物的晾晒变得非常方便,将衣架放入衣服里面后,只需像餐桌罩一样拉一下,衣服就晾晒起来了。

3. 可实现衣服里面通风,加快衣服晾晒速度

可变式立体衣架能够把衣服两只袖子打开的同时将衣服前后背撑开,实现衣服在晾晒时里面形成一个烟囱,实现通风,加快衣服晾晒的速度。

三、问题解决法

问题解决法是我们在综合实践活动课程的实施过程中,尤其是在发明制作或论文写作过程中的常用方法。创造是人类文明进步的阶梯。学生掌握一定的创造技法,可以扬起科学创造的风帆,对他们的思考能力和实践能力大有益处。为了找到一个好的课题,教师不妨引导学生从身边需要解决的问题开始进行思考。

1.“加一加”提问法

“加一加”提问法是最简单的创造技法之一,可以通过加方法、加图案色彩、加事件、加小巧附件、加功能等,从而形成一个新物品,掌握这种技法便于我们更好地去理解其他技法。

比如,跳绳是大家常见并喜爱的一项运动。根据“加一加”提问法的内容我们可以提出以下问题:能否在跳绳上加上计数器形成新型的跳绳?能否在跳绳中加入音乐呢?能否利用跳绳时脚的运动来发电?……

2. “减一减”提问法

“减一减”提问法是指在某一事物上减少重量、环节、体积、能耗后提出问题。

比如，月饼礼品（如图 4－4）由月饼、包装盒、礼品（酒）、塑料刀、价签等多个部分组成。这些部分能否减少？能否减小包装盒体积？能否改金属包装盒为纸盒？能否改纸盒为薄纸盒以减轻重量或不包装？能否购买本地月饼以减少运输带来的碳排放？……

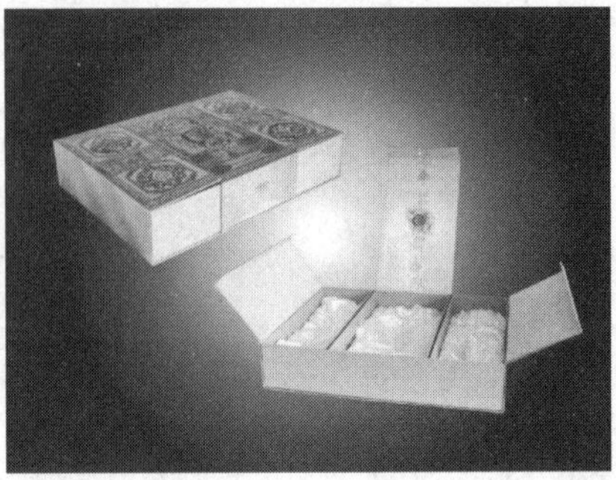

图 4－4　月饼礼品

3. “变一变”提问法

“变一变”提问法是指在某一事物上改变组件、模样、大小、用途、使用群体、使用区域等从而提出问题。

比如，我们熟知的自行车能否变成卡通型、动物型？能否变矮、变高或者自由调整高度？能否变单纯的骑为躺、坐、桌甚至灵活变换？老年人、年轻人、中学生、小学生、病人、残疾人士使用的自行车可以怎么变？在地势平坦的北京和山城重庆，自行车能否根据不同地形的需要做不同的设计？自行车的防雨、防盗怎么解决？自行车能否装风扇、夜行灯？……

4. 缺点列举法

缺点列举法就是将事物的缺点罗列出来，发现规律，想方设法加以改进，形成一定独创性的一种方法。这种方法可以帮助人们抓住事物的特点，把握其主攻方面。在综合实践活动课程的实施过程中，用这种方法可以提出更多问题。

比如，雨后几位学生在抱怨长柄雨伞（如图 4－5）的缺点，于是他们相约第二天对长柄雨伞的缺点进行列举。下面是他们的缺点列举活动的记录：

（1）伞太长，不便于携带；

（2）弯把手太大，在拥挤的地方会钩住别人的口袋；

（3）打开和收拢不方便；

（4）伞尖容易伤人；

（5）太重，长时间打伞胳膊会疼；

（6）伞面易遮挡视线，容易发生事故；

（7）伞湿后，不易放置；

（8）抗风能力差，刮大风时会向上开口成喇叭形；

（9）骑自行车时打伞容易出事故；

（10）伞布上的雨水难以排除；

（11）长时间打伞走路太无聊；

图 4－5　长柄雨伞

(12) 两个人使用时挡不住雨；
(13) 手中东西多时，无法打伞，无法收拢；
(14) 夏天太阳下打伞太热；
(15) 伞边往下滴水；
(16) 没有播放音乐功能；
(17) ……

针对这些缺点，学生提出了许多改进方案，如：
(1) 可改进为折叠伸缩的伞；
(2) 伞布做防水处理，伞就不会透水；
(3) 伞尖改为圆形，不易伤人；
(4) 伞顶加装集水器，上车收伞时雨水不会滴在车内；
(5) 伞骨不用铁制，就不会生锈；
(6) 改进为开收方便的自动伞。

案例：①

“创造技法组”的学生看到因残疾、年纪大而行动不方便的人，他们心里非常难过，真想为他们做一些力所能及的事情。经过一段时间的思考，他们决定以“拐杖”为例，利用“加一加”提问法提问题。他们注意到使用拐杖的人走路需要休息和娱乐，所以提出：能否在拐杖上加上收音机以供娱乐？能否在拐杖上加凳子以便休息？能否在拐杖上加上书报包，方便阅读？“创造技法组”还关注拐杖使用中的方便和安全，于是提出问题：能否在拐杖上加上钩子来挂衣服？能否在拐杖上加上语音提醒功能，如“雨天路滑，请主人注意”“时间不早了，请主人斟酌时间回家”等？能否在拐杖上加上手电筒以便晚上照亮用呢？能否在拐杖下方加上三脚或四脚支架使拐杖更稳一些呢？能否加入时尚元素，使拐杖看起来更“帅”一些呢？……

听了“创造技法组”学生的介绍，其他组的学生就联想到身边的书包、笔、书、衣服，教室的黑板擦、投影、风扇、课桌、窗户等物品是否可以通过“加一加”“减一减”“变一变”等方法来提出更多研究问题。

四、拓展法

学生在课堂中经常会碰到感兴趣的知识或者一些疑难问题，对此他们表现出非常强烈的求知渴望。教师可以及时抓住学生的这一状况，从课堂中进行拓展，在已有的知识中寻找问题，来设计综合实践活动课程的主题。

综合实践活动课程探索的问题往往来源于学生学习中的疑问。例如，有些学生在学习陶渊明的诗歌时对陶渊明的归隐产生了困惑，陶渊明为什么会归隐？陶渊明的“不为五斗米折腰”是出自本性还是被迫的？陶渊明的归隐与他的田园诗的关系如何？陶渊明诗中“悠然见南山”的南山究竟在哪里？新课标加强了学科间知识的融合，注重学科的综合性，由学科教学的内容延伸出综合实践活动课程的主题和内容。例如，一年级下册的语文和品

① 案例由西南大学附属中学黄仕友提供。

德与生活都涉及了春天，于是我们就由此延伸出了以“春天来了”为主题的综合实践活动课程，引导学生到田野里去感受春天，到社区里去寻找春天，到公园里去捕捉春天，还可以到网络上、书本中、图片里去搜集春的足迹。

1. 创设情境，启发思考

学生发现问题、产生疑问、有探究的愿望是其选择研究选题的前提条件，因而在学生寻找选题阶段，教师首先要创设一定的问题情境，激发学生的探究性思维，让学生产生问题意识，促进他们发现问题、提出问题。教师创设问题情境可以通过多种手段来实现。例如，教师在指导学生探究保护家乡水资源这个课题时，当通过课件展示家乡美丽的水环境图片时，孩子们的脸上都露出了微笑，为自己生长在如此美丽的江南水乡而自豪。当课件又显示了一张张家乡河流被严重污染的画面时，孩子们的心情是焦急的，是愤怒的，他们探究造成家乡水污染原因的愿望被激起，希望用自己的实际行动来保护家乡水资源的热情被激发。

2. 头脑风暴，集思广益

在提出问题期间，最重要的就是开阔学生的思维，让他们的头脑处于活跃状态，教师应该引导学生不断地提出新的问题、新的想法，通过相互启发扩展问题空间。这一阶段并不会把学生提出的问题作为其最终的研究主题看待，所以学生可以提出任何想法，相互之间可以有重合、有交叉，关键就在于调动每一位学生的积极性。比如，教师在引导学生探究“家乡的美食”时，可以把学生分成四人一个小组，让学生讨论自己的家乡有哪些美食。由于学生来自不同的民族、不同的地区，所以接触到的美食都不一样，学生通过讨论交流，可以拓展对家乡美食的了解，进而对各种美食进行分类：餐饮类、小吃类、特产类、瓜果类……然后根据实际情况确立选题，开展活动。

3. 归纳问题，厘清思路

学生提出的问题并不是每一个都有价值，都值得去探究，因此确立选题还需要一个思维沉淀的过程。在经历了脑力激荡之后，学生需要经过思考，对各个问题加以分析、判断，从而确立最终的探究主题，这就需要教师引导学生对问题进行整理和筛选。在这个过程中，教师不仅要给学生以时间，还要为学生提供相关文献资料和网络资源。

4. 联系实际，学以致用

教师通过对信息技术教育、研究性学习、社区服务与社会实践、劳动与技术教育等目标的有机整合，进一步拓宽了选题确定时的范围，也可以在某一学科领域运用小课题研究以弥补该学科原本存在的一些缺陷。例如：在数学方面开展具有数学特色的小课题研究；在信息技术方面进行“我校学生上网现状调查分析”“我校学生网络应用情况分析研究”“我校学生玩电脑游戏现状分析研究”等课题的研究；在品德与生活方面进行“青少年偶像崇拜情况调查”“你知道雷锋吗？”等课题的研究；在语文方面根据课文《威尼斯商人》，进行有关威尼斯的地理位置、旅游景点、特产、旅游路线、名人、文化等一系列的了解。

拓展阅读

表 4－6 为《指导纲要》推荐的主题。

表 4－6　中小学综合实践活动推荐主题汇总

学段＼活动方式	考察探究活动	社会服务活动	设计制作活动		职业体验及其他活动	数量
			信息技术	劳动技术		
1－2 年级	1. 神奇的影子 2. 寻找生活中的标志 3. 学习习惯调查 4. 我与蔬菜交朋友	1. 生活自理我能行 2. 争当集体劳动小能手		1. 我有一双小巧手 ——手工纸艺、陶艺 2. 我有一双小巧手 ——制作不倒翁、降落伞、陀螺等	1. 队前准备 2. 入队仪式 3. 少代会 4. 红领巾心向党	12
3－6 年级	1. 节约调查与行动 2. 跟着节气去探究 3. 我也能发明 4. 关爱身边的动植物 5. 生活垃圾的研究 6. 我们的传统节日 7. 我是“非遗”小传人 8. 生活中的小窍门 9. 零食（或饮料）与健康 10. 我看家乡新变化 11. 我是校园小主人 12. 合理安排课余生活 13. 家乡特产的调查与推介 14. 学校和社会中遵守规则情况调查 15. 带着问题去春游（秋游）	1. 家务劳动我能行 2. 我是校园志愿者 3. 学习身边的小雷锋 4. 红领巾爱心义卖行动 5. 社区公益服务我参与 6. 我做环保宣传员 7. 我是尊老敬老好少年	1. 我是信息社会的“原住民” 2. “打字小能手”挑战赛 3. 我是电脑小画家 4. 网络信息辨真伪 5. 电脑文件的有效管理 6. 演示文稿展成果 7. 信息交流与安全 8. 我的电子报刊 9. 镜头下的美丽世界 10. 数字声音与生活 11. 三维趣味设计 12. 趣味编程入门 13. 程序世界中的多彩花园 14. 简易互动媒体作品设计 15. 手工制作与数字加工	1. 学做简单的家常餐 2. 巧手工艺坊 3. 魅力陶艺世界 4. 创意木艺坊 5. 安全使用与维护家用电器 6. 奇妙的绳结 7. 生活中的工具 8. 设计制作建筑模型 9. 创意设计与制作（玩具、小车、书包、垃圾箱等）	1. 今天我当家 2. 校园文化活动我参与 3. 走进博物馆、纪念馆、名人故居、农业基地 4. 我是小小养殖员 5. 创建我们自己的“银行”（如阅读、道德、环保） 6. 找个岗位去体验 7. 走进爱国主义教育基地、国防教育场所 8. 过我们 10 岁的生日 9. 红领巾相约中国梦 10. 来之不易的粮食 11. 走进立法、司法机关 12. 我喜爱的植物栽培技术	58

续表

活动方式 学段	考察探究活动	社会服务活动	设计制作活动		职业体验及其他活动	数量
			信息技术	劳动技术		
7－9年级	1. 身边环境污染问题研究 2. 秸秆和落叶的有效处理 3. 家乡生物资源调查及多样性保护 4. 社区（村镇）安全问题及防范 5. 家乡的传统文化研究 6. 当地老年人生活状况调查 7. 种植、养殖什么收益高 8. 中学生体质健康状况调查 9. 中学生使用电子设备的现状调查 10. 寻访家乡能人（名人） 11. 带着课题去旅行	1. 走进敬老院、福利院 2. 我为社区做贡献 3. 做个养绿护绿小能手 4. 农事季节我帮忙 5. 参与禁毒宣传活动 6. 交通秩序我维护	1. 组装我的计算机 2. 组建家庭局域网 3. 数据的分析与处理 4. 我是平面设计师 5. 二维三维的任意变换 6. 制作我的动画片 7. 走进程序世界 8. 用计算机做科学实验 9. 体验物联网 10. 开源机器人初体验	1. 探究营养与烹饪 2. 多彩布艺世界 3. 我是服装设计师——纸模服装设计与制作 4. 创作神奇的金属材料作品 5. 设计制作个性化电子作品 6. 智能大脑——走进单片机的世界 7. 模型类项目的设计与制作 8. 摄影技术与电子相册制作 9. 3D设计与打印技术的初步应用 10. 现代简单金木电工具和设备的认识与使用 11. 基于激光切割与雕刻的创意设计 12. 立体纸艺的设计与制作 13. “创客”空间 14. 生活中的仿生设计 15. 生活中工具的变化与创新	1. 举行大队建队仪式 2. 策划校园文化活动 3. 举办我们的315晚会 4. 民族节日联欢会 5. 中西方餐饮文化对比 6. 少年团校 7. 举行建团仪式（14岁生日） 8. 职业调查与体验 9. 毕业年级感恩活动 10. 制定我们的班规班约 11. 军事技能演练 12. “信息社会责任”大辩论 13. 走近现代农业技术	55

续表

学段 \ 活动方式	考察探究活动	社会服务活动	设计制作活动：信息技术	设计制作活动：劳动技术	职业体验及其他活动	数量
10－12年级	1. 清洁能源发展现状调查及推广 2. 家乡生态环境考察及生态旅游设计 3. 食品安全状况调查 4. 家乡交通问题研究 5. 关注知识产权保护 6. 农业机械的发展变化与改进 7. 家乡土地污染状况及防治 8. 高中生考试焦虑问题研究 9. 社区管理问题调查及改进 10. 中学生网络交友的利与弊 11. 研学旅行方案设计与实施 12. 考察当地公共设施	1. 赛会服务我参与 2. 扶助身边的弱势群体 3. 做个环保志愿者 4. 做农业科技宣传员 5. 参与公共文化服务 6. 做普法志愿者			1. 制定自然灾害应急预案及演练 2. 关注中国领土争端 3. 高中生生涯规划 4. 走进社会实践基地 5. 走进军营 6. 创办学生公司 7. 18岁成人仪式 8. 业余党校 9. 我的毕业典礼我设计	27
合计	42	21	25 +	26	38	152

说明：

一、为了更好地理解和落实《指导纲要》提出的基本活动方式，表中所推荐的活动主题分别是以某一种活动方式为主来呈现的。这些活动方式不是孤立的，一个主题活动往往包含多种活动方式，在主题实施过程中需要学生经历不同的活动方式，才能使活动更加深入和完善。

二、表中所推荐的活动主题只是样例，其主要依据是：立足学生综合素质培养的需要，体现综合实践活动的特征；贴近学生的生活实际和年龄特征，反映时代发展和科技进步的内容，同时兼顾城乡差异；落实班团队活动和相关专题教育的要求。

三、表中列出的主题均有一定弹性，难度可深可浅，时间可长可短。有些主题在不同学段都可以实施，这里只呈现在某一学段，学校可根据实际情况灵活选择和安排。

四、表中所推荐的活动主题不做硬性规定，仅供学校选择参考。学校可结合实际开发更贴近当地学生生活、富有特色的活动。

本章小结

综合实践活动课程是一种特殊的课程形态和先进的学习方式，其以经验为主，重视学生做中学、创(造)中学、用中学。在综合实践活动课程实施过程中，教师要帮助学生成为主动的学习者和负责任的公民，这需要教师具有跨学科知识整合的能力，观察、研究学生的能力，指导学生规划、设计与实施活动的能力，课程资源开发和利用的能力，等等。通过本章学习，大家应该能够了解综合实践活动课程内容组织的要求、主题选题的原则、选题产生的过程、选题的步骤和主题命名的艺术，同时运用学科知识，在综合实践活动课程的实施过程中，思考并实践综合实践活动课程研究主题的产生与培养学生综合能力的做法。

实践·反思·探究

1. 请结合实际谈谈综合实践活动课程的选题原则及方法。

2. 请你结合生活真实环境、学科学习，按照综合实践活动课程主题的确立过程，提出问题，并组建小组，针对所提出的问题进行分析，确定一个综合实践活动课程选题。

3. 请你分别设计综合实践活动课程中考察探究类、设计制作类、职业体验类、社会服务类的主题活动，并写出简单的活动方案和流程。

4. 就某一个设计好的主题，请你作为教师对这个主题活动的设计做出合理的评价。

5. 请与同学分组合作，设计并实施一个综合实践活动课程，做好过程记录，并对相关成果进行分享和展示。

推荐阅读

[1] 姜平．综合实践活动教学设计与特色案例评析[M]．北京：首都师范大学出版社，2010.

[2] 冯新瑞，郝志军．主题选择的依据与原则：《中小学综合实践活动课程指导纲要》活动主题解读[J]．人民教育，2018(z1)：49－53.

第五章
综合实践活动课程实施

学习目标

- 掌握综合实践活动课程实施的基本方法。
- 了解综合实践活动课程任课教师的角色与课程实施的关系。
- 掌握综合实践活动课程实施的一般流程。

教学建议

本章共9学时，其中，了解综合实践活动课程的实施原则、方法，确立一个研究主题3学时，设计并实施一个综合实践活动课程3学时，总结、分享、评价一个综合实践活动课程3学时。

综合实践活动课程要求将研究性活动、社会服务和社区实践、信息技术教育、劳动教育等有机融合，学生开展活动时要有研究、有操作、有体验、有社会服务。综合实践活动课程是一门旨在发现问题、解决问题、体验生活与学习关系的课程，所以综合实践活动课程强调参与性、体验性、实践性、生成性。

本章建议师生通过实践操作，从设计、分组实施、开展活动、归纳总结等环节，真正实施一次综合实践活动课程，积累开展活动的经验，提高活动设计、活动实施以及活动评价的能力。本章主要介绍综合实践活动课程实施的一般流程、综合实践活动课程实施中的基本方法、综合实践活动课程实施过程中的教师角色等几个方面。

► 知识导图

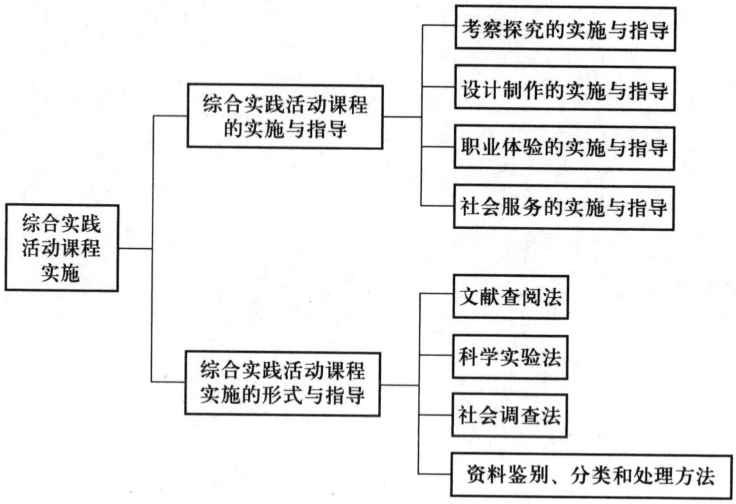
综合实践活动课程实施
综合实践活动课程的实施与指导
考察探究的实施与指导
设计制作的实施与指导
职业体验的实施与指导
社会服务的实施与指导
综合实践活动课程实施的形式与指导
文献查阅法
科学实验法
社会调查法
资料鉴别、分类和处理方法

综合实践活动课程是过程取向的，它强调学生与具体教学情境的交互作用。学生在与教学情境交互作用的过程中会产生自己的目标，同时随着问题的解决和兴趣的满足，学生还将产生新的问题、新的价值观和新的对结果的设计，而这些目标和主题并不是预先设定的。有效实施综合实践活动课程要求教师要认识到这些目标与主题产生的必然性，并肯定其存在价值。综合实践活动课程特别强调在活动具体展开过程中产生的生成性目标与生成性主题的核心地位。综合实践活动课程就实施而言，没有固定的模式，它需要广大教师发挥自己的聪明才智，进行创造性的劳动。教师如何指导学生开展综合实践活动课程，确实是对教师在课程规划、课程领导等方面能力的一个挑战。

第一节　综合实践活动课程的实施与指导

综合实践活动课程的实施是指通过在社会生活的真实情境内，或者在学校创设的某一特殊现场中，课程为学生提供亲身经历与体验的机会，让学生在真实的情境中积极参与活动过程，通过社会调研、现场考察、实践操作、实验探究、社会服务等活动方式，发现和解决问题、体验和感受学习与生活的联系，从中获得丰富的探究经验和实践乐趣。

综合实践活动课程的课题实施应该遵循以下三个要求。

1. 把握各种活动方式的教育价值

综合实践活动课程各领域在价值追求上都以发展学生的实践能力、探究能力、社会责任感，丰富学生对自然、对社会、对自我的现实体验和经验为终极目的；在性质上，都具有鲜明的实践性和综合性，都直接面向学生的生活和经验，重视来自学生现实生活并具有实际意义的活动与课题，都超越具体的、体系化的书本知识。因此，任何一种具体的综合实践活动课程的项目或活动主题，都要求教师和学生一起，坚持生活性、现实指向性、体验探究性原则，关照综合实践活动课程的总体目标，通过具体的活动，引导学生认识自然、了解社会、反省自我，发展他们的社会实践能力、探究能力和创新精神，使之形成关爱自然、尊重人格、承担社会责任等一系列的情感、态度和价值观。

2. 把握四大活动方式的内在关联，以综合主题的方式实现整合

在活动目标和内容上，四大活动方式各有特点与侧重，它们相互联系，彼此渗透和延伸。在实施具体的活动主题或活动项目的过程中，不能仅仅局限在完成某一领域的具体任务上，而应注重各领域任务和内容的相互渗透和延伸。学校和教师可以根据主题的实际情况，选择从恰当的领域切入，以综合主题的方式实现四大活动方式的整合。

比如，生活在茶乡的孩子对茶就比较熟悉。在茶乡，几乎家家种茶、制茶、卖茶。在课余时间，好多学生也参与了其中的一些劳动。综合实践活动课程开设以后，有不少的学生就有了研究家乡茶的愿望。这时，教师就可以根据学生的需要，引导学生以研究家乡“茶文化”为主题开展综合实践活动课程。围绕茶文化的研究性学习，可以将信息技术、社区服务与社会实践、劳动与技术教育融入其中；在活动中，通过运用信息技术了解家乡茶文化的发展过程；通过实地考察、走访了解种茶业的发展状况；通过实践劳动，初步学习采茶、制茶的工序；通过成果汇报以及泡茶、饮茶等方式宣传茶文化的同时也为社区服务；等等。这样，围绕“茶文化”这个综合主题开展研究性学习，就不仅完成了研究性学习领域的具体任务，还实

现了其他三大领域任务和内容的整合统一。

3. 注重学生活动方式的多样化

综合实践活动课程的真正内容来源于学生的生活，是学生从自己的生活和兴趣出发提出来的。不管其活动主题来自哪个领域，都要尽可能引导学生采取多种多样的学习和活动方式，基于课题的研究性学习、社会参与的体验性学习、社会活动的实践性学习以及生活学习等。在每一个项目活动主题的实施过程中，也要求学生尽可能多地进行各种方式的学习活动，如设计活动、搜集资料、调查访问、宣传服务、交流反思、总结答辩等。通过学习活动方式的多样化，促进综合实践活动课程各领域之间的整合。

一、 考察探究的实施与指导

考察探究是学生基于自身兴趣，在教师的指导下，从自然、社会和自身生活中选择和确定研究主题，开展研究性学习，在观察、记录和思考中主动获取知识，分析并解决问题的过程，如野外考察、社会调查、研学旅行等。

（一）准备阶段

1. 制订研究计划或方案

计划是综合实践活动课程的蓝图，学生在课题确定后，首先要进行研究计划的制订。研究计划主要有以下内容：所要研究的问题及其范围；要采用的研究方法及步骤；课题进度；课题组成员及分工；研究工作所需要的设备及资金条件；成果形式。

2. 确定研究的目的和意义

研究的目的和意义是对“为什么要研究该课题”以及“研究该课题有什么价值”等问题的回答。

3. 制订课题研究的步骤

详细列出课题研究每个阶段的时间安排、地点、任务和目标、负责人等。如要外出调查，要列出调查者、调查对象、调查内容、交通工具等。

［拓展阅读］将问题上升为主题

4. 明确课题组成员及其分工

根据课题研究需要确定课题组成员人数，人数并非越多越好，组内分工要明确，组员不能光挂名，不干实事。课题组负责人、成员及分工等具体信息要在方案中写清楚。

5. 落实开展课题研究的保障措施

研究方案还包括相关信息的获取方式，调查、访谈的对象，实验或实践的准备，要充分考虑课题研究中获得教师、专家指导的可能性。任何课题研究都需要一定的人力和物力的保障，这些在研究方案中要进行简要的陈述。

6. 描述预期成果形式

成果形式可以是调查报告、实验报告、研究论文、发明创造实物、网页等，其表达方式可以为文字、图片、实物、音像资料等。

下面的案例是为“今夏流行女装”课题制订的研究方案。

案例：

“今夏流行女装研究”的研究方案[①]

研究成员在组长的带领下，召开了一次讨论会，对相应讨论内容达成一致意见后，由写作水平比较高的洪源远同学执笔填写研究方案。之后，组员们再继续完善方案，并进行开题报告会。研究小组根据具体情况，结合其他同学、教师提出的问题，完成如表 5 – 1 所示的方案。

表 5 – 1　“今夏流行女装研究”的研究方案

<table>
<tr><td>课题名称</td><td colspan="3">今夏流行女装研究</td><td>内容领域</td><td colspan="2">人与社会</td></tr>
<tr><td>组长</td><td>* *</td><td>组员</td><td colspan="2">* * *</td><td>指导教师</td><td>* * *</td></tr>
<tr><td colspan="7">问题是如何提出的(研究背景)
人是自然的产物，在当今科学技术日益发展的今天，人类更应该珍惜和爱护我们赖以生存的自然环境。夏季女装缤纷灿烂，可以很好地体现服饰与自然环境的协调统一。作为中学生，我们能不能从今夏流行女装的款式和色彩上得到启发，吸取其中的流行元素，设计出既充满青春时尚气息又贴近生活、亲近自然的服装呢？带着这些问题，我们进行了“今夏流行女装研究”的课题</td></tr>
<tr><td colspan="7">研究目的和意义
通过对各大商场流行女装款式和色彩进行调查分析后，初步了解服装设计的技巧，以设计出赏心悦目、融入自然的服装，唤醒更多人的环保意识</td></tr>
<tr><td colspan="7">研究步骤
本课题分三个阶段实施。
阶段　时间　主要任务
一　2005 年 6 月　商场实地调查和资料查询
二　2005 年 7 月　设计创作新的服装，将部分设计做成实物
三　2005 年 8 月　成果汇总，准备汇报和服装展示</td></tr>
<tr><td colspan="7">组员分工
任卓菲、洪源远、杨赟平主要负责到各大商场采集服装的样式图案，吸取今年夏装的流行元素
廖晋陶负责在网上收集关于女夏装的图片和信息，负责资料管理、幻灯片制作、文字录入
任卓菲、洪源远以调查采集的结果为参考，设计创作新的服装款式
任卓菲负责演讲；洪源远负责记录、写作</td></tr>
<tr><td colspan="7">预计成果
研究报告、表演、服装作品</td></tr>
</table>

7. 开题报告会

通过开题报告会，各研究小组可以相互交流研究方案，听取大家的意见。开题报告由各研究小组选派一位代表向指导教师(组)和全班同学汇报，指导教师(组)和全班同学均可以提出问题，小组内各成员均可以参与回答提问。指导教师根据全班讨论的情况，对研究方案进行

① 案例由西南大学附属中学黄仕友提供。

评价,或提出对研究方案的建议和修改意见。明显不合理、难以实施以及没有充分准备的选题不予通过,小组重新讨论、修改,准备第二次报告。

在开题报告会过程中,我们重点思考表 5－2 所示问题来逐步完善、修订方案。

表 5－2　开题报告评价表

评价项目	评价及建议
研究切入口是否适当	
研究是否有相应的知识、理论与实践作为支撑	
研究问题是否清楚、明确、具体,具有可行性	
是否考虑到可能遇到的困难,研究时间和步骤是否有预留	
研究方法是否有价值,是否有明确的研究方法	
研究计划是否清楚	

(二) 课题实施阶段

实践是检验真理的唯一标准。课题实施阶段就是执行研究方案,利用各种研究方法收集信息的过程。在这一阶段里,学生要通过个人研究、小组合作研究等各种形式,根据计划,既按照分工负责各自的任务,又相互配合,主动地在实践中搜集和加工处理信息,以科学的态度和方法去研究并解决实际问题。在整个研究过程中,指导教师既要为研究小组内的各成员提供咨询与研究指导,又要负责对整个研究过程进行监控,并掌握和了解各小组的活动情况,及时解决发生的偏差和问题。此外,指导教师还需要检查各小组的阶段报告,特别是中期研究报告,以便指导学生调整研究计划。课题实施要特别注意如下三个方面。

1. 应树立问题意识

课题实施,就是以"问题"为核心,从已知条件出发,通过搜集材料、观察试验、研究推理等,寻求解决的方法,探求解决的途径,最后到达未知彼岸的过程。比如,我们发现上学路上的某个路口经常堵车,心中自然会发生这样的疑问:"同样的道路,为什么这里会堵车呢?"围绕这个问题,我们去现场观察,看看这个路口哪些日期、什么时间段堵车,堵车跟哪些具体因素有关,诸如道路设置、车辆质量、交通违规、红绿灯频率、指挥不利、天气变化等,而在这些因素里面,哪些可以进行控制,运用什么方式和手段可以控制,通过研究得出自己的结论,并尝试提出解决或缓解的办法,这才是研究。研究不能满足于是什么,而应该追求为什么,怎么做。

2. 应加强创新意识

创新是研究的生命。一项研究有没有价值,虽然可以从课题上反映出来,但是,课题本身只提供了实现价值的可能性,这还不是真正的价值,课题的真正价值只能通过研究过程、研究结论最终得以实现。而价值实现的大小,往往决定于课题研究有没有创新性。研究的创新意识一般体现在提出新问题、研究新对象、采用新方法和得出新结论四个方面,而不是去重复别人的研究,概括别人已经得出的结论。研究从根本上说是探索新事物,而试错是探索的一部分,出现错误并不可怕,可怕的是没有自己的分析判断,人云亦云。在研究中,一万个人重复前人的观点,那么仍然只有一个观点,而一万个错误的观点中,则可能孕育着突破,潜藏着真理。

3. 应注重实证研究

实证研究是从西方自然科学研究的分析方法中发展出来的,它既是一种研究方法,也是一种思维方式。其特点是重数据分析、重试验、重调查,其研究过程是把研究对象分解成若干个相关的要素,并运用统计学等自然科学的研究方法对这些要素进行微观分析,由量的研究归纳出对整个事物性质的判断。实证研究的优点是把对事物的研究建立在理性分析的基础上,这样的研究往往把握准确,论据充分,论证严密。

(三)课题结题阶段

课题结题阶段需要撰写结题报告,结题报告是课题研究人员撰写的,旨在反映课题研究过程和结果的书面材料。课题结题阶段,学生要将自己或小组经实践、体验所取得的收获进行整理、加工,形成书面材料或口头表达材料。结题报告是活动的总结和回顾,能提高学生归纳、总结、概括、推理和论述的能力,让学生学会展示自己的成果,记录研究的过程和发现。对于教师而言,可以收集部分优秀的研究成果(作品、论文),提交给学校,由学校组织答辩会。学校还可以将优秀的研究成果送交有关部门参加评比或公开发表优秀成果。

由于结题报告主要是向读者介绍研究过程和结果,是以把事情表述清楚为目的,不一定拘泥于固定的模式。但结题报告的基本要素应该具备以下六点,也就是以下六个问题要介绍清楚。

第一,选题是什么?为什么选这个题目?(课题的目的、意义、来源及背景)

第二,是谁做的?成员的分工情况。(课题组成员——课题负责人、组员是谁)

第三,怎样做的?(课题研究的过程)

第四,做得怎样?(课题研究的结果)

第五,讨论或体会。(取得的收获,尚待解决的问题)

第六,参考文献。(要注明参考文献的作者、名称、著作或刊物的名称、出版社名称、期刊号及发表或再版时间以及文章所在页码,如果是网上查询的,还应注明网址)

几种常用结题报告的形式及结构如表 5-3 所示。

表 5-3 几种常用结题报告的形式及结构

形式	结构
论文	①题目②作者③内容摘要④绪论⑤本论⑥结论⑦参考文献
综合研究报告	①题目②作者③课题的由来④课题的目的、意义⑤人员分工⑥研究方法⑦研究过程⑧研究结果⑨结论⑩对上级的意见或建议⑪体会⑫参考文献
科研报告	①课题名称 ②项目负责人及课题组成员③课题的由来④课题的目的、意义⑤人员分工⑥关于结果的讨论⑦实验的原理及预期结果⑧方法、步骤⑨实验的器材、物品⑩实验的过程⑪实验的结果⑫结论⑬参考文献
调查报告	①题目②调查组负责人及组内成员③概述④事实描述⑤事实分析⑥结论⑦处理意见或建议
撰写结题报告(即科学论文)是一项严肃、慎重的工作,必须要认真对待,要做到行文流畅,不说空话、大话,对于一些谦虚和自夸之词、一般公式及推导、一般常规的实验方法等都可省略。凡能用表格说明的问题,就不必用文字描述;能用图表达的,就不必列表格。总之,撰写结题报告要做到删繁就简,字无废言	

（四）成果的展示

成果的展示要提倡多样化，也可以是单一的，也可以是综合的。除了按一定要求撰写实验报告、调查报告以外，学生也可以用研究报告、论文、读书报告、项目设计书、活动日记、心得体会、模型、艺术作品、多媒体、网页等进行成果展示。展示方式也是多种多样的，如展览、讨论会、墙报、黑板报、编辑刊物、制作网页、表演等多种形式。学生应该选择合适的成果展示形式，以便更好地进行总结和交流。

综合实践活动课程要求新的评价理念与评价方式，反对通过量化手段对学生进行分等划类的评价方式，主张采用“自我参照”的标准，引导学生对自己在综合实践活动课程中的各种表现进行“自我反思性评价”，强调师生之间、学生同伴之间对彼此的个性化表现进行评定、进行鉴赏。

一般来说，成果展示有如下三个步骤。

1. 整理研究过程资料

一般来说，实施过程有如下资料：为什么要做这项研究、小组分工及讨论过程记录、怎么克服困难的过程、参考资料、心得体会、最终成果等。依据不同的展示目标定位和主客观条件，实施者整理资料有不同的切入口和操作特点。在实践中，有的项目过程完整，操作规范；有的则可以截取项目过程中的某一环节，或根据解决问题的需要，着重做资料收集工作，或设计解决问题的方案，或根据教师所提供的材料，筛选、整理后，形成结论等。一段时间的实践活动后，学生可以分为不同的小组对活动过程中获得的各类信息进行整理、加工，形成书面材料或口头汇报材料。

2. 撰写成果报告

成果报告是研究性学习的一个重要内容，主要目的是向他人介绍自己的研究过程和结果，同时也是一种重要的成果形式。成果展示一般采用演示文稿的形式。学生借助多媒体软件展示内容时，要做到语言简练、图文并茂、逻辑清晰、界面清爽。

成果报告的要素如表 5－4 所示。

表 5－4　成果报告的要素

编号	要素	展示内容
1	我们的题目是什么	
2	为什么研究这个题目	
3	我们怎样研究的	
4	研究的结果怎样	
5	我们有什么思考	

3. 成果展示交流

成果展示交流是整个考察与探究活动的必要组成部分。小组通过成果展示分享自己的研究成果，进行思维的碰撞。在交流、研讨中，学生要学会欣赏和发现他人的优点，学会理解和宽容，学会客观地分析和辩证地思考，也要敢于和善于申辩。

拓展阅读

怎样做好答辩?

我们在进行总结与交流时,往往还要参加答辩。怎样才能做好课题答辩呢?

答辩过程并不神秘,它一般分两个步骤:首先是要求我们先对自己的研究进行一番报告,其次是回答评委们的提问。

1. 报告研究时要做到以下七点:单刀直入、开门见山;口齿清楚、言简意赅;条分缕析、突出重点;强调特色、重在过程;心得感悟、不可缺少;仪态风度、举止有度;把握时间、争取脱稿。

2. 聆听评委提问时要掌握的要领:沉着冷静、边听边记;集中精力、正视对方;既要自信、又要虚心;简明扼要、语速适度;实事求是、绝不勉强;若未听清、申请重述。

二、 设计制作的实施和指导

设计制作是综合实践活动课程四大主要活动方式之一,是综合实践活动课程体现教育与生产劳动、社会实践相结合的教育方针,落实立德树人根本任务的重要途径。设计制作是指学生运用各种工具、工艺(包括信息技术)进行设计,并动手操作,将自己的创意、方案付诸现实,转化为物品或作品的活动过程。设计制作重在通过创意设计、创新实验、创客制作等,提高学生的创新精神与动手实践能力,强调在操作和实践中学习。设计制作类活动实施和指导的一般流程有如下五个方面。

1. 确定要解决的问题,提出创意设计

这一阶段主要包括:首先明确要解决的问题,其次进行猜想或想象,通过集体讨论并运用大量的独创性设计理念和解决方案,将不同的解决方案呈现出来,再次,从中选出一个设计理念、一套解决方案进行创意深化。下面的案例是"新型聋哑盲人门铃"[①]的问题提出与创意设计。

案例:

要解决的问题:目前市场上主流的残障人士门铃是灯泡式门铃,还有为数不多的震动式门铃,服务对象主要是聋哑人。经过调查访问,我发现聋哑人对此二类产品的使用有诸多不满,存在如下弊端:(1) 仅限聋哑人使用,其他残障人士特别是盲人使用却颇不方便,聋哑人的家人也无法正常使用。(2) 访客与主人无法进行信息沟通。访客无法了解主人是否知晓到访消息,容易造成不必要的误会。例如可能出现主人不在家访客在门口空等浪费时间,或者主人知晓有人到访,但因行动迟缓不能立即开门而访客却误以为家中无人提前离开等情况。(3) 无法防止恶作剧和上门推销等恶意骚扰。针对目前市场上这些产品的诸般不足,我决

① "新型聋哑盲人门铃"案例由西南大学附属中学黄仕友提供,作者傅煌峻。

定发明一种能让聋哑人乐于接受、操作便捷、功能齐全、价格亲民的门铃。

我的创新设计：为了服务更多的残障人士，让他们更为方便地使用门铃，经过反复研究，我提出以“触觉”为主要感知途径，综合“视觉”“听觉”等感知途径于一体，制作成新型的聋哑盲人门铃，设计如下。

1. 采用门端设备与佩戴端设备双向信息互通，门端设备加入密码验证功能，佩戴端设备采用震动 + 灯泡 + 声音的方式自主选择接收形式，增加敲门人与主人的信息互通（敲门人了解到主人已知道敲门信息后，可耐心、安心等待，主人不必着急开门，以此降低了聋哑盲人由于着急开门带来的安全隐患），减少了聋哑盲人家庭的敲门干扰，同时由于可通过触觉、视觉、听觉感知信息，因此聋、哑、盲人均可使用该发明。

2. 增加门铃的佩戴端，采用手环样式，时尚、小巧、美观，取戴方便，不给佩戴者增添心理负担，同时还附有 Flash 视频说明书，通过多种形式给聋哑盲人介绍使用方法，这使得不同年龄阶段的聋哑盲人都能快速掌握该发明的使用方法。

3. 通过调整频段，佩戴端可直接相互感应，不用输入密码按门铃，这方便了聋哑盲人相互之间串门和交流，同时在该发明上增加灯泡，使得聋哑盲人门铃可作为一个电筒戴在手上，不占空间而且能让来往的车辆行人注意到聋哑盲人，保障了聋哑盲人的安全。

2. 选择活动材料或工具，制订计划

选择合适的材料、工具是使创意设计变成现实的重要条件。材料、工具选择后，要结合学生个人的实际情况制订计划，计划包括设计制作的名称，考虑所需的材料和工具，制订具体的制作时间表等，相应的材料、工具可以包括：纸、木、皮、布、纱线、泥沙、金属制作材料等，工具可以包括：锯、钳、锥、钻、锉、针、仪器、饮具、笔、电加工等，也可以是 3D 打印机、计算机编程、激光切割机、摄影摄像机、机器人等现代化工具。表 5 – 5 是“新型聋哑盲人门铃”的材料选择和制作计划。

[拓展阅读]制定计划

表 5 – 5 “新型聋哑盲人门铃”的材料选择和制作计划

名称	新型聋哑盲人门铃
参加人员	傅煌峻
工具选择	材料：PT2262/PT2272 四路无线遥控套件、M 手机震动马达震动器振子、震动电机震子、5V 蜂鸣器、5V 有源蜂鸣器、5mm LED 发光二极管 透明 白色 蓝色 红色 超高亮 多色 电子 DIY、草帽白 5mm 散光 白发白 超高亮、碰撞开关 正反开关 电子元件 开关面板 触摸开关、6mm × 6mm × 4.3mm 轻触开关 6.0 × 6.0 × 4.3 轻触按键开关 直插、3.7V 航模专用锂电池、4 * 4 矩阵键盘 4 * 4 矩阵薄膜开关/薄膜按键/控制面板/单片机扩展键盘、20cm 公对公、杜邦线等。 工具：计算机、3D 打印机、电烙铁、钳、锥、钻、锉、针等

续表

名称	新型聋哑盲人门铃	
计划		
阶段	时间	主要任务
1	2013 年 8 月 30 日前 （发现问题，提出改进措施）	初步调查，了解目前主流聋哑盲人门铃的缺点，并提出改进措施，设计出新型聋哑盲人门铃第Ⅰ代构造图
2	2013 年 9 月 1 日至 2013 年 10 月 15 日 （制作 iMbell 第Ⅰ代）	通过文献查阅找出实现第Ⅰ代产品所需要的材料与技术。和指导老师交流学习，学会了焊接电路与无线电知识。成功制作出新型聋哑盲人门铃第Ⅰ代
3	2013 年 10 月 16 日 – 2013 年 12 月 1 日 （把 iMbell 给聋哑盲人试用，并进行改进）	1）进行走访，把新型聋哑盲人门铃第Ⅰ代给社区聋哑盲老人、工厂里的聋哑盲青年工人、特殊学校聋哑盲孩子试用，收集他们提出的建议（11 月 1 日前） 2）针对他们提出的问题进行改进（11 月 17 日前） 3）再次回访，让他们提建议并进行二次改进（11 月 25 日前） 4）在外公外婆家正式安装上新型聋哑盲人门铃第Ⅰ代（12 月 1 日前） 5）争取参加委属中学高中生研究性学习多媒体展示活动大赛
4	2014 年 1 月 13 日 – 2014 年 4 月 15 日 （第Ⅱ代 iMbell 的研发）	1）根据大赛评委、指导老师给我的反馈，设计第Ⅱ代新型聋哑盲人门铃 2）争取参加重庆市青少年科技创新大赛，并获得一定奖励
5	2014 年 4 月 30 日 – 2014 年 8 月 21 日 （iMbell 第Ⅲ代的研发）	1）进行了更大规模的试用 2）根据试用对象提出的问题进行改进 3）争取参加全国青少年科技创新大赛
可能出现的问题 1. 聋哑盲人是自尊心很强的群体，有时一个动作一个眼神都可能引起他们的误会，导致调查、试用中断 2. 每个区域使用的手语有所不同，“中国手语”在老人和中年人当中并不普及 3. 有的聋哑盲人把我当成推销人员，拒绝我入门 4. 焊接电路时不小心把手烫伤 5. 单片机编程有一定难度		
预期成果	制作成实物，并形成研究报告，在学校开展讲座	

3. 动手制作

创意物化意味着学生需要动手制作，动手制作的程序可能包括：折叠、裁剪、切割、测量、烧铸、制模、作图、激光雕刻等手工制作，以及建模、编程、3D 打印等数字制作。例如，在小学，学生可以开展手工设计与制作等；借助于信息技术，设计并制作有一定创意的数字作品。

在初中，学生可以设计、制作及不断改进较为复杂的制品或用品，或以各种思维工具进行建模等。下面是“新型聋哑盲人门铃”的动手制作过程。

案例：

按照创意设计和计划，我开始了制作。我从小就对电视机的遥控器十分感兴趣，因此我首先就想到利用电视遥控器原理来发明聋哑盲人门铃，于是，我将老式电视机的红外接收器以及红外发射器整个线路板拆了下来，将红外发射器与一个电源开关串联，安装在门上，用来构成了发射器部分。再将红外接收器与滑动变阻器（调节震动大小）、震动器、灯泡、开关电源等连接在一起，构成了接收部分。在进一步制作的过程中，我遇到了如下4个关键问题。

1. 射程问题

第一次试验：我按了门铃，等了很久也没人来开门。原来被试者根本就没有感觉到震动，于是我将它拆开进行检查，排除了电路问题，我发现是发射射程的问题。所以我将电视遥控板的红外系统换成了遥控汽车（无线电）系统，利用无线电发射，我再测试它的有效距离，这次它的射程为75米，普通民居（500平方米以内）可以实现全“覆盖”。

2. 内部构造问题

在解决了射程问题之后，我又进行了多次试验：我总共进行了57次试验，其中54次在30s内就开门了，剩下3次失败的原因分别为：(1) 不小心进水导致线路板短路，门铃报废失效。(2) 电池松动，接触不良。(3) 具体原因不明。改进：(1) 将外壳进一步密封，内部裹一层锡箔纸，并在锡箔纸外面印“请勿沾水”。(2) 在电池外部加上一个松紧扣，解决内部构造不稳定的问题。

3. 震感强弱问题

顺利解决内部构造问题之后，产品又面临震感不强的新问题。开始我使用的是苹果手机的震动器，可是它的震感太小，10次实验中有6次都感觉不到。后来我尝试将震源改为老式BB机的震动器，这样就解决了震感不足的问题。10次实验中，10次被试者都明显感受到了震感。

4. 双向信息交流问题

解决了以上三个问题后，在使用的过程中，我又遇到了新的问题。开学了，我每个月都会去外公外婆家，每当我按动了门铃后，他们总是非常着急地来给我开门，我很费解为什么他们那么地着急。询问过后我发现，原来我的外公外婆很期待有人来看他们，所以每当有人按动门铃时他们或担心访客等久了，或使访客误以为他们没在家，或自己没接收到访客到访信息，使访客离开，所以他们总是很着急地来开门，有一次我外公还差点因此摔倒。了解到这种情况后，我非常感动，在想有没有什么方法能让外面的人知道里面的人已经接收到了信号，作为残障人士的房主就不需要那么着急地来开门，访客也就不会空等或者误以为无人在家而离开。于是我在佩戴在房主身上的“佩戴端”里安装了一个发射系统，在安装在门上的“门端”里面安装了一个接收系统，并在接收装置中安装了一个“自动锁开关”。当聋哑盲人接收到信号后按动弹簧开关，接收装置就发射出信号。信号发射成功后，弹簧自动弹起，关闭电源，节约能源，增强续航时间。接收到信息后，“门端”上的绿灯就闪3下，提醒外面的人里面的人已经接收到信号，无须焦急等待。

同时，我还在制作过程中，针对“过滤陌生人骚扰问题”“聋哑盲人的自尊心考虑”“家庭成员（非聋哑盲人）听门铃的问题”“电源体积与循环利用问题”等进行了研究和制作。

4. 交流展示物品或作品

交流展示物品或作品是设计制作过程中不容忽视的一个环节。学习者通过交流设计制作的实践过程，展示实践成果，解释其工作原理，澄明并提升其思维过程等，以期与同伴分享。在此过程中，需要注意以下两点：一是鼓励以多元方式进行交流、展示，促进多元化自我表达能力的发展。例如，可以以多媒体成果、戏剧、绘画、电脑作品、实物等方式进行表现；或以展板、橱窗、电子显示屏等多种手段展示物品或作品。二是相互欣赏、相互关心，不断践行积极的倾听与对话，避免消极的批评与指责。

5. 反思与改进

设计或制作并非一蹴而就的过程，它常常还伴随着学习、反复改造、重新设计的艰辛历程。反思与改进过程是学生发展反省思维必不可少的环节，且这里的反思具有双重意义：第一个意义在于学生通过对实践过程中的行动及其结果做出思考，可以使行动及其结果更趋完善；第二个意义在于学生的“在行动中反思”变得更加娴熟，从而成为反思性实践者。

设计制作在本质上需要的是深度参与实践性设计、协作学习，以及计算思维、工程思维、创造思维及反省思维等，其涉及的内容很多，如手工、动漫制作、编程、陶艺创作等，注重提高学生的技术意识、工程思维、动手操作能力等。在设计制作的活动过程中，教师要重点指导并鼓励学生手脑并用，灵活掌握、融会贯通各类知识和技巧，提高学生的技术操作水平、知识迁移水平，体验工匠精神等。

三、职业体验的实施和指导

职业体验作为综合实践活动课程倡导的活动方式之一，是指学生在实际工作岗位上或模拟情境中通过见习、实习，体认职业角色的过程，如军训、学工、学农等。它注重让学生获得对职业生活的真切理解，发现自己的专长，培养职业兴趣，形成正确的劳动观念和人生志向，提升生涯规划能力。

参观、考察、访问是体验性学习的基本活动方式。其基本过程包括以下四个方面。

1. 选择或设计职业情境

职业体验都发生在特定的情境之中，因此实施过程的首要环节是选择或设计职业情境，这是为了确定学生进行职业体验的具体情境，是开展职业体验的前提。通过教师的指导，学生置身于丰富的、与各种职业相关的情境之中，参与到各种职业性的实践活动中，获得相应的真切认知与情感体悟，从而加深对自我世界、生活世界、职业世界和社会发展的理解，并将这样的理解与其自身的未来相联系。

职业情境一般有真实和模拟两种。真实情境中的职业体验通常通过参观、见习、实习、师徒制等形式实现；模拟情境具有真实情境中最基本、最具代表性的要素，是简化了的环境，学生进行职业体验时可以反复参与。作为综合实践活动课程的教师，我们要因地因校制宜开发学校周边社区、企业、高校、公益组织等的资源，发掘校友、家长、行业代表等职业资源，供学生到真实情境中体验；同时可根据学校既有的空间、设施、课程特色等实际情况，挖掘出在校内可能创设模拟情境的资源。

2. 实际岗位演练

实际岗位演练即学生在具体情境中的体验，也就是他们在具体的职业岗位中参加具体的工作。下面是一位初一学生体验自动化设备机械器零件加工工艺的过程。

案例：

我于寒假期间在机械制造公司的加工厂体验了几项工种，以下是我的体验报告。

1. 体验内容概述

了解并参与自动化设备机械器零件加工工艺，参与自动化控制设备的制造及程序编写。

2. 岗位演练

首先，我体验了简单的材料切割，巨大的盘锯带出电石火光，很刺激！

其次是来到装配桌前，听工人叔叔讲了PCB电路的一些基础知识，并动手体验了万用表的使用。

再次是在电脑上用CAD软件进行电路图的绘制。

最后是去数控车床和手动钻床体会不同感觉的加工方式。

3. 简单总结

现实中的机械制造公司加工厂确实和想象中有很多不同，不像流水线生产，机床加工的东西对工人的技术要求更高，特别是手动机床。电路板的绘制比课本上学的复杂太多，焊接也是个技术活。三百六十行，行行出状元也皆是熟能生巧，我们要学会耐心刻苦学习，尊重任何一个职业的辛苦劳动，劳动最光荣！

3. 总结、反思和交流经历过程

总结、反思、交流经历过程是学生在一定情境中获得了具体体验后，进行反思分析的过程，如表5－6所示。

表5－6　职业体验总结提问表

问题	我的回答
在本次职业体验中，我做了什么	
在本次职业体验中，有哪些问题没有得到解决，可能的原因是什么	
在本次职业体验中，我最大的挑战是什么	
本次职业体验对我的学科学习计划有影响吗？如有，请举例	
本次职业体验激发了我的哪些兴趣，请列举	
通过本次职业体验，我认识到了自己哪些优点	
通过本次职业体验，我意识到自己哪些不足	
通过本次职业体验，我发现我可以胜任的工作有哪些，请列举	

下面是一位高一同学职业体验的总结报告。

案例：

暑假职业体验总结报告①

谢宇桢

这个暑假令我记忆犹新的是走进了中科院武汉植物园体验了植物科学探究工作。

我们走进园区(图5－1),参观了热带植物园,珍稀植物园,药园……各种以前“只闻其名,不见其容”的植物让我一饱眼福。还有面积广阔的猕猴桃园,园区里的猕猴桃种类繁多,不仅有红心、黄心等品种,味道还有甜的、辣的……虽然空中扬着蒙蒙细雨,却一点儿也不影响我们好奇、激动的心情。经过和老师的细致交流,我知道了水生植物还可分为挺水植物、浮水植物,还有沉水植物等;我知道了睡莲和荷花的相似之处及区别;我还了解到老师们在园区中平时主要从事哪些工作,对这些工作有无专业限制……一路下来,不仅丰富了我们的知识,也让我们对自己的人生规划及选择有了更多思考和启发。接下来的几天中,我们还聆听了如何进行科学实验,如何进行发散性思维等系列讲座。

图5－1　中科院武汉植物园

“纸上得来终觉浅,绝知此事要躬行。”首先,老师为我们介绍了本次科学探究活动的主题——“常见植物过氧化氢酶活性差异分析”,在此之前我们已提前了解了背景知识,查阅了有关文献。其次,我们以小组为单位进行了科学讨论。经过小组成员积极踊跃的发言后,我们确定了五个研究小方向,在和老师进行简单的交流之后,老师向我们小组提出了一系列问题,让我们进行深入思考,最后在和其他小组一起将思路汇总后,我们组确定了自己的研究方向,从水生、陆生植物的角度探究植物过氧化氢酶活性的差异。

连续几天我们组在老师的带领下,在园区内寻找收集实验所需要的材料,考虑到对植物的保护,我们对选取的实验材料量都进行了控制,希望不影响植物正常发育生长。我们组成员分工明确,有人专门负责采集样本,有人负责文字记录,还有人负责影像记录等。回到实验室后,我们将采集到的样品进行清洗,编号,按照实验所需的要求进行打孔处理。

之后我们将收集到的样品放到实验容器中,加入反应试剂进行反应,一人负责记录反应时间及产生气体量,一人负责记录反应影响。由于反应过程迅速,所以需要我们在实验过程中注意力高度集中,将反应过程和结果及时记录下来。最后我们将实验数据进行汇总,分析实验中误差产生的原因,提出改进措施,进行数据的对比,得出了实验结论。在和其他小组的讨论过程中,我们又有了新的收获,那就是从量的角度来思考反应结果。

① 案例由西南大学附属中学谢宇桢提供。

我们制作了答辩 PPT,准备汇报,在紧锣密鼓的准备过程中,我们一遍又一遍的磨合,小组之间也在衔接,我们小组代表重庆队上台进行汇报(图 5 -2)。在老师和同学们的共同努力之下,最终我们展示出了自己最好的水平。

通过这次中科院武汉植物园之行,我深深意识到,实验与科学研究紧密相关,是科学研究中非常重要的组成部分。而设计实验需要有大量的知识储备,主要是我们平时从课本上学习的。但当我们的知识储备不足时,就需要学会利用网络等平台查阅资料,这个时候信息检索、分析能力也非常重要,在这个过程中,令我印象非常深刻的则是我们可以自己设计实验,而这需要一个人思维缜密,考虑全面。

图 5 -2　汇报

在科学研究中,我们收获的不仅是科学知识,更是科学的方法,严谨的思维,以及创新的精神,坚持不懈、持之以恒等品质,这在我们日后的学习生活中也会起非常重要的作用。

4. 概括提炼经验,行动应用

在职业体验过程中,概括提炼经验与行动应用作为反思分析的结果,既是前一阶段体验式学习循环的终点,也是下一次职业体验学习的起点。在学生概括提炼经验阶段,指导教师可以借助一些工具,如提问表、量表等,引发学生对体验情境的选择、岗位体验等过程的回顾、对体验感受的体悟与分析等,从而达成综合实践活动课程中职业体验的相关目标。

职业体验活动让学生通过在不同岗位的实际操作中体验职业、认识职业、反思职业、规划职业,本质上是通过体验学习建立起学习生活与职业生活的联系。如何选择适合自己兴趣、与自身能力匹配的职业,已经成为现代人生活的重要话题,在综合实践活动课程的职业体验活动中,要将体验学习与中小学生未来的职业生活联系起来,让学生通过职业体验、职业认识、职业发展、职业选择、职业生涯规划等,在亲身经历和直接参与职业活动的过程中,获得真切的职业认识与情感体悟,形成深刻的职业理解,自觉地将自身成长、个人梦想与社会进步、国家发展、人类文明联系起来,在选择中平衡家庭与社会的需求,兼顾个人价值与社会价值的实现,过有意义的人生。

四、 社会服务的实施和指导

社会服务指学生在教师的指导下,走出教室,参与社会活动,以自己的劳动满足社会组织或他人的需要。社会服务强调学生在满足被服务者需要的过程中,获得自身发展,促进相关知识技能的学习,提升实践能力,成为履职尽责、敢于担当的人。

社会服务一般包括公益活动、志愿服务、勤工俭学等。公益活动是指一定的组织或个人向社会捐赠财物、时间、精力和知识等活动,包括社区服务、环境保护、知识传播、公共福利、帮助他人、社会援助、社会治安、紧急援助、青年服务、慈善、社团活动、专业服务、文化艺术活动等,通过公益活动,可增加学生的人际交流和沟通,增强学生的责任感,更能使他们认识社会、体验社会和服务社会。志愿服务包括为社区特殊人群的生活服务、家政服务，参与学校或社区的管理活动，参加社区图书馆、社区健身场所、公园、养老院、绿化部等服务工作，志愿服务对于社会乃至个人都有非常重要的意义，可以使社会弱势群体获得帮助，并且志愿者自身的品德素质也可以获得提升，同时整个社会的风气也可以得到发扬，在学生群体中开展志愿服务尤其值得提倡。勤工俭学是指由学校或个体组织的个人或群体从事的有酬劳动用以助学的活动，通过勤工俭学活动可对学生进行劳动技术教育，培养其正确的劳动观点和态度，使他们养成自立、自强、艰苦奋斗等良好的思想作风，让学生掌握一定的生产知识和劳动技能。

下面是一个小组社会服务的案例。

案例：

"爱心聊天室"帮助老人恢复生活信心①

【扶助对象】

弱势群体（孤寡老人）

【服务需求分析】

社区居民张大妈，今年72岁，丈夫2008年因病去世，张大妈就一直居住在儿子家，不敢回自己的家居住，在思想上总放不下老伴，天天梦见老伴。

通过分析可以看出，张大妈在遭受老伴去世的精神打击后，心理上一时无法正确面对，进而形成思想障碍，并患上了精神衰弱症，给自己的情绪、起居，乃至于孩子的生活均带来诸多影响。

【扶助措施】

针对此事，"爱心聊天室"的工作人员主动找到她，和她聊天，帮助老人从思想上解除心理障碍。老人听后先是痛哭，后来和工作人员说，她不敢和孩子们说，怕影响孩子们的工作和生活，所以总是自己闷在心里。听了工作人员的劝说后，张大妈意识到，人死不能生还，活着的人应该从痛苦中解脱出来，为了孩子们的生活幸福，也要保重身体，健康快乐的生活。现在张大妈通过"爱心聊天室"已解开心里的疙瘩，身体也基本恢复，准备今年开春从儿子家搬到自己家居住，并表示回来后要发挥她的余热，积极参加社区开展的丰富多彩的活动。

【扶助工作启示】

在处理此事件中，社区扶助人员亲力亲为，了解情况后，真诚相待，勤于沟通，爱心关怀，最终引导张大妈摆脱了障碍，恢复了生活信心，积极投入到日常生活中。

"爱心聊天室"是亲情沟通、疏导情绪，帮助弱势群体重新树立生活信念的一种方式，在扶助工作中可针对有心理和精神需求的人群推广应用，如社区中的失业人群、两劳释放人群或存在精神、心理偏差的人员等。

社会服务的关键要素包括明确服务对象与需要；制订服务活动计划；开展服务行动；反思服务经历；分享活动经验等。服务对象可以是人、物，或组织、机构，也可以是学校、社区、

---

① 案例由西南大学附属中学黄仕友提供。

国家和国际社会。服务要明确服务对象的需要,通过个人的观察和体验,或通过关注媒体报道,或问卷调查和访谈以及咨询社区机构等,了解服务对象的需要。明确服务对象和他们的需求后,需要制订服务活动计划,制订计划要经历一个前期调查研究和协商讨论的过程,这个过程需要教师加强指导,指导教师要指导学生更好考虑服务对象及其需要、活动目标、活动内容、需要运用的资源和前期准备、活动时间和地点安排、反思方式、展示和交流方式等。

教师指导学生做好社会服务的实践活动,应该注意四个方面的工作:一是在服务之前,必须做好扎实的准备工作,如物资、使用工具及相关的知识、技能等;二是在行动阶段,要求学生做好行动记录,如服务过程中留心着某些事情,发现的某些信息,体验的感受和进一步的行动设想等;三是要指导学生做好安全方面的预案及准备;四是要指导学生做好服务过程中的反思,需要在活动过程中和活动结束后进行认真的总结。反思形式很多,可以撰写小论文、日记、小展板、小视频、小讲座或小组讨论等。

拓展阅读

社会服务中的安全指导

综合实践活动课程是一门实践性课程,学生的活动范围不囿于学校的小小围墙,而是要走出校门,到大自然中去,到社会中去,这就不得不考虑他们的安全事故问题。为此,我们必须建立严格的责任制度来保障课程质量和学生的人身安全。

对于课程质量的监督保障问题,学校可以出台一套管理规范,建立起从校领导、教师直至学生本人的责任制度,其组织责任关系可以是:校长和学校课程开发领导小组→教务处或课程开发办公室→年级组长→班主任和指导教师→学生项目组负责人→学生本人。每一层级都要明确责任,不仅是校领导和相关教师,就是学生本人也要承担一定的责任,要逐渐培养学生对自己、对他人、对社会的责任意识。比如,学生项目组负责人要负责主持本小组的日常活动和组内评价,及时向任课教师反映情况,督促组内学生的工作;学生本人要对自己的行为负责,明确学习目的,端正态度,积极与其他学生合作,认真做好自我评价工作等。

对于学生的人身安全问题,学校要做好安全防范工作。学校各级领导和指导教师必须对学生进行良好的安全教育,让学生了解各种安全知识,懂得在危险的情况下如何保护自己,并认真做好安全防范措施,最好能为学生购买人身安全保险。

第二节　综合实践活动课程实施的形式与指导

在综合实践活动课程中,教师要加强对学生活动方法的指导,帮助学生找到合适的实施形式和实施策略,激励、启迪、点拨、引导学生做好综合实践活动课程的实施。

一、文献查阅法

文献是一切知识的载体,文献查阅包括文献的搜集、处理和利用。查阅文献的过程可归纳为查什么——怎么查——怎么用——阅读分析找到资料。

（一）查什么

综合实践活动课程中的文献查阅应该贯穿在整个课题的研究过程中，在课题研究遇到问题时，随时都可以进行文献的查阅。

1. 分析研究的问题，确定需要查阅的内容

研究小组成员首先要明白开展研究需要了解什么，根据解决问题的需要，确定查阅内容，找出关键词。一般来说，我们需要查阅的内容如图5－3所示。

图5－3　查阅内容示例

2. 确定查阅关键词

查阅内容明确后，研究小组成员通过分析查阅内容确定关键词。

比如，初中一年级研究小组在研究“山地模型”课题的过程中，经过讨论分析后，列出了如下问题。

什么是山地？
有人制作过此类模型吗？
山地的基本构造是什么样的？
有特殊的山地地形吗？
选用什么样的材料比较好？
什么是模型？
模型的制作方法以及注意事项有哪些？

“山地模型”课题研究小组的学生在教师的指导下，通过分析、讨论，最后确定需要查阅内容的关键词：山地、模型、废弃材料、模型方法、模型技巧等。

（二）怎么查

研究小组成员通过关键词分析，判断在哪里能更快地找到更全、更新的资料。一般来说，图书馆、网络等都是资料比较丰富的地方。图书馆一般都有网上查阅系统，在系统中的“检索内容”栏输入待检索的书名或作者，点击“查询”就可查阅到图书馆中该书籍的情况。在常用的搜索引擎网站中输入相应关键词可对相关内容进行搜索。

比如，“山地模型”课题研究小组成员对关键词进行分析后，认为可以通过在图书馆（图书室）查询《地理教科书》《中国自然地理》《世界自然地理》《百科全书》《模型》《能手》等书籍找到相应资料，同时也可以通过网络找到相应资料。“山地模型”课题研究小组的学生利用信息技术课，在信息技术老师的帮助下，在网站上查阅了课题研究需要的资料。研究小组

成员首先在浏览器的地址栏输入搜索引擎的地址，然后在搜索引擎中输入关键词“山地地形结构”后获得如图 5－4 所示的内容。

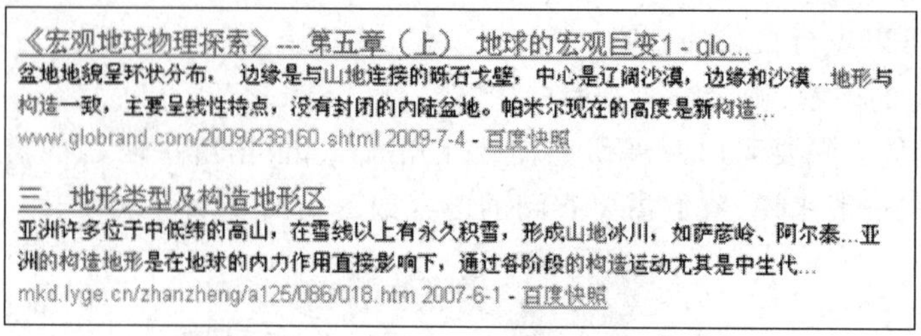

图 5－4　搜索引擎中“山地地形结构”内容

（三）怎么用

1. 填写文献阅读表

研究小组成员在获得文献资料后，通过阅读分析，一般可以获取相应知识，并将其填写在如表 5－7 所示的文献阅读表中。

表 5－7　文献阅读表

文献编号		文献名称	
研究课题相关知识摘录			
知晓当前研究现状摘录			
完善研究思路摘录			
精彩语句摘录（包括想法）			
其他摘录			

2. 撰写文献查阅报告

研究小组成员针对所查阅的文献，按照表 5－8 所列问题进行填写，形成文献查阅报告。

表 5－8　文献查阅报告

课题名称	
需要查阅什么？	
需要查阅的关键词：	
准备在哪里查阅？	
通过查阅，我们了解到了什么？	
准备与同伴分享的文献查阅方法与技巧：	

二、 科学实验法

客观世界中的物质变化,现象都是错综复杂的,有时是人们无法用肉眼观察到的,这就需要我们创造一定的条件,应用已有的或者发展后的科学知识,运用仪器设备对其进行观察,测定其性能,了解其变化规律,对其出现的现象加以解释,这就需要科学实验法。科学实验法是指在特定的人为条件下观察客观事物现象的一种方法,是研究性学习常用的研究方法。通过科学实验法,人们能够得到新的科学发现与发明,可以对现有的理论进行证实或证伪。英国物理学家罗杰尔·培根说过:“没有实验,任何新的东西不能深知。”通过科学实验法进行研究性学习,不仅可以培养学生的唯物主义观点,还可以使他们体验探究的过程,以丰富的实验结果中的真实信息为基础,经过分析、归纳得出抽象理论和假说,以此推动自然科学技术的发展,揭示自然界的奥秘。

拓展阅读

科学实验之始祖伽利略为了弄清楚运动的本质,设计了如下实验(如图 5－5 所示):让球 A 沿斜面滚下,球的速度将逐渐增大。若给球 A 沿斜面向上推力 F,球将向上滚动并会慢下来(然后停下来并回头往下滚)。随着斜面近于水平,滚动的球 A 滚下斜面的速度由大到小,直至为 0。伽利略认识到球滚下的速度是由于斜面和球的表面不光滑(摩擦)造成的,他设想小坡度平面的极限情形,即理想的水平面,没有摩擦,此时小球不会加速也不会减速。

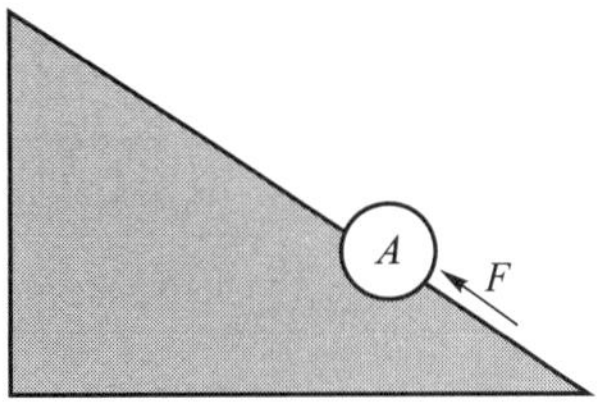

图 5－5　伽利略的滚球实验

从科学实验法的角度看,实验就是一种科学的研究方法,我们做实验的过程,实际上就是对所学理论的具体运用,从而把理论和实际结合起来,同时在实验中观察研究,动手操作,经历了“观察、实验—科学思维—建立、验证理论”的过程。

(一) 常见科学实验类型及应用范围

从研究目的来看,我们可将科学实验分为探索性实验和验证性实验。探索性实验是为了探索自然规律与创造发明新东西而进行的实验,这类实验往往是因前人或他人从未做过或未完成的研究工作所进行的实验;验证性实验是人们为了学习、掌握或教授他人已有的科学技术知识所进行的实验,如学校实验课中的实验。从研究方式来看,又可把科学实验分为定性实验、定量实验、验证性实验、结构及成分分析实验、对照比较实验、相对比较实验、析因实验、判决性实验等。我们在研究性学习中常用到的实验主要有如下四种。

1. 定性实验

定性实验多用于某项探索性实验的初期阶段,旨在了解事物的本质特性,判定研究对象是否具有某种成分、性质或性能,是否具有某种结构,是否达到一定等级的功效或技术经济水平的实验。它是定量实验的基础和前奏,研究结果体现为“有”或“没有”、“是”或“不是”。

学生在学习完平面镜后，了解到镜子具有全反射光线且入射角等于反射角的几何光学特性，所以人们通过镜子（平面镜）可以得到一个与真实物体完全一样的影像，这一影像称为镜像。在学习时，有学生提出：一面镜子可以得到一个镜像，那么两面镜子以一定角度摆放在一起能否形成更多镜像呢？

研究小组的学生购买了两面大小一样的镜子，按图 5－6 所示的形状摆放，并在镜子正前方用一根线吊着一个投影物体铜钱（也可以是其他任何物体）。学生通过充分讨论后，得到表 5－9 所示的实验过程及分析。

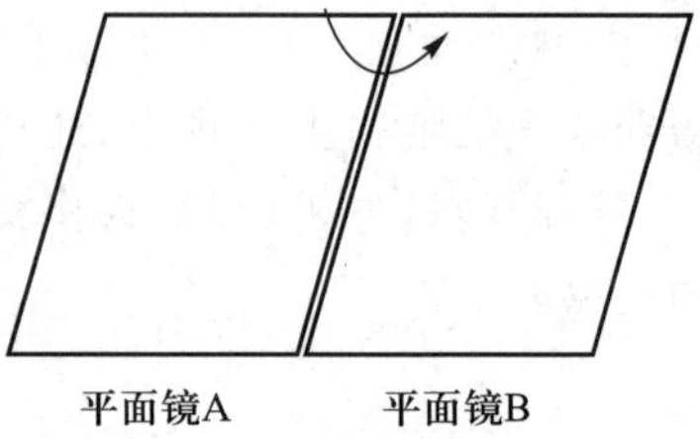

图 5－6　平面镜的摆放

表 5－9　实验过程及分析

假设	常 量	两面镜子及投影物体铜钱
	自变量	镜子转动的角度
	因变量	镜像的数量
实验验证（控制自变量，记录因变量）	由于镜子的转动角度影响镜像的数量，所以控制自变量即镜子转动的角度，来记录因变量——两面镜子中镜像的数量 1. 研究小组 A 同学负责摆放镜子，并将镜子按照图中箭头方向慢慢转动 2. 研究小组 B 同学负责将铜钱用线固定，并观察镜子中镜像的数量 3. 研究小组 C 同学负责记录	
结论	当两面镜子的夹角逐渐变小时，镜像个数逐渐增多，当两面镜子的夹角逐渐变大时，镜像个数逐渐减少。研究小组重复了几次实验后，得到的结果基本一致。于是研究小组得出结论：两面镜子的镜像数量随着夹角的改变而改变	

2. 定量实验

定量实验一般为定性实验的后续，它对事物的性质进行深入的研究。通过定量实验可以研究事物的数值，并求出其与某些因素之间的数量关系，得出相应的规律和计算公式。

在上面的研究中，两面镜子的镜像数量随夹角改变而改变，那夹角与镜像的关系是怎样的？有没有一定的规律或计算公式？于是研究小组继续在上面定性实验研究的基础上进行定量实验。

研究小组准备好量角器等实验工具，将两面镜子的夹角分别按照 0°、30°、45°、60°、180° 进行旋转，反复 3 次后，记录下两面镜子中镜像的数量，实验结果如表 5－10 所示。

表 5-10　镜子夹角度数与镜像个数

镜子夹角度数	镜像个数
0°	无数
15°	23
30°	11
45°	7
60°	5
180°	1
大于 180°	不确定

研究小组仔细分析了上述表格中的数据后，通过数学归纳法得出了结论，两面镜子（平面镜）成像与夹角（小于 180°）的关系为：

$$镜像个数=\frac{360}{夹角度数}-1$$

研究小组得到结论后，有学生对研究结论表示怀疑。于是他们又将两面镜子的夹角度数改为 180°以内的任意角度，带入公式计算后，将观察到的镜像个数与计算结果进行对比，最后发现该结论是正确的。

如果两面镜子的夹角为 1°，那么镜像个数为 359 个，如果两面镜子的夹角为 0.30°，那么可反射出 1200 个镜像。于是研究小组进一步提出设想，当夹角度数无限趋向于 0°时，镜像个数将会变为无限个，当我们在两面镜子前面放一只手时，是否可以通过改变两面镜子的夹角度数塑造千手观音呢？研究小组准备在假期实施该实验，并进行验证。

3. 验证性实验

验证性实验是指对研究对象有一定了解，并形成了一定认识或提出了某种假说后，为验证这种认识或假说是否正确而进行的一种实验。

比如，随着能源面临枯竭的问题日益突出，探索和开发新能源是摆在科学家面前的难题。温差发电的理论早在 1821 年就被德国科学家赛贝尔发现了。如图 5-7 所示，温差发电是指在不同金属构成的回路中，当两个接头存在温差时，其中就存在电流。很多科学家进行了不同材料的温差发电实验后，发现半导体是温差发电的最好材料。该理论是否正确，研究小组准备设计实验来验证一下。

研究小组到电子元件店购买了 3 块 4 寸见方的半导体制冷器模块，然后向学校物理实验室借了微电流计和若干导线。按照图 5-8 所示，将电路接好，并在半导体制冷器模块两面施加不同温度，这个时候会发现微电流计指针发生了偏转。这证明了温差能够发电，并且温差越大，指针指示的电流越大。

线圈与磁铁的相对运动可以产生电流，给线圈通电可以使它成为电磁铁。温度差可以产生电流，那么在温差片两端通电是否可以实现制冷或加热呢？于是研究小组在物理实验室借到了直流稳压电源，按照图 5-8 所示进行电路连接，当开关闭合时，他们发现半导体温差片一面开始发热，一面逐渐变冷。通过查阅资料他们进一步了解到，温差发电与通电制冷

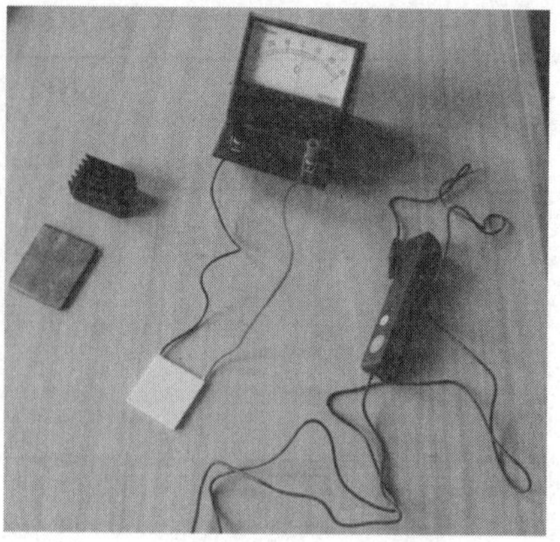

图 5－7　温差发电

(热)互为逆运行,这是法国科学家玻尔帖在 1834 年发现的。研究小组非常高兴,他们终于可以自己制作一个简易的冰箱及加热器了,如图 5－9 所示。

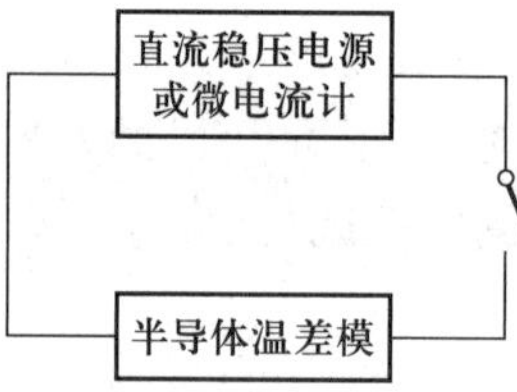

图 5－8　电路连接

图 5－9　简易冰箱及加热器

4. 对照实验

对照实验是指把所要研究的对象分成两个或两个以上的相似组群。其中一个组群是已经确定其结果的事物,将其作为对照比较的标准,称为“对照组”。另一组群是未知事物,作为实验研究对象,称为“实验组”,通过一定的实验步骤,判定“实验组”的研究对象是否具有某种性质。

(二) 实验方案的设计

实验方案的设计就是在选定课题和实验材料的基础上,根据实验目的,确定实验原理,用文字的形式制订合理的实验方案,也叫实验计划。

案例:

在日常生活中衣物难免会意外地沾染上小块污渍,我们能否应用所学的化学知识对污渍进行清洗呢?于是高一(1)班的同学们决定做清除衣物上蓝黑墨水的实验,下面是实验方案:

一、实验题目

清除衣物上蓝黑墨水的实验

二、实验目的

寻找清除蓝黑墨水效果最好的草酸溶液与医用双氧水的比例

三、实验原理

蓝黑墨水中的成分主要是鞣酸铁,没食子酸铁和色素,用抗坏血酸、草酸作还原剂,将含三价铁的深色化合物还原为含二价铁的无色物质,利用过氧化氢将墨水中的染料氧化成无色物质

四、实验用具和药品

1. 草酸溶液比例为 0.375mol/L;医用双氧水比例为 3%;用 0.1g/片的维生素 C 制成饱和溶液

2. 蓝黑墨水

3. 干净的白色布条等

4. 烧杯等仪器若干

五、实验内容

配置不同比例的草酸溶液和医用双氧水比例,并进行实验(如表 5-11 所示),注意观察实验效果。

表 5-11 实验内容

组别	①	②	③	④	⑤
处理	取适量医用双氧水擦拭墨迹	取适量 0.375mol/L 的草酸溶液擦拭墨迹	取适量 25% 的维生素 C 溶液擦拭墨迹	用超市购得的普通湿巾擦拭墨迹	不做任务处理

六、进度安排及分工(如表 5-12 所示)

表 5-12 进度安排及分工

阶段	主要工作	时间安排	负责人
实验筹备	做实验方案设计,了解蓝黑墨水的主要成分及清除方案; 购买相应药品; 向实验室老师借相关仪器	5.10——6.10	全组同学做实验方案设计;购买药品由 A 同学负责;借实验仪器由 B 同学负责
实验进行	做实验;记录;照相	6.10——6.20	全组同学参与做实验;由 B 同学做记录;由 A 同学照相

七、实验中有可能遇到的困难及解决方法

在实验过程中,我们可能会遇到如表 5-13 所示的困难,准备相应方法解决。

表 5-13 实验中有可能遇到的困难及解决办法

实验中有可能的困难	解决方法
理论知识不足	准备向多位化学老师以及 A 同学父亲的朋友(西南大学化学系教授)咨询

续表

实验中有可能的困难	解决方法
实验未达成目标	准备重新设计和实施实验。如果实验还不成功，就将此次实验作为我们学习的体验活动
同学中途退出	我们小组的几位同学都是好朋友，我们要求不能退出研究小组。如果小组成员由于客观原因要退出，我们剩下的同学也要能顺利完成实验
由于学习紧，研究时间不够	如果6月20日完不成实验，我们准备期末考试结束后，在假期中继续做该研究

实验方案是实验实施的指导性文件，因此我们在进行实验设计时，尽量满足表5－14中所示的要求，争取让我们的实验更加科学、环保、节约、安全。

表5－14 实验方案

序号	要求内容
1	在实验设计之前，应掌握研究问题的性质，具备必要的理论知识和基本的实验技能、技术
2	设计的实验方案要切实可行，所选用的药品、仪器、设备和方法在现有的条件下能得到满足。可以根据现有仪器，结合药品的状态，所借仪器还有哪些灵活的用途等，大胆改进制备装置、净化装置、收集装置、除杂装置
3	要有明确的实验目的，根据实验目的确定实验内容
4	实验设计时要注意控制实验条件和实验因子，尽量减少实验误差，确保实验得出明确的结果。对几个实验方案的正确与错误、严密与不严密、准确与不准确做出判断。要考虑实验是否安全合理、有无干扰现象、经济上是否合算和对环境有无污染等
5	设计实验要注意设置对照，适当增加重复次数，保证实验的准确
6	实验取样要注意典型性和代表性。有些实验对研究对象需要进行系统观察
7	实验设计要考虑运用统计学来分析问题的可能性，分析样本要有一定的数量，使所得数据具有代表性和可靠性
8	实验操作要尽量防止带有危险性的操作，尽量避免与有毒物质接触，若无法避免则应采取安全措施
9	实验设计应尽可能简单易行，应采用简单的实验装置，用较少的实验步骤，能在较短的时间内完成实验，且效果明显

（三）实验报告的撰写

实验报告是按计划完成预定实验后，对整个实验过程进行全面总结，提出一个客观的、概括的、能反映全过程及其结果的书面材料。不同形式的实验报告的构成不尽相同，一般中学生的实验报告大致如表5－15所示。

表 5－15　实验报告表格

<table>
<tr><td>题目</td><td>电池的寿命</td></tr>
<tr><td>问题陈述</td><td>四种标牌的电池（Duracell, Energizer, Eveready, Rayovac）哪一个寿命最长？</td></tr>
<tr><td>假设</td><td>我们认为 Duracell 电池的寿命最长。因为广告中说：没有任何其他电池能胜过它</td></tr>
<tr><td>实验方法</td><td>材料：
1. 四盏同类型、同尺寸、同标牌的手电筒
2. 从 Duracell、Energizer、Eveready、Rayovacll 四种标牌电池中分别取两节 D 型电池
3. 两节其他标牌的电池，用以在实验开始前，测试每一个手电筒是否正常</td></tr>
<tr><td>实验过程</td><td>我们先用测试电池测试每一个手电筒，然后将其中一个手电筒贴上标签，并将不同的电池放入每一个手电筒中
临睡前，我们在同一时刻打开所有的手电筒，并让它们开着过夜。记下手电筒打开的时间，醒来后，观察手电筒的明亮情况，一直等到它们熄灭，然后记下时间。如果有一个手电筒在我们醒来之后熄灭，记下其时间。如果有一个手电筒在我们醒来之前就熄灭，我们将取相同类型的另两节电池在白天重新测试
变量：我们的变量是不同标牌的电池，控制条件是相同类型的手电筒</td></tr>
<tr><td>实验结果</td><td>实验表明 Rayovac 电池的寿命最长。Eveready 电池的寿命仅仅为 6 小时 35 分钟，Duracell 电池的寿命为 15 小时，Energizer 电池寿命为 22 小时 15 分钟，而 Rayovac 电池的寿命为 24 小时 30 分钟
<table>
<tr><td>标牌</td><td>Duracell</td><td>Energizer</td><td>Eveready</td><td>Rayovac</td><td>Duracell</td></tr>
<tr><td>开灯时间</td><td>周五晚
9:00</td><td>周五晚
9:00</td><td>周六上午
10:00</td><td>周五晚
9:00</td><td>周五晚
9:00</td></tr>
<tr><td>灯灭时间</td><td>周六中午
12:00</td><td>周六晚
7:15</td><td>周六下午
4:35</td><td>周六晚
9:30</td><td>周六中午
12:00</td></tr>
<tr><td>持续灯亮时间</td><td>15 小时</td><td>22 小时
15 分钟</td><td>6 小时
35 分钟</td><td>24 小时
30 分钟</td><td>15 小时</td></tr>
</table></td></tr>
<tr><td>分析与讨论</td><td>Eveready 电池的手电筒在晚上就灭了，因此，我们不得不换了两节电池在白天做相同的实验。它是四种电池中唯一一种非碱性电池。我们观察到，当电池中的电即将用尽时，手电筒会变得非常暗；而使用碱性电池时，手电筒是完全熄灭的</td></tr>
</table>

注意事项

▲题目要简练、明确，能反映出实验研究的主要内容。

▲简明扼要地陈述所要研究的问题。

▲直接提出实验假设，描述正确。

▲交代怎样选择实验对象；怎样进行实验的，自变量包括哪些内容，用什么方法控制了哪些无关因素；提出数据和典型事例。

▲实验结果回答了篇首提出的问题。对实验结果进行理论上的分析论证，或实验结果对发展理论有何意义；把实验结果与同类研究相比较，找出得失成败，对实验中有争论的问题提出自己的见解。提出本实验中有待深入研究的问题和不足之处。

续表

结论	我们否定了原先的假设:Duracell 电池的寿命最长。我们之所以得出这样的结论,是因为实验数据表明 Rayovac 电池的寿命要比 Duracell 电池长得多。这同时也表明:贵的东西并不一定耐用。由于实验期间所造成的一些小偏差,如有些手电筒意外地掉落到地上,电池的有效期不一致等,我们打算进一步对此问题进行实验
附录	略

▲结论是对整个实验的总结,结论要谨慎,其适用范围应同取样范围一致。

三、 社会调查法

社会调查法是有目的、有计划、有系统地收集有关研究对象的社会现实状况或历史状况的方法。社会调查法是综合实践活动课程学习中常用的基本研究方法,它综合运用了历史研究法、观察研究法等方法以及谈话、问卷、个案研究、测验或实验等科学手段,对有关社会现象进行有计划的、周密的、系统的了解,并对调查收集到的大量资料进行分析、综合、比较、归纳,借以发现存在的社会问题,探索有关规律的研究方法。下面介绍三种常用的社会调查方法及其操作要领。

(一) 座谈会

座谈会是社会调查法中使用的最普遍的一种了解情况、搜集资料的方法,也是综合实践活动课程实施中常用的一种方法。通过召开座谈会,使参会人员可以相互启发,集思广益,调查人可以在很短的时间内快速搜集到较全面的材料。但是,有时因受人际关系的影响,参会人员会有所顾虑,不会知而不言,言而不尽。除此之外,参会的每个人看问题的角度、掌握的情况和方法不同,他们提供的材料就难免产生遗漏、误差,甚至错误。

开好座谈会应注意以下 6 个问题。

(1) 到会的人应熟悉调查的内容,而且愿意提供真实情况。

(2) 每次调查会的参会人员不能太多,以 3 ~ 8 人为宜。与会人员要有代表性,以便调查者从不同的角度了解情况。

(3) 召开调查会之前,应拟定好调查的提纲,提前 2—3 天发给所有参会人员,请他们事先做好发言准备,提前与他们约定好开会的时间和地点,会务人员做好参会人的工作和生活安排。

(4) 在主持座谈会时,要讲清调查的目的和意义,想尽一切办法,使与会人员毫无保留地说出真话。调查者要态度诚恳、虚心听取意见,争取与与会人员达成合作。

(5) 调查者要按照提纲逐一发问,引导与会人员进行发言和讨论,谈论的材料不足时,调查可以加以引导和提示。

(6) 调查者要指定专人记录或自己记录会议过程,以便会后分析和引用。

拓展阅读

讨论是最有价值的集体活动

讨论广泛运用于调查计划、确定主题、分析解决问题、评价反思等环节中。学生通过讨论不仅可以共享观点、想法、感受，丰富和完善研究思路，增长见识，还可以从中观察到个体在社会中的责任，学会尊重和欣赏同伴，并能够发表自己的观点。讨论是研究性学习中最有价值的集体活动。那么怎么做好讨论呢？

在讨论前，参加讨论的同学要明确讨论主题。参与讨论者可以将讨论主题细化为几个主要问题。比如周末我们的讨论主题是研究方案的制订，那么参与讨论的人可将这一大主题具体细化为如下六个问题：课题重点是什么？准备使用什么研究方法？研究需要哪些帮助和在哪里获得这些帮助？研究有哪些困难？怎么解决？怎样分工？等等。

参与讨论者针对所要讨论的问题查阅相应资料，进行思考，并拟定发言提纲，同时建议带上精选资料，方便讨论时引用。讨论者在准备发言内容时，可以尝试用以下问题丰富和完善自己的发言内容：

我(你)认为解决这个问题有多少途径？分别是什么？请做出解释。

观点陈述后，请举例支持我(你)的观点。

该事物的变化有哪些原因，请做解释。

我(你)能够想到的其他原因有哪些？

我(你)发现了什么？有什么需要补充吗？

我(你)的发言是否符合讨论主题？

我(你)能否将观点进一步展开，让大家了解更清楚一些？

我(你)说明的这个观点，能否用一定的辅助手段(多媒体设备、黑板、纸等)进一步阐释？

针对我(你)的发言，大家有什么看法？谁有另外的问题或想法？

我(你)能否将某一问题的发言逻辑重复一遍？

……

讨论不仅是一门艺术，也是一种技术和经验，希望大家积极参与到每一次讨论中并总结经验，争取下一次讨论做得更好，并注意以下三点。

(1) 注意倾听和记录他人的发言，不要打断他人发言，不要随意插嘴、打电话等。

(2) 可以不赞成他人的观点，但不能随意攻击和批评。

(3) 如果欣赏别人的观点，那么在讨论过程中，可将上述问题中的“我”改为“你”向发言者提出，可将讨论引向深入，以便充分了解发言者的观点。

(二) 访谈

访谈是调查者通过与调查对象面对面交谈来了解情况时，搜集客观的、不带偏见的资料的方法。访谈可以是个别访谈,也可以是召开小型座谈会,进行团体访谈。访谈有正式的,也有非正式的。正式访谈的好处是调查者可以在较短的时间内获得自己想要的材料,缺点是当调查对象存有戒心时,调查者获得的材料可能不全面。非正式访谈是调查者和调查对象在日常接触中或是在自然气氛或自然环境中进行的交谈。它的好处是常常会获得深层次的有效材料,缺点是花费时间较多。

访谈是获得第一手原始资料最直接的方法,是综合实践活动课程实施中常用的一种方法。成功的访谈不仅需要调查者和调查对象在语言上的有效交流,而且需要调查者和调查对象情感上的有效沟通。这需要调查者具有良好的口头表达能力、情感和体态的表现能力。一般来说,访谈的艺术与技巧主要有以下三点。

1. 准备好访谈提纲

访谈要取得成功,最重要的是调查者在访问之前要制订好访谈提纲。在访问时,如果调查者提问题的顺序东拉西扯,交谈必然杂乱无章,绝不会得到满意的结果。访谈提纲一般包括采访主题、采访目的、采访形式、采访时间、采访地点、采访对象、问题设计等。同时调查者要思考如何发问,询问时应采取的态度,必要时的备用方案,记录的方法和记录的重点等内容。表 5－16 是综合实践活动课程“走进退役军人,感受军旅生活”的一个访谈提纲。

表 5－16　访谈提纲示例①

采访主题	走进退役军人,感受军旅生活
采访目的	通过采访退役军人在当兵前和当兵后的变化与感受,了解军旅生活和军人的内心世界
采访形式	一对一采访
采访对象	中部战区某部河南籍退役大学生士兵刘明
问题设计	1. 参军前:针对参军时间、年龄、心情、参军前对军队的了解等方面进行提问 2. 服兵役期间 (1) 请问第一次到新兵营的时候是什么感受,和自己想象中的一样吗? (2) 你们在军营的生活作息是什么样的? (3) 人们都说:“不当兵后悔一辈子,当兵后悔三个月。”三个月是指新兵训练的三个月,你当时在新兵训练的三个月里有后悔过吗? 这三个月的训练是什么样的? (4) 对整个军营生活中艰苦的训练,当时自己是怎么看待的? (5) 你们在军营有休闲娱乐的时光吗? (6) 你们会进行什么样的枪械武器的训练呢? (7) 你当时是在哪个地方服兵役,离家远吗? (8) 我们都知道义务兵役期间是不能够回家探亲的,你多久可以跟家人联系一次? 这两年你是怎样处理对亲人的思念和军队纪律关系的呢? 3. 退伍后:针对退伍后的军营感受,参军后的变化、收获等方面拟定问题进行采访

2. 选择和了解被访谈的人

根据访谈的内容选择那些最有可能提供有价值材料的人作为调查对象。调查人在选择

① 案例由西南大学附属中学黄仕友提供。

时应考虑调查对象回答问题的能力、回答问题的意愿强烈度等因素;选择好调查对象后,要了解调查对象的经历、职务、个性、专长、兴趣等;交谈时,调查者要有意识地回避可能引起妨碍“知无不言,言无不尽”的因素。调查人应根据调查对象不同的个性、年龄、性别、出生地、社会地位、知识水平、生活习惯、爱好等特点,确定访谈的方式、方法。

3. 访谈策略

访谈策略有以下四点。

第一,取得调查对象的信任。取得调查对象信任的方法有:请专家或声誉好、地位高的人做介绍;请学校或上级机关出涵介绍;访谈前取得调查对象的同意;访谈前向被调查人说明访谈的目的,引起被调查人对访谈的重视;适度地称赞、推崇被调查的人;态度诚恳、有礼貌等。

第二,重视访谈的技巧。访谈的时间和地点以方便被访问的人为原则。重视提问的技术,提问时用“为什么”“怎么样”等方式发问,容易引出详尽的答案。与调查对象交谈时,无论是直截了当,还是含蓄迂回,访谈的目的和主题在自己心中一定要明确,谈话要清楚明白,不能漫无边际,语无伦次,认真听调查对象的说话,用点头、微笑和“你说的这点,对我很有用处”等方式把自己的反应表现出来,尽量少插话,有礼貌地听调查对象说话。

第三,随时记录访谈的内容。调查者应把访谈的内容随时记录下来,在把握好记录重点内容的前提下,越详细越好。

第四,要注意被调查者的心理变化。调查者可以运用心理学的知识,并善于察言观色,随机应变地做好访谈。

(三)调查问卷

调查问卷是根据调查研究的内容及要求提出和设计的一种相当详细的调查表。调查问卷的质量重点取决于问卷的设计,一个好的问卷可以清楚地反映出需要研究的问题。在调查问卷的实施中主要有以下六个步骤。

1. 确立主题

调查问卷的主题要结合调查的具体要求以及要达到的目的来确定,调查主题必须要明确。调查者在确定主题后要根据调查的内容划定调查的范围,同时要收集相关的资料,为制订问卷积累理论基础。

2. 分析样本特征

调查者要深入了解调查对象目标群体的社会环境、观念风俗、行为规范等社会特征,对他们的需求和潜在的欲望等心理特征也要多方了解,对他们的文化知识、理解能力都要有相应的掌握。

3. 设计问题

在设计问题这一环节中,调查者首先根据要调查的内容拟定问题,这时要充分考虑到调查对象人群适合什么样的句式,要以简单扼要的语言表述问题。问题一般不宜使用专业用语或地方语言,不能累赘和重复出现。调查者在设计调查问卷时,备选答案要具有明显的区分度,不能似是而非。

4. 前测与修订

调查问卷设计出来后,调查者可以请指导教师对问卷的整个设计工作进行评价,然后在目标群体中选择一小部分人进行问卷发放，以了解具体情况，收集修改意见，完善问卷。

5. 确定问卷

调查者结合前测阶段应答的情况对问卷进行综合整理，改正不足后最终确定问卷内容，根据研究情况和应答人数复印问卷，准备发放问卷，正式施测。

下面的案例是“食品安全”小组的学生在教师的指导下，形成的调查问卷。

案例：

关于农村＊＊地区食品安全的调查问卷[①]

尊敬的女士/先生，您好！

我是＊＊＊＊＊＊＊中学的学生，我正在写一份调查报告，希望您能真实地填写我们的调查问卷。在此祝您万事如意！

您是一位：□ 女士 □ 先生

年　龄：□ 20岁以下 □20～40岁 □40～60岁 □ 60岁以上

1. 您知道绿色食品吗？

□ 知道 □不知道

2. 您买食品时，是否先检查“食品安全标志(QS)”？

□ 是 □否 □不知道食品有“食品安全标志(QS)”

3. 您买食品时是否看保质期？

□ 是 □否

4. 您购买食品时，是否保留购物凭证，如购物小票等？

□ 是 □否

5. 您及您的家人每天大概花多少钱买零食？

□ 0～5元 □5～10元 □10元以上

6. 在买食品时，您是否购买过发霉、变质、漏气的食品？

□是 □否 □没注意

7. 如果您不小心买到变味、发霉等变质食品，您将如何处理？

□将就吃 □扔掉 □找店主换 □向相关部门反映 □其他

8. 您或者您的家人是否有过因食用购买的零食后出现肚子疼，身体不舒适的症状的经历？

□有 □没有

如果有，这个时候您的做法是：

□忍一忍，自认倒霉 □找店主讨说法 □向相关部门投诉

9. 您认为食品最重要的是：

□美味、好吃 □便宜 □健康 □绿色 □ 其他

10. 您是否购买过无卫生保障的路边摊食品？

□是 □否

---

① 案例由西南大学附属中学黄仕友提供。

11. 您怎样看待降价食品?

□抢着去买　□ 质量不合格　□ 便宜,适合购买　□其他

12. 您认为食品安全的主要责任在于:

□消费者　□商家、店主　□厂家　□ 政府　□其他

再次感谢您,祝福您身体健康!

6. 调查问卷的实施

调查问卷实施阶段的主要任务是按调查问卷设计的要求做好资料的收集工作,在调查问卷的实施中要注意以下四条事项。

第一,调查问卷的调查方式除可以通过邮寄或随报刊附送等进行调查外,还有一种重要形式是由调查者直接与调查对象接触或通过网络发放问卷。发放调查问卷的时候,请随机发放,这样调查出来的结果才更加真实。

第二,调查者在进行调查时要注意自己的仪容和礼貌,尊重调查对象。如果对方不接受调查,不要勉强。

第三,在问卷调查的实施过程中,难免会遭人拒绝或被评论,这是调查问卷实施过程中的常见情况,这个时候调查者要坚持,不要气馁。

第四,调查问卷回收后,调查者要保存所有问卷,这些是综合实践活动课程实施的原始资料。

四、资料鉴别、分类和处理方法

综合实践活动课程实施中涉及的资料包括开题、实施、结题过程中产生的所有资料,其中有调查数据、采访资料、实验数据、文献资料、活动过程中的照片和视频、交流和讨论过程中的记录、活动过程中的评价等。在这些资料的收集、分析、整理过程中,我们可以寻找相关主题的规律或特征,从而收获结果,直到获得结论。资料的鉴别、分类和处理是研究中的一项重要任务,是学生遇到困难较多的一个环节,也是学生最容易忽视的一个环节。资料鉴别、分类和处理的过程就是对研究性学习所获得的数据进行系统鉴别、归类整理、分析利用、得出结果或结论的过程。

(一)鉴别

当我们获得一些资料后,要及时地对资料进行判断、取舍,留下主题研究所需要的资料,这就需要对初步整理的资料进行通读,对关键资料进行细读,并反复琢磨。我们应在通读资料的基础上,选定需要的资料,找出哪些资料是主要的,哪些资料是次要的,哪些资料是无用的。

我们在进行判断、取舍时可以尝试对资料按照表 5-17 所示问题进行提问,把那些无关的信息、资料剔除掉,避免无关信息的干扰,实现对资料的鉴别。

表 5-17 资料鉴别示例

问题	回答	备注
资料是真实的吗		
资料是准确的吗		
资料是合理的吗		
资料是完整的吗		

(二) 分类

资料的分类是对资料的初步提炼过程。一般来说,我们可以通过对资料的略读将其进行分类。资料的分类可以按照研究的阶段(选题、实施、结题)、资料类型(图片、视频、文字、音频等)、关键字等多种方式进行分类,具体怎么分类主要看学生的习惯。我们建议用计算机进行归类管理,这样可以节约大量的纸张,同时查询起来也较方便。通过阅读,找出资料的相同点、不同点,从而对资料进行分类。

如“北碚区学府小区低碳生活调查”课题组的学生在对照片进行基本的鉴别后,将照片资料分为资料查阅类、调查采访类、试验类、讨论交流类、教师专家指导类、常见低碳生活案例等类别的照片。

(三) 统计分析

统计分析是对资料中与研究主题相关的资料进行比较、提炼、分析后,通过讨论,形成研究观点、论据、思路等的深加工过程。由于资料来源不同,信息有所差异,因而对资料要反复进行比较,分出优劣,选出最切合综合实践活动课程主题的资料。对材料进行一系列的处理后,我们就可以从材料中概括出一般结果,甚至结论。下面以数据资料为例介绍统计分析的方式。

1. 用统计表进行统计分析

统计表可分为单项、二项、三项表等,初中阶段常用的是单项和二项表。根据被测对象的特征,将所有的数据按类别分类并进行分析。图表直观易懂,可作为统计分析的重要手段。Excel 软件可以制作统计图表,在制作的过程中,请考虑统计图表的美观、准确、直观,要注意统计图表的标题、坐标轴、网格线、图例、数据标志等方面。

案例:

“北碚区学府小区低碳生活调查”课题组的学生对小区节能型插线板使用情况进行抽样调查,将调查数据整理后制作了表格(表 5-18)。

表 5-18 学府小区节能型插线板使用情况统计表

使用状况	使用家庭数(单位:家)
使用	18
未使用	182

2. 用统计图进行分析

统计图能直观地体现研究数据,常见的统计图有柱形图、饼状图、条形图等。我们经常用 Excel 软件制作统计图。

案例：

“北碚区学府小区低碳生活调查”课题组为了让调查数据更直观，选择使用 Excel 软件制作统计图。他们将“学府小区节能型插线板使用情况表”的数据输入 Excel 软件中，如图 5－10所示。

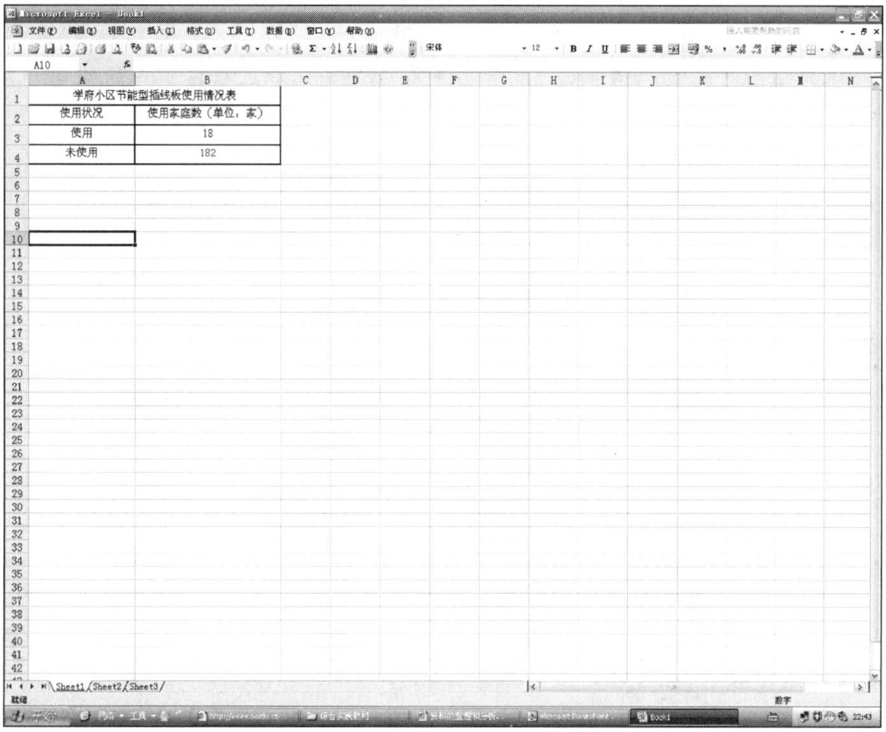

图 5－10　在 Excel 软件中输入数据

Excel 软件将数据制作成饼状图（如图 5－11 所示）。

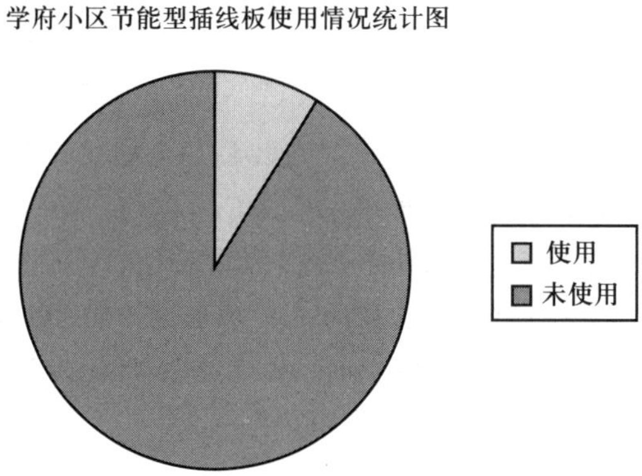

图 5－11　学府小区节能型插线板使用情况统计图

案例：

调查问卷的整理与分析①

“北碚区学府小区低碳生活调查”课题组回收完调查问卷后，在指导教师的帮助下完成了调查问卷的整理与分析。

一、调查问卷的整理

我们共向小区居民发放了360份调查问卷，收回问卷358份，回收率99.44%，我们除去填写不全、填写前后矛盾的调查问卷，最后剩下有效调查问卷350份。课题组同学对其按照1－350的顺序编号。

二、手工录入问卷调查结果

课题组在教师的指导下设计了“调查问卷手工统计表”，如表5－19所示。

表5－19　调查问卷手工统计表

题目	选A次数	选B次数	选C次数	……
第一题				
第二题				
第三题				
第四题				
……				

为了统计不出错，我们分两个小组按照编号录入调查问卷结果。例如，第一张调查问卷第一题选A，录入时就在上表第一题选A次数对应位置给“正”字添加一笔。最后统计每一题不同选项的选择次数，并整理这些结果。

统计结果出来后，我们两个小组的统计结果不一致，并且差别较大，经过重新统计还是如此。是不是某张调查问卷统计错了？虽然我们为调查问卷进行了编号，但无法知道到底是哪一张出错了。李强发现班上其他同学在统计过程中也总是出现这样的问题，他想是否能通过计算机录入，使结果更快、更有效呢？在信息技术老师的指导下，大家尝试应用Excel软件进行调查问卷的结果录入。

三、应用Excel软件录入问卷调查结果

课题组在教师指导下，用Excel软件设计了“数据输入电脑统计表”（见本节“信息库”）并进行快速输入。由于调查问卷已编号，该编号可以对应Excel软件中录入的编号，所以将问卷调查结果进行录入完成后，小组同学可以随机抽查调查问卷，查阅统计记录，保证做到准确无误。

问卷结果录入完成后，每一题某个选项的选择次数总和也显示在表格中。如第一题关于碳排放的含义，选项“我们消耗的化石燃料”被选择的次数为305次，选项“我们呼出的CO_2”被选择次数为15次……

四、调查结果的分析

调查组统计出调查结果后，他们应用Excel软件中的图表功能为每道题制作了图表（如

① 案例由西南大学附属中学黄仕友提供。

图 5－12 所示)，对调查结果进行分析。

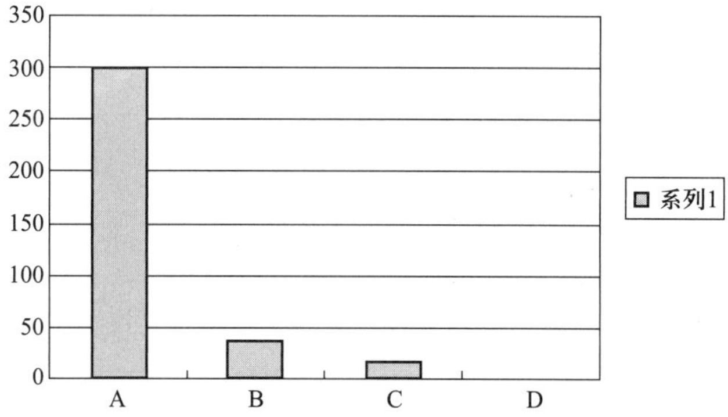

图 5－12　学府小区节能型插线板使用情况调查结果分析图

在对问卷调查结果进行分析的基础上，调查组同学在教师的指导下，综合采访、文献、实验研究数据得出结论。通过这次活动，同学们掌握了对调查问卷的基本统计方法，同时通过交流，同学们认为应用软件对调查问卷进行统计能取得事半功倍的效果。

本章小结

综合实践活动课程是面向学生生活设计的一门经验性课程、实践性课程。可以说，综合实践活动课程是通过学生的活动和实践来建构的，因此，综合实践活动课程必须突出以学生为主体的思想，把活动的主动权交由学生决定，鼓励学生大胆创新，并为学生的探究提供一切物质和精神支持。本章论述了对综合实践活动课程四种活动方式实施的指导建议。在课程实施过程中，两个主体的关系必须处理好。一方面要突出学生在综合实践活动课程实施过程中的主体性和积极性；另一方面也要突出教师在综合实践活动课程实施过程中的指导性和专业性，只有这样，才能确保综合实践活动课程的顺利实施。

实践·反思·探究

1. 分别设计综合实践活动课程中考察探究类活动、社会服务类活动、设计制作类活动、职业体验类活动的主题活动，并写出简单的活动方案和流程。

2. 就某一个设计好的主题，请你作为教师对这个主题活动的设计做出合理的评价。

3. 分组合作，设计并实施一个综合实践活动课程，做好过程记录，并对相关成果进行分享和展示。

推荐阅读

[1] 钟启泉．综合实践活动课程的设计与实施[J]．教育发展研究，2007(03)：43－47.

[2] 安桂清．实施综合实践活动课程的评价构想[J]．教师教育论坛，2018，31(04)：4－5.

第六章
综合实践活动课程评价

学习目标

- 了解综合实践活动课程评价的定义和基本原则。
- 掌握在综合实践活动课程中进行评价的基本方法和手段。
- 通过评价丰富对综合实践活动课程的正确认识，在实践中对综合实践活动课程的主题、内容结构、实施过程、学生成果等做出适当的评价。

教学建议

本章共3学时，其中学生课前查阅文献、阅读材料、自主研读和课前讨论1学时，课堂讲授、讨论2学时。

本章主要以自主学习、实践操作为主。在学习上，一方面我们要着重建立起对综合实践活动课程评价的整体思想，认识到评价在教学活动中的重要性以及评价的指导意义。另一方面，我们要深入到学校课堂和综合实践活动课程中去，运用不同的方法，从不同的角度对课程和活动进行观察和评价。本章的教学可以采取课前小组设计、分工，课中分类观察、记录，课后汇总、分析的方法进行实践性学习，有利于提高和把握对综合实践课程评价的认识。

知识导图

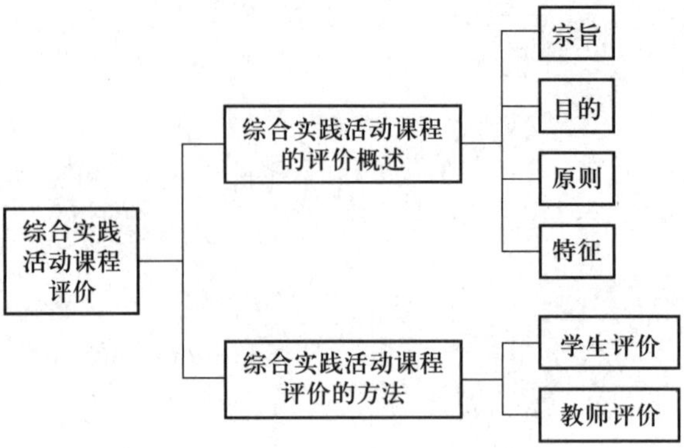

综合实践活动课程评价
综合实践活动课程的评价概述
宗旨
目的
原则
特征
综合实践活动课程评价的方法
学生评价
教师评价

作为基础教育改革的结构性突破，综合实践活动课程以崭新的课程理念、课程内涵成为国家新一轮课程改革的一大亮点，是培养学生主体意识、改变学生学习方式、提高学生创新能力和创新精神的最佳引入点。但是随着综合实践活动课程的不断深入与推进，综合实践活动课程评价的重要性逐步体现出来。如何对综合实践活动课程中学生的学习行为进行评价，如何对综合实践活动课程中教师的教学行为进行评价，如何对综合实践活动课程的教学效果进行评价，这些都在一定程度上制约着课程的进一步发展，所以了解、落实、运用综合实践活动课程的评价就显得非常重要。

为了促进综合实践活动课程不断完善，人们对该课程的评价期望也越来越高，使得评价的目的性也越来越受重视。人们试着把评价作为调节综合实践活动课程的杠杆，使之成为促进学生不断发展，教师不断提高，教育环节不断改善的有效教育活动。

综合实践活动课程的评价内容不仅包括教师的教学理念、教学目标、教学内容、教学方式、教学管理、教学效率、教学基本功等，还要关注学生的学习过程，重视学生对知识技能的学习与应用、参与探究性实践活动的过程体验和感悟思考等。综合实践活动课程评价不再是区分优劣的手段，不再把学生分为高中低等，不再仅仅关注学生的分数和等级，它更倾向于关注学生在综合实践活动课程中所展现出来的素质和品质发展状况；它不再以考试和分数作为评价的主要方式和手段，而是倡导一种质性的评价，更加关注学生在综合实践活动课程中能力、情感、态度和价值观的发展。

第一节　综合实践活动课程评价概述

综合实践活动课程的评价是以一定的理念与原则，运用一定的评价方法，对综合实践活动课程的方案、实施过程以及结果做出价值判断的过程。因此，综合实践活动课程应以促进学生发展为宗旨，采取多样的评价方法，以促进综合实践活动课程的不断完善与发展。

［拓展阅读］综合实践活动课程评价

一、综合实践活动课程评价的宗旨

综合实践活动课程作为一种经验性课程，它的内容涵盖范围非常广泛，是各种学科知识的交叉和融合，强调学生的亲历、体验、感悟和理解，超越具有严密知识体系和技能体验的学科界限，在内容上，综合实践活动课程又向自然环境、人文社会等领域拓展和延伸。所以，它的评价与对传统学科的评价有着本质的不同，它更关注将知识转化为智慧的过程，强调人本素质的发展，以及知识的自我建构。

（一）以促进学生发展为宗旨

《基础教育课程改革纲要（试行）》明确提出，要“建立促进学生素质全面发展的评价体系”“建立促进课程不断发展的评价体系”和“建立教师不断提高的评价体系”，要“改变课程评价过分强调甄别与选拔的功能，发挥评价促进学生发展、教师提高和改进教学实践的功能”①。由此，发展性教育评价的理念应运而生，并得到了迅速发展。综合实践活动课程评价要突出发展导向，坚持学生成长导向，通过对学生成长过程的观察、记录、分析，促进学校及教师把握学生的成长规律，了解学生的个性与特长，不断激发学生的潜能，为更好地促进学生的成长提供依据。综合实践活动课程评价的首要功能是让学生及时获得关于学习过程的反馈，以便改进后续活动，要避免评价过程中只重结果、不重过程的现象。综合实践活动课程的评价要对学生作品进行深入分析和研究，挖掘其背后蕴藏的学生的思想、创意和体验，杜绝对学生的作品随意打分和简单排名等功利主义做法。

针对“终结性教育评价”只重结果不重过程的弊端，发展导向的评价提出了“立足过程，促进发展”的理念，这一理念不仅强调评价的目的性和结论性，更强调它的促进性和发展性，即评价的目的不仅要得出恰当的结论，而且要通过结论来诊断教师教学过程中和学生学习过程中存在的问题，提出改进的建议和措施，以促进教师课堂教学的改进和学生学习的进步。

（二）以多元载体开展评价活动

多元评价是一种开放性评价，是在承认学习者的能力具有多面性，每个学习者都有各自优势的基础上建立的，学生的发展是多元而综合的，因此要运用多种标准、手段、维度来完成对学生的全面评估。换言之，在综合实践活动课程评价的研究和实践中，无论是评价的主体，还是评价的内容与标准，抑或是评价方法，都应打破一元化、统一化的界限，朝多元化方向迈进。

多元化评价理念给我们的启示包括以下三个方面。

一是综合实践活动课程评价内容的多元化。综合实践活动课程是以学校为课程编制主体开发与实施的一门课程，学校拥有极大的课程开发与设计的自主权，但同时学校也担负着相应程度的课程责任。可见，学校必须对综合实践活动课程的课程目标制订、课程内容设计、课程实施过程与结果等负责。综合实践活动课程的评价内容不能仅仅局限于课程实施的结果，还应该重视对课程过程的评价，不应该只关注对学生单一能力的评价，还应该重视对学生全面素质的评价。

二是综合实践活动课程评价主体的多元化。综合实践活动课程是教师、学生充分参与的课程，在整个课程的编制中都有学校各方面人士的充分参与，因此，综合实践活动课程的评价主体应该包括课程的所有参与者。评价主体的多元化，使教师和学生由原来的评价对象变成了评价主体，在进行评价的过程中，他们不再处于过去单纯的被动状态，而是处于一种主动的积极参与状态，充分体现出他们的主体地位，是教育民主的表现。

三是综合实践活动课程评价方法的多元化。综合实践活动课程是一门多样化的课程，课程活动领域多种多样，内容丰富多彩，既可以是自然界的现象或问题，也可以是社会领域的现象或问题，还可以是学生自身生活当中所遇到的各种问题，学生的探究过程也是丰富多彩的，涉及考查探究、社会服务、设计制作、职业体验等方面，多样化的活动方式使其成果也

① 中华人民共和国教育部．基础教育课程改革纲要(试行)[S]．2001.

不尽相同。例如,探究成果可能会是调研报告、设计规划的图纸、艺术作品、设计出来的新产品、新工具等,针对其成果形式的不同,综合实践活动课程对学生评价的方式就应该发生改变,这样才能使评价更好地促进学生的发展。

二、综合实践活动课程评价的目的

综合实践活动课程评价的目的指导和支配着整个课程评价的全过程,决定着课程发展的方向,制约着评价标准的制订。综合实践活动课程的评价目的对评价方法的选择、信息的收集、信息的利用、学生发展的方向、教师教学策略的选择等方面都有着重要的指导意义。综合实践活动课程的评价目的在于促进学生综合素质的全面持续发展,促进教师专业素养的持续提高,促进综合实践活动课程的不断完善和发展,促进学校办学质量的稳步提升。

(一)促进学生综合素质的全面发展

综合实践活动课程是基于学生整体发展的视野而开发的课程,故其评价关注学生个体的全面发展。通过综合实践活动课程的评价,可以从不同的维度对学生的表现进行评价,让学生对自己的表现、感受和成果进行反思,使其能更加公正、客观、实事求是地认识自己,清楚自身的优势和进步,同时也发现自身的不足并积极进行改进和提高,最终实现自身综合素质的提高。此外,综合实践活动课程的评价关注学生对评价过程的全面参与,使评价能够促进学生的反思及其自我成长,形成自我认识、自我激励、自我改造等能力,进而促进学生不断发展。

(二)促进教师专业素养的提高

综合实践活动课程的评价倡导把评价结果以科学恰当的、具有建设性的方式反馈给教师,使教师最大限度地认可与接受评价结果,从而建立起对自身更客观、更全面的认识,了解自己存在哪些方面的不足,明确自己下一步发展的方向。教师在不断的反思与分析中,能更好地发现自己在某些专业素养方面的不足,如课程设计与开发、课程目标与主题的确定、课程内容的整合、课程的组织与实施等,从而帮助教师提高自身的专业素养。此外,课程评价能够促使教师掌握综合实践活动课程的特点与规律,学习一些新的评价理论与评价技术方法,提升教师的教育科研能力。

(三)促进综合实践活动课程的不断完善和发展

综合实践活动课程的评价能够有效地促进综合实践活动课程的目标日趋科学化,可以对课程目标进行进一步调节,使其更能体现时代要求,更适合于学生发展的需要。同时,通过课程评价,综合实践活动课程的内容也将日趋合理化。综合实践活动课程的实施,很大程度体现在校本层面上,课程评价可以促使课程内容适应不同地区、不同学校、不同年级的需求,实现一纲多本,也可以促进课程内容的丰富性与多样化。这给学校、教师、学生留有选择课程内容的极大空间,进而在整体上实现了课程内容结构的均衡性、综合性和选择性,使课程内容日趋合理化,同时也促进了综合实践活动课程的不断完善和发展。

(四)促进学校办学质量的不断提升

在综合实践活动课程的开展与实施过程中,学校对课程的管理和领导是非常重要的。综合实践活动课程的评价,能够促使学校管理者反思教育的本质和课程的价值,可以使学校清楚地认识自身在课程建设与课堂管理方面存在的不足，从而合理地对课程发展进行规划，使课程逐步走向正轨，最终实现学校整体办学质量的进步。

三、综合实践活动课程评价的原则

综合实践活动课程评价的原则是指在进行综合实践活动课程的评价时必须要遵循的基本要求，它体现了综合实践活动课程的目的和价值，以及课程评价的指导思想。综合实践活动课程的开展情况是学生综合素质评价的重要内容，各学校和任课教师要以促进学生综合素质的持续发展为目的设计和实施综合实践活动课程的评价，要坚持课程评价的综合性、过程性、多元性、主体性、真实性等原则。

（一）综合性原则

综合性原则是指综合实践活动课程的评价内容既要兼顾认知、情感、态度、综合技能等各个方面，又要包含综合性、整体性的评价。综合实践活动课程具有很强的综合性，不仅关注学生知识技能的习得和智力的发展，也关注学生的情感体验、态度养成和价值观的确立。同时，综合实践活动课程也不同于一般的学科课程，该课程是以学生的心理水平、学习兴趣、社会生活以及跨学科的综合性知识为中心，它强调学科间的联系、知识的综合运用以及综合能力的培养，强调活动形式的丰富、灵活和多样化。因此，综合实践活动课程的评价要遵守综合性原则，综合地运用各种方法对该课程进行评价，这样才有利于调动学生的积极性以及探索知识的兴趣。

（二）过程性原则

过程性原则是指以综合实践活动课程的过程作为其评价的价值取向，它关注教育的过程，关注教育的内在价值。与传统的学科课程较多地注重学生的学习结果相比，综合实践活动课程更强调评价的过程性原则。当然，评价的过程性原则并不是完全不理会学生的能力和认知情况，否则会导致课程的虚化。正确的态度是评价应更倾向于对学生在整个综合实践活动课程过程中的考查，包括选题阶段中学生的问题意识，主题确立阶段中学生对问题的分析与界定能力，实践过程中学生的合作意识、研究方法的选用、解决问题的能力、活动进行后的体验，总结交流阶段中学生的创造性，等等。评价的过程性原则要求在综合实践活动课程的各个阶段都可以进行评价，这既是对课程过程的评价，也是在过程中进行的评价。

（三）多元性原则

多元性原则是指综合实践活动课程的评价主体不仅包括学生自己，还包括学生的合作同伴、活动的指导教师、学生的家长以及活动中涉及的其他人士等。开展综合实践活动课程的多元性评价，应将重点放在学生的自我反思性评价上，帮助学生更加客观地认识自己、评价自己，使他们既可以看到自身取得的进步，又能及时了解自身存在的问题与不足。学生通过自我反思性评价，可以提高分辨是非和自我教育的能力，更好地促进自身的发展。

（四）主体性原则

主体性原则指学生是活动的主体，综合实践活动课程的评价应以学生的综合运用能力发展为出发点。评价应有益于学生认识自我，树立自信；应有助于学生反思和调控自己的学习过程，从而促进自身不断进步。教师在综合实践活动课程的实施中应给予学生积极的、正面的评价，要重视学生在课程过程中获得的宝贵经验，肯定活动的价值，营造成功体验的情境。

（五）真实性原则

真实性原则是指在综合实践活动课程中要把学生在真实情境中的真实表现作为评价的基础，并对学生将来在真实生活中的表现有一定的预见价值。传统学科课程由于受到最终成绩的影响，往往都存在轻能力重知识、轻实践重理论、轻创造重再现的特点，缺乏真实生活的情境，这样的评价并不能全面而准确地反映出学生的真实状况。因此，综合实践活动课程的评价应该具有真实性，以便学生在真实情境中表现出对现实生活的领悟力、创造力，展现出他们真实的情感、态度、价值观，并以此作为对学生在综合实践活动课程中的表现进行评价的基础。

综合实践活动课程并不同于传统的学科课程，它有自己的特殊性，因此在对其进行评价时，既要重视评价内容的综合性，又要重视在课程的过程中进行评价；既要注意评价对象的多元性，又必须以学生为评价的主体，同时还要兼顾真实性原则。所以综合实践活动课程的评价需要每一位教师运用自己的智慧和爱心，对学生进行客观、全面并有助于促进学生发展的评价。

四、综合实践活动课程评价的特征

综合实践活动课程以“活动促发展”为基本理念，强调学生的兴趣、个性和内在需要，以学生为中心，联系社会、生活和学生实际，重视学生主体性、自主性和实践创新能力的培养，提倡学生整体素质的发展，所以综合实践活动课程的评价必须要体现出校本性、形成性和参与性的特征。

（一）校本性

综合实践活动课程的评价是以学校为评价主体的内部评价。学校是课程实施的场所，同时也是课程评价的主体。课程评价是课程不可分割的一个组成部分，综合实践活动课程的开发与设计必须有配套的课程评价方案，否则就不是一门完整的课程。同时，综合实践活动课程的评价具有很大的自主性和灵活性，学校可以充分发挥评价在课程中的核心地位，根据评价的导向作用，促进综合实践活动课程目标的真正落实和实现。

（二）形成性

综合实践活动课程是一种由地方和学校为主体编制的课程，相对于国家课程而言，该课程具有更大的自由度和创新空间，因此课程评价的方式也更加灵活，它没有来自外部压力的评价，评价的主要目的是进行课程的诊断，其本质上是一种形成性的评价。如果说综合实践活动课程本身的评价有终结性功能的话，也仅仅是限定在了学校内部，对综合实践活动课程本身不起决定性的作用。这样一种没有外部压力的评价，为充分发挥综合实践活动课程评价的形成性功能提供了十分有利的条件。

（三）参与性

综合实践活动课程是教师、学生充分参与的课程，在整个课程的编制中有学校各方面人士的充分参与。综合实践活动课程在实施中需要充分发挥教师的创造性和学生的主动性，因此,该课程的评价应体现教师和学生广泛参与的特点,尽可能在规范的评价标准的指导下由教师和学生参与评价,这对于调动教师和学生的积极性,提高教师和学生的兴趣,真正发挥评价的功能,具有积极的意义。

第二节　综合实践活动课程评价的方法

综合实践活动课程评价是指运用标准化工具,收集和处理数据资料或对评价主体的表现、状态和行为进行观察和分析,对评价主体做出价值判断的过程。根据评价主体的不同,综合实践活动课程评价可以分为学生评价与教师评价。

[拓展阅读]唐丽:综合实践活动课程评价策略研讨

学生评价主要是依据综合实践活动课程的目标和特点,从情感、态度、价值观等方面进行评价。通过评价,学生能够了解自身的情况,及时进行自我调整,促进自身不断的完善与提高,逐渐学会欣赏别人,理解别人,宽容别人,使学生的心胸和眼界更加宽广。

教师评价主要是对教师在教学活动过程中的个人素质及其教学效果进行评价。通过评价,教师能够对自我行为、自我意识有一个更清楚的认识,从而促进自身教学水平的提高,并在专业上有更大的成长与发展。

一、学生评价的方法

学生评价的方法是多样化的,常用的方法主要有以下九种。

(一)观察法

观察法是指观察者有目的、有计划地记录观察对象的活动,通过这些信息探求观察对象某种特质的研究方法。① 因为综合实践活动课程是一种实践性很强的课程,学生的探究、表演、操作等活动比较多,所以教师需要时刻认真观察学生在课程中的表现,观察学生活动参与的程度以及他们在活动过程中的积极性,对学生的综合素质发展水平进行科学分析,写出有关综合实践活动课程的活动情况评语,引导学生扬长避短,明确努力方向。观察法是教师对学生进行客观评价的有效方法,观察的内容包括学生的参与程度、合作精神、实践能力等。

观察法的实施包含以下四个步骤。

1. 观察准备

观察准备是观察法的前期准备阶段,首先,观察者应该制订观察计划与提纲,为接下来的实际观察做好理论上的准备。比如,要确定好观察的目的与任务,要拟定好观察的对象、

---

① 洪明,张俊峰. 综合实践活动课程导论[M]. 福州:福建教育出版社,2007:191.

范围(观察谁)、内容(要收集哪些资料等),要确定观察的地点、方法、手段,要合理安排好观察的步骤和时间。

其次,观察者应该设置详细的指标。观察者必须将需要观察的项目加以分类并设计成相应的观察表,让自己能够直观地根据观察指标有目的地进行科学观察和评定。

最后,观察者应该确定观察的途径。观察途径有多种,以访谈为主还是以听课为主,去实地进行参观考察,或是观察者亲自参与有关活动,需按实际情况确定。

好的观察准备是观察法能否成功实施的前提条件,通过合理有效的观察,能够对全体学生各个方面的表现都予以关注,而且可以了解课程的教学水平,找到存在的问题与不足。

2. 实际观察

观察者进入现场进行观察,同时依据观察表中所设计的针对性指标对被观察者的各种表现进行记录和评判。在这一过程中,观察者应该严格依照观察准备中所设置的观察指标客观真实地进行记录,记录应该及时、客观、全面。

3. 观察资料的整理与分析

观察结束后,观察者应该将观察的记录进行整理、归类、统计,并加以分析,为得出最后的观察报告提供数据基础。

4. 观察报告的撰写

观察者在对观察资料进行整理和分析后,对照参照数据表,撰写观察报告,对被观察者的表现给予综合评定,并最终提出可行性建议。

观察法是综合实践活动课程评价中一项重要的评价方法,除了可以用于对学生进行评价外,还可以用于教师之间对彼此的教学行为进行观察记录并做出评价。

(二) 问卷调查法

问卷调查法也称“书面调查法”,或称“填表法”。通过向被调查者发出简明扼要的征询单(表),请他们填写对有关问题的意见和建议来间接获得材料和信息的一种方法。

因为问卷调查法具有客观性、高效性、匿名性、易统计等优点,所以在综合实践活动课程的学生评价中,也可以运用这种方法来进行评价。通过问卷调查法,评价者可以了解综合实践活动课程开展的效果、学生在课程中的表现状况、教师的教学和指导效果等。

【问卷调查法评价示例】

综合实践活动课程学生调查问卷①

学校:　　　　　　　年级:　　　　　　　班别:

下面每项提问可选一个或多个答案,请将答案的序号填在括号里。

1. 你对综合实践活动课程感兴趣吗?(　　)

A. 感兴趣　　　　B. 一般　　　　C. 不感兴趣

2. 你认为综合实践活动课程会让你(　　)

A. 学会更多知识　　　　B. 掌握学习方法

① 案例由西南大学附属小学朱小强提供。

C. 开拓视野,锻炼能力　　D. 说不清楚

3. 你们班一周上几节综合实践活动课程?(　　)

A. 1节　　B. 2节　　C. 3节　　D. 没有上

4. 你喜欢老师上综合实践活动课程的方式吗?(　　)

A. 喜欢　　B. 一般　　C. 不喜欢

5. 你喜欢老师怎样组织综合实践活动课程?(　　)

A. 老师指导我们做

B. 老师讲,我们听

C. 老师让我们自由开展活动

6. 在综合实践活动课程开展过程中,你喜欢通过哪种形式完成活动任务?(　　)

A. 小组合作完成　　B. 独立完成　　C. 全班共同完成

7. 你愿意与同学们一起讨论活动过程中遇到的问题吗?(　　)

A. 不愿意　　B. 愿意

8. 在讨论中,当同学的意见和你的意见不一样时,你会怎样做?(　　)

A. 不想与他争论

B. 大胆发表自己的不同意见

C. 对同学的意见多想一想,并与自己的意见比较一下再发言

9. 你会收集资料吗?(　　)

A. 会　　B. 不会

10. 你有进行社会调查的经历吗?(　　)

A. 有　　B. 没有

11. 如果活动中遇到问题或困难,你的父母采取何种态度?(　　)

A. 积极帮助　　B. 有时帮助　　C. 不理睬

12. 对于老师布置的社会调查、收集资料的任务,你是否会积极完成?(　　)

A. 积极　　B. 一般　　C. 不积极

13. 在查找资料时,你会选择哪些方式?(　　)

A. 询问他人　　B. 看书　　C. 上网　　D. 其他方式

14. 你喜欢哪些活动方式?(　　)

A. 参观　　B. 实验　　C. 调查　　D. 访问

E. 宣传　　F. 义务劳动　　G. 其他

15. 你喜欢哪方面的活动内容?(　　)

A. 历史地理　　B. 科学技术　　C. 手工制作　　D. 信息技术

E. 社区服务

16. 你喜欢用什么方式展示自己的实践成果?(　　)

A. 作品展示　　B. 以报告等形式汇报　　C. 表演、操作

D. 口头交流　　E. 其他

17. 你觉得上综合实践活动课程对你的成长有帮助吗?(　　)

A. 有　　B. 一般　　C. 没有

18. 在你的成长记录袋中，你想搜集哪些东西记录下你的综合实践活动课程的过程？（　　）

A. 活动方案　　B. 作品（调查报告、小制作等）

C. 照片　　D. 其他

19. 综合实践活动课程中，你最希望得到谁的评价？（　　）

A. 同学　　B. 老师　　C. 家长　　D. 自己

20. 你对综合实践活动课程有什么好的建议？

____

____

（三）测试法

测试法指的是根据某种标准或一定的规则，来测量某种物体或现象所具有的属性或特征，并用数字或符号来评估个体的情况。

综合实践活动课程的评价也可以采用测试法来进行。具体的做法是，首先编制好一些测试的内容，其次根据受测试者完成方式的不同将测验题分为书面测验或操作测验，最后依照受测试者的完成情况，对照标准量表，来对受测试者进行量化打分，从而完成测试。普通高中学校根据评价的要求，结合实际情况，研究制订学生综合实践活动课程的评价标准和学分认定办法，对学生的综合实践活动课程学分进行认定。

测试法可以考查学生的研究能力、分析能力和解决问题的能力等。

【测试法评价示例】

某小学综合实践活动课程毕业测试题①

学校　　　　班级　　　　姓名　　　　成绩

[试题情境]

亲爱的同学们，学校是我们大家共同生活和学习的场所，有老师，有同学，有花草树木，我们像生活在一个快乐的大家庭里，处处洋溢着歌声和欢笑。可是学校里同学多，地方小，你是否注意过我们身边的一些不安全因素呢？

课间同学们互相追逐、打闹、互投石子等行为都是不安全的。如，一名学生课间追打同学，自己摔在楼梯口，摔断了骨头，花了一万多元，两次开刀动手术。据报道，全国每年约有1.6万名中小学生非正常死亡，校园安全涉及学生生活和学习方面的安全隐患，多达20几种。同学们，看到这里，不知道你们想到了什么？我想，至少你会想到：这些事故无论发生在谁的身上都会对受害人造成伤害，甚至导致死亡，也会给家庭造成极大损失。至少你会想到：假如大家平时注意防范，有些意外伤害是可以避免的。

① 案例由重庆市沙坪坝区土湾小学王维玲提供。

1. 根据上文所提供的内容,你可以确定研究的课题是:
____。(1分)

2. 请写出你要研究的具体内容:

① ____。(1分)

② ____。(1分)

③ ____。(1分)

3. 你获取研究资料的常用方法是____________________、____________________、____________________、____________________。(3分)

4. 有关校园安全问题,如果你去采访所在学校的校长,你会提出哪些问题?(2分)

① ____。

② ____。

5. 主题实践活动结束后,你要展示你的研究成果,准备用哪些方法?(3分)

① ____________________ ②____________________ ③____________________

6. 张明买了一袋真空包装的食品,结果外包装发生膨胀,以下判断正确的是(　　)。(1分)

A. 食品装得太多了　　B. 食品发酵,但可以食用

C. 只要不过保质期就可以食用　　D. 食品变质不能食用

7. 在体育活动中,如果你的同学不慎扭伤了踝关节,应当(　　)。(1分)

A. 按摩　　B. 冷敷　　C. 热敷　　D. 继续活动

8. 在学校学习生活中,符合安全措施及行为的是(　　)。(1分)

A. 体育活动中,为避免受伤,应减少运动

B. 发现火情,自保为上,马上撤离

C. 发生地震,应立即从室内撤离

D. 某同学中暑,立即把病人移到阴凉通风之处

9. 说到意外伤害,不禁让我们想起自然灾害,如台风、(　　)、暴雨、(　　)、干旱、泥石流、山体滑坡、沙尘暴等。我们这个地方因为是沿海一带,所以经常受到台风的袭击。我知道每年的(　　)月是台风活动盛期。(3分)

10. 汶川地震给我们敲响警钟,所以同学们要掌握一定的防震减灾知识,你应该参加过学校的地震演练吧。在演练时,同学们一定要按照紧急疏散的(　　)和(　　)来实施。(2分)

(四)档案袋评价

档案袋评价又称为"学习档案评价"或"学生成长记录袋评价",是将学生全部活动过程的材料进行分类、归档,用档案袋形式存放,并以此为依据实现对评价对象进行客观、全面的评价。

档案袋评价是课程评价所倡导的一种重要的评价方式,同时也是一种基于任务的活动过程,由教师与学生共同完成。在综合实践活动课程的评价中,鼓励教师运用档案袋评价,就是要求在课程活动的实施过程中,教师要指导学生分类整理、遴选具有代表性的重要活动记录、典型事实材料以及其他有关资料,进行编排、汇总、归档后,形成每一个学生的综合实

践活动课程档案袋,并纳入学生的综合素质档案中。档案袋评价是学生自我评价、同伴互评、教师评价学生的重要依据,也是招生录取中关于学生的综合评价的重要参考。

综合实践活动课程的档案袋,包括活动主题的确立、活动方案的形成、活动方案的实施到最后活动成果的展示,学生每一步活动过程的真实表现以及所形成的成果都将会被收集起来。通过档案袋评价,学生、教师、家长以及其他外界人士都可以从中看到学生的成长轨迹,包括每次参与活动的时间、地点、主体、任务等;在实践活动中的表现情况;同学、教师、家长等对学生表现的描述和评价情况;学生自己在活动中所完成的作品等。通过档案袋评价,学生能够判断自己作品的质量和价值,判断自己参与活动的表现,判断自己进步的情况,审视自己的努力程度,从而体验到一种成就感和价值感。

档案袋评价的实施包含以下三个步骤。

1. 明确目的

在建立档案袋进行评价之前,教师应该明确开展评价的目的,并根据目的来建立相应的档案袋。如果目的是展示学生在综合实践活动课程中的成果,可以建立成果型档案袋;如果目的是反映学生在某一活动或领域中所达到的水平,可以建立过程型档案袋。

2. 建立档案袋的标准和规范

档案袋的建立并不是将综合实践活动课程中所有的东西不加选择地放入,而是必须依据一定的标准和规范来进行。

[拓展阅读]曹林男:运用“成长档案袋”革新评价之法—谈综合实践活动课程的学生评价

档案袋建立的标准和规范包括:(1) 格式的规范。比如封面、目录、记录、反思、作品等,都应该按照一定的格式和规范进行撰写和实施。(2) 材料的分类。综合实践活动课程中的各种材料与成果不能杂乱无章地放进档案袋,必须经过归类和整理才能放入档案袋。比如可以分为观察活动类、作业类、作品类、反思类等。

3. 注重交流与反思

建立档案袋的最终目的是为了收集综合实践活动课程中学生的变化和进步,使他们通过交流来发现问题,寻找优点,并经过不断地反思和改进来达到不断进步的目的。因此档案袋在建立之后,学生应注重与他人进行分享、交流,同时要注重对自我的不断反思、对比,从而发现问题,解决问题,最后获得成长与进步。

(五) 谈话法

谈话法指的是通过教师与学生之间的对话交流,了解学生的活动进展状况、问题和收获的评价方式。在综合实践活动课程中,教师从和学生的讨论、发言中了解他们对整个综合实践活动课程的认识、他们彼此合作的状况以及解决问题的途径。学生也可以针对自己在综合实践活动课程中的收获,分享在综合实践活动课程中获得的经验,发现综合实践活动课程中存在的问题、现象等。通过谈话和交流,教师可以了解学生的真实想法,包括他们所遇到的困难或者是所希望得到的帮助,从而更加直观、真实、全面、客观地对学生进行评价,通过评价更好地促进学生的发展。随着互联网在学校教育中的广泛运用,师生的交流方式不仅局限于面对面的交流,还有线上的交流。

【谈话法评价示例】

我和我的网络评价①

每天晚上9点整,我会欢欢喜喜地打开电脑,和我的学生在网上“约会”。在这里,会有很多学生在留言板上留言,表达想与老师说说心里话、想跟老师探讨研究主题、请老师帮忙解决一些困惑的愿望。由于网络环境有虚拟身份的特点,因此学生在网上敢于大胆地提出自己的看法。他们对老师的教学方法、开展的活动主题内容、实施的行动计划等进行“评头论足”,给我的工作带来很大的启发。为此,“约会”后我总会及时地根据“高参们”的意见调整教学思路,使学生更加喜欢上综合实践活动课程,我也更加喜欢和学生交流了。

期末将近,学生总会在网上评价自己一个学期以来的表现,发表自己的看法,希望老师也来评一评。于是,我利用网络的优势增加评价的透明度,给学生一个公正、全面的评价,同时也给学生一个自我成长的机会。上课时我把评价的要求发布在网上,学生通过留言板进行自评,每一个学生都能看到,其他学生和家长也可以对某个学生进行评价。对此学生反应热烈,纷纷在网上进行评价,我又及时对每一个学生的评价进行点评,并结合每个学生的不同特点及其发展潜力为学生提出适合他发展的建议。学生在第一时间了解了大家对他的评价后,更能正确地面对评价,正确地认识自己的优点和不足。这样的评价方式及时而真实地记录了学生成长变化的过程,在学生的心中更有分量了。

图6－1是我和学生进行网络评价的谈话贴举例。

唐之雅-995-10		内容：在这个学期里，我觉得我表现得还不错，当我们小组寻找生活中的浪费现象的时候，我会积极地参与。小组布置给我的任务，我会认真地完成。不足的就是我上课很少发言，不过我以后一定会改正。
	我的主页	
	写信给我	【版主回复】老师的评价：唐之雅同学，你在综合实践活动中表现很好。小组展示时，你能大胆发言，使我们小组的汇报很精彩。
		来自:218.21.65.180　[签写留言] [回复留言] [删除留言]

覃晧月 99-3 60号		内容：本学期我虽然发言很少，但是老师交给我的任务我都认真完成。我以后一定改正缺点，成为一个好学生。黎晓雪互评：覃晧月是个认真负责的同学，平时热心助人，希望她能改正缺点，成为一个好学生。
	我的主页	
	写信给我	【版主回复】老师的评价：张老师更希望能在同学们积极发言的气氛中，看到你那频频举起的小手，听到你那清脆的声音，主动地表现自己吧！
		来自:218.21.65.180　[签写留言] [回复留言] [删除留言]

图6－1　我和学生进行网络评价的谈话贴

（六）小组评价法

小组评价法指的是活动小组共同对小组内成员在整个综合实践活动课程过程中的表

① 唐丽. 综合实践活动课程评价策略研讨[J]. 基础教育研究,2015(17):5－10.

现、目标完成情况、成果等方面进行评价的方法。小组评价法可以有效地调动整个小组成员的自主性和积极性,能够充分发挥小组成员的集体智慧。小组评价法也是各个小组成员发表自己的看法,小组成员之间充分交流,增进彼此了解的有效途径。小组评价法对于塑造小组成员的集体观念,促进团队成员之间的合作,提高学生对综合实践活动课程的参与性和主动性,形成学习共同体是十分有效的。

小组评价法评价示例如表 6 – 1 所示。

【小组评价法评价示例】

表 6 – 1 "多彩的民居"活动小组评价表①

____年____月____日

组别:

组长:

小组成员:

评价项目	评价内容
对小组的综合评价	
小组遇到的最大难题	
活动中表现最好的同学	
小组做得最好的活动	
小组活动中有待改进的地方	
我在这次活动中的感受	

(七)学生自评法

学生自评法指的是学生根据对自我的认识、对自我的了解程度和一定的评价准则,对自身整体或某方面素质在综合实践活动课程进行过程中所作出的认识与判断。

在综合实践活动课程的实施过程中,学生不仅仅是综合实践活动课程的参与者,同时也是综合实践活动课程的设计者和创造者,所以在对学生进行评价时,学生自己对自身的行为是最有发言权的。通过自评法,学生能够充分体验到综合实践活动课程过程中的愉悦,发展健全的自我意识;能够提高参与综合实践活动课程的积极性和主动性,并将获得的知识纳入自身的认知结构之中;能够充分认识到自己的进步,建立自信心与自豪感。

当然,学生进行自我评价并不是让学生漫无目的地进行乱评,而必须在学生进行自我评价之前就规定好评价的项目和评价的标准,让学生对照着进行评价,不然难免出现滥评、乱评、评价不真实、不客观等现象。同时,教师看待学生进行自我评价时,也应该有一颗包容的心,不仅对学生的各种综合实践活动课程方案要给予充分的肯定,而且也要允许学生提出不同的见解和看法,更要允许学生用丰富多彩的形式来展现自己。

自我评价可以写实记录为基础。教师要指导学生客观记录参与活动的具体情况,包括

① 案例由广西桂林市二附实验小学徐小萍提供。

活动主题、持续时间、所承担的角色、任务分工及完成情况等,及时填写活动记录单,并收集相关事实材料,如活动现场的照片、作品、研究报告、实践单位证明等。活动记录、事实材料要真实、有据可查,为综合实践活动课程的评价提供必要的基础。

进行学生自评并不意味着要摒弃教师的评价,两者应该是相互作用、相得益彰的。教师评价可以让学生对自身有更清醒、更客观的认识,学生评价也可以让教师的评价更丰满、更真实,从而共同推动整个教学活动的进步。

【学生自评法评价示例 1】

参加了"快乐的研学旅行"的主题实践活动后,同学们一定有不少收获。用多种方式评一评,看看自己的进步有多大。学生自我评价表如表 6-2 所示。

表 6-2 综合实践活动课程学生自我评价表①

评价内容	自我评价
我制订的计划	☆☆☆☆☆
我收集到的资料	☆☆☆☆☆
我提出的问题	☆☆☆☆☆
我的采访记录	☆☆☆☆☆
我的小制作	☆☆☆☆☆
我与小伙伴的交流	☆☆☆☆☆
我的演讲	☆☆☆☆☆
我掌握的探究方式	☆☆☆☆☆
我完成的小组布置的工作	☆☆☆☆☆
我的建议	☆☆☆☆☆
我的实践活动成果	☆☆☆☆☆

小伙伴对我的评价:____________________

____

父母对我的评价:____________________

____

老师对我的评价:____________________

____

学生自我评价:____________________

____

在这个主题的综合实践活动课程中,你有哪些收获?请利用多种方式将你的活动体会进行总结和交流吧!如图 6-2 所示。

① 案例由广西南宁市教育科学研究所蒋慧杰提供。

图 6-2　多种方式的评价

【学生自评法评价示例 2】

“器皿的研究”主题综合实践活动课程为我们提供了一个实践与思考相结合的空间。大家通过对器皿的研究，了解了器皿的发展历程，认识到器皿与人们的学习、工作、生活密不可分。好好整理和总结，你还会有新的发现。学生自我评价表如 6-3 所示。

表 6-3　“器皿的研究”活动自我评价表①

____年____月____日

评价项目	★★★	★★	★	●
积极、主动参与活动				
倾听他人的意见				
不懂就问				
与他人合作				

说明：★★★ 做得非常好　★★ 做得比较好

★ 做得一般　● 下次再努力

我认为最有创意的活动：

____

____

① 案例由广西桂林市二附实验小学徐小萍提供。

我最满意的活动：

____

____

老师给我的赞美词：

____

____

（八）成果展示法

成果展示法是指将学生在综合实践活动课程中所有的小制作、小发明、小论文、图画作品等成果实物进行展览，将奖杯、证书等进行展示，将活动训练的成绩加以公布，并通过这些具有代表性的实物或成果来说明学生在综合实践活动课程中所取得的成绩。

成果展示法是综合实践活动课程评价中一个重要的组成部分，它的优势有：(1) 通过成果展示和经验交流，使学生整理和运用所学的知识，在学习小组中进行分享和交流，从而获得更多的知识，增长更多的经验。(2) 通过成果展示，使学生彼此交流知识和经验，互通有无，取长补短，将自己创造性的思想表达出来，不仅提高了学生的交流能力，而且也培养了学生综合学习的能力。(3) 通过成果展示，学生可以进一步提炼自己的活动成果，学习其他小组的做法，分享经验与智慧，逐步培养自己的兴趣爱好、增强自信心。(4) 通过成果展示，指导教师和学生还可以开展各种各样的互评、自评活动，让学生了解评价的内容、标准和方法，从而提高学生的评价能力，进而提高他们自己的学习能力。

【成果展示法示例 1】

评价也是学习过程①

初一(1)班“噪声”组经过 4 周的研究后，本周就要向全班同学展示交流了。他们按照老师的要求，在交流的同时评价自己的研究表现和研究成果。

1. 个人表现性评价

在这一周中，张浩首先将自己的研究过程做了一个系统的回顾，他想起选题时的迷茫，制订计划时的空泛，实践活动时的迟到和模糊的照片，讨论时的积极，解决问题时的开动脑筋，等等。研究过程历历在目，就像电影一样浮现在自己的眼前。经过认真筛选，张浩决定将“懒觉惹的祸，一张关键又无用的模糊照片，我们自己也产生噪声，我的一次成功努力……”作为自己的成长足迹。其实这样的事情很多，每一个成长足迹对于张浩来说都是一个精彩的故事，都是在课堂中未曾感受过的。在“成长足迹”的基础上，张浩认真填写了反思评价表，对自己的研究性学习表现做了反思评价。通过反思评价，张浩发现自己通过研究进一步认识了自己的优点、不足、潜力、特长等。反思评价后，张浩分别向组员、家长和老师介绍个人在研究中的表现和不足，如迟到让组员久等，粗心未把照片照好，自己的不良行为习惯，同时也将积极努力和立即改正的决心与他们进行了交流与总结，最终得到了“A”的肯定性

① 案例由西南大学附属中学黄仕友提供。

评价。

2. 研究成果评价

“噪声”组利用课余时间，经过几次认真讨论后，提炼出了研究成果，填写了成果记录表。经过认真讨论，小组成员对“课题成果评价表”的指标和标准进行认真对比，由记录员执笔填写。交流活动结束后，我们邀请班上其他同学对研究成果进行了评价。由于班上同学对“噪声”组的研究还不是十分了解，于是张浩等同学在课余时间向同学们做了一次更详细的介绍，并接受了他们的问询，认真进行了答辩，最后班上同学也很高兴地为“噪声”组的成果进行了评价，指导老师也给“噪声”组做了成果评价，综合评价为“A”(如图6-3所示)。

图6-3 “噪声”组的研究成果评价图

3. 我的进一步研究打算

自我表现评价和成果评价结束后，张浩与“噪声”组的其他成员一样认真思考同学、老师、家长和自己对自己的评价，并结合评价表的指标、要求进行思考：在下一个课题研究中，我应该更加关注哪些方面，如何更好地提升这些方面的能力。张浩等同学把这些思考记录在笔记本中，准备在下一课题中一展身手。

通过研究性学习的评价过程，张浩与“噪声”组的同学们对评价都不再陌生。

【成果展示法示例2】

你把什么“废物”变成了“宝贝”？我们来办个展览会。会上，可以跟大家交流一下，互相借鉴经验。如图6-4所示。

(九) 辩论赛式评价法

辩论赛式评价法是将国际青年物理学家竞赛的形式引入到综合实践活动课程的评价中的方法。这是基于辩论形式的团体对抗赛，又被称为对抗赛。参赛选手围绕给定的问题去解决，解决办法包括其知识背景、理论探讨、设计方案、结果讨论等相关步骤，并根据实验过程与结果进行辩论性比赛，主要包括两个阶段：理论问题研究阶段和进行比赛阶段。对抗赛以培养参赛者的创新意识、创新能力、协作精神和实践能力为根本理念，锻炼学生表达和辩论的能力，提高学生学习的兴趣。辩论赛设有正方、反方、评论方和评委四组人员，在比赛阶段，每支队伍分别充当正方、反方、评论方三种不同的角色，在限定的时间之内，根据比赛流程完成对抗。

辩论赛式评价法强调综合实践活动课程的教师收集并保存表明学生发展状况的资料，通过对这些资料的呈现和分析形成对学生发展变化的认识，并在此基础上针对学生的优势

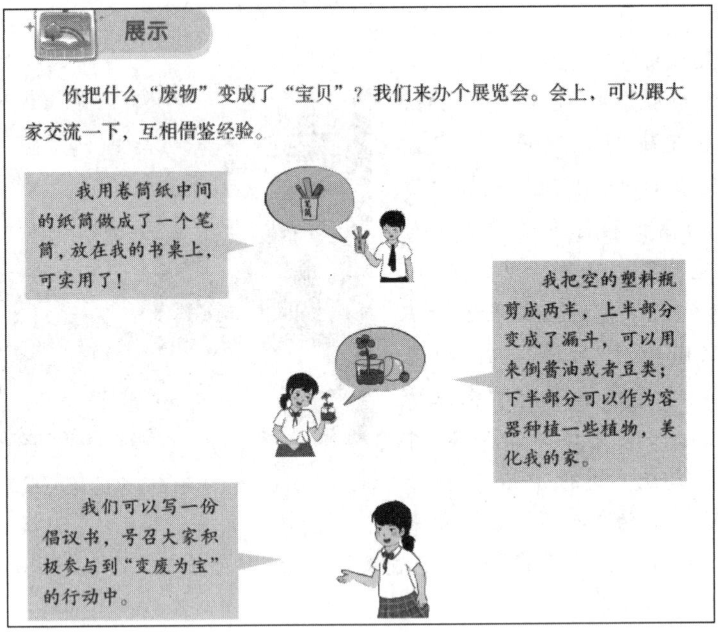

图 6－4　垃圾的处理[①]

和不足给予学生激励或具体的、有针对性的改进建议。在综合实践活动课程中开展辩论赛式评价，主要是通过学生的辩论将其参与综合实践活动课程的过程和结果等展示出来，从而对其进行评价的一种方法。教师、学生及其他社会人员可对学生知识技能的掌握、参与活动的情感态度等方面进行现场考评，评价者要关注学生参与的过程和体验，重视学生自身的发展，避免将学生的表演和竞赛能力进行横向比较。

我们将辩论运用到综合实践活动课程的评价中，旨在锻炼参与者的研究能力和交流表达能力，加强思维训练，培养合作意识。开展形式多样的评价活动，让学生在做中学、在评价中学，能够丰富其感性认识，提高其学习兴趣。但值得注意的是，辩论对学生的能力要求较高，无论是正方、反方还是辩论方都要全面地、深入地进行研讨，还要具有较强的语言组织能力和合作能力。

二、教师评价

教师评价的目的是对教师的工作给予反馈，以改进或完善教师的教学，使其明确个人的发展需求和相应的培训，提高教师的能力以促进其完成目前的任务或达到将来的目标。

（一）同行评价

同行评价是指在综合实践活动课程的课上或课后，由同行对被评价教师的学术水平、教育教学行为方式进行评议的评价方式。由于同行在专业方面以及教学方面的权威性，因此他们能够提出各种有实用以及建设性的意见和建议，所以同行评价对教师评价非常具有参考价值和意义。

① 陈时见．综合实践活动——实践与探究[M]．南宁：广西科学技术出版社，2018：12.

同行评价的方式主要有以下两种。

一种是同行相互讨论，这是同行评价中最基本的方式。在讨论的过程中，各种观点进行交流和碰撞，得出各种建议和方式，有助于教师积累经验，总结教训，提高自己的教学水平。

另一种是召开研讨会，进行集体评价。通过各种形式的研讨会，同行可以进行交流，综合评价教师的教学形式、教学过程和教学效果。教师也可以通过各种方式来展示自己的能力，同时也能学习到他人的成功经验，促进自己不断进步。

综合实践活动课程教师互评表如表 6－4 所示。

表 6－4 综合实践活动课程教师互评表①

评价内容	评价要点	评价标准	针对性评价
目标内容	目标	符合情感态度、实践能力、综合知识、学习策略的培养目标	
	内容	贴近学生的生活实践，内容宽泛、新颖，符合学生的身心发展规律，促进学生的个性发展，培养学生的兴趣爱好	
	实践性	具有操作性、难易适当、实践性突出	
活动过程	组织形式	融入大自然、面向社会、形式多样	
	学生活动	体现了探究式的学习方式，使学生的主体性得到充分的发挥	
	教师指导	指导方式和方法得当，体现了教育活动的参与性、合作性和指导性	
	活动形式	贴近社会、贴近大自然，使学生动手、动脑、动口，活动的各个环节是一个有机的整体	
活动成效	体验度	能体现自主思考、设计、操作、解决问题等要素，多元评价始终贯穿全过程	
	参与度	学生主动活动面广，活动量大，有时间参与感，综合能力得到提高	
	知识策略	学生的知识面得到拓宽，增强了创新精神和创新意识	

（二）自我评价

自我评价指的是教师按照一定的评价目的和评价标准，对自身的教学言行、教学思想、教学能力、个性特点等进行自我价值判断的评价方式。通过自我评价，教师能够进行自我诊断、自我调整、自我激励，最终达到自我完善和提高。

① 案例由西南大学附属小学朱小强提供。

自我评价的方法主要有以下三种。

第一是标准评价。教师按照学校提供的标准评价样表对照自己的教学行为进行评价，如表 6－5 所示。通过填写评价表，教师能够将自己的教学行为与学校的标准化样表进行对照，找出自身的不足或存在的差距，从而进行改进。

表 6－5　综合实践活动课程教学自评表①

评价内容	评价要点	评价标准	评价等级			
			A	B	C	D
内容目标	1. 目标明确	符合情感态度、实践能力、综合指数、学习策略的培养目标				
	2. 内容综合	贴近学生的生活实践、社会实践、劳动技术实践、信息技术实践				
		内容综合、宽泛、新颖，符合学生身心发展的规律，促进他们的个性发展				
		丰富学生的体验，培养兴趣爱好				
		引入多种信息				
		围绕主题，运用多门学科知识				
	3. 实践性强	次主题分量适当，操作性强				
		难易适当，实践性突出				
活动过程	1. 组织形式	走入社会，面向大自然				
		组织形式多样				
	2. 学生活动	方法得当，体现探究式学习方式				
		自主活动，学生的主体性得到充分发挥				
	3. 教师指导	教师是活动合作者、参与者、指导者				
		指导方式形式得当				
	4. 活动步骤	活动导入贴切自然				
		学生亲自实践，动手、动脑、动口				
		活动拓展延伸				
		各实践环节有机结合				

① 郭元祥. 综合实践活动课程的管理与评价[M]. 北京：高等教育出版社，2003：9.

续表

评价内容	评价要点	评价标准	评价等级			
			A	B	C	D
活动效果	1. 学生体验活动	自主思考、设计、操作和解决问题，有真实体验，陶冶情操、愉悦身心				
		多元评价贯穿于活动全过程				
	2. 学生参与活动	学生主动活动面大、活动量大、获得实践锻炼				
		以"活动促发展"，能力得到提高				
		有一定的创新成果				
	3. 学生知识面和学习策略	知识面有所拓宽				
		学习方法、方式多样，学会学习				
		具有创新精神和意识				

第二是自设评价表。教师根据自身的教学经验和专业素养，自己设计评价表，在进行综合实践活动课程前和课后分别进行填写，以此进行前后对照，从而做出自我评价，如表 6－6 所示。通过这一形式，教师能够对照自己前后的教学行为，再结合其他评价方式，来促进自己教学行为的不断进步。

表 6－6　教师自设评价表

评价内容	对自己的评价
我是否对综合实践活动课程的开展投入了巨大的热情	
为指导学生，我是否学习过与他们的活动主题相关的知识	
在综合实践活动课程开展过程中，我是否与学生家长沟通过	
我所指导的小组活动设计方案及执行情况	
在综合实践活动课程开展过程中，我是否与其他教师开展不定期的讨论	
我对学生的指导中最具创造性的表现	

第三是撰写教学反思。教师在综合实践活动课程结束后，要撰写教学反思。通过教学反思，教师能够进一步反思自己在整个综合实践活动课程中还有哪些地方做得不够好，还存在什么样的不足，有什么样的优点可以进行保持和发扬，等等。经常撰写教学反思有助于教师养成善于反思和总结的良好习惯，也有助于教师不断提高和进步。

（三）学生评价

学生评价是指以一学期或一学年为单位，采用定期或不定期的方式，以学生为访问对象，通过问卷、座谈等形式来了解教师的工作态度、工作过程、工作成绩等，实现对教师教学和管理情况的评价，如表 6－7 所示。

表 6－7　学生评价教师问卷

评价内容	你的想法
指导教师是否认真地指导你们的活动	
指导教师是否主动询问过你们的活动	
在活动遇到困难时，指导老师在哪些方面提供了帮助	
你想对指导教师说些什么	

（四）家长评价

家长评价是指学校提前告知家长综合实践活动课程的性质、要求、目的等，然后通过调查问卷、写评语等方式鼓励家长对教师的工作做出评价，如表 6－8 所示。

表 6－8　家长评价表①

活动主题____________________

班级________ 姓名________ 家长姓名________

评价内容	评价标准		
1. 通过老师的教学，是否增强了孩子的自信心	□增强了	□不清楚	□没有增强
2. 老师是否引导孩子积极思考、讨论、发言，使孩子获得知识，并通过生活中的例子，使孩子理解知识	□是	□一般	□没有
3. 老师是否提倡孩子间的自由讨论，组织学生进行自评和互评	□提倡	□一般	□不提倡
4. 老师是否培养了孩子之间的合作精神，交给孩子们一些生活常识和做人的道理	□经常	□一般	□几乎没有
5. 老师对孩子是否一视同仁，不讽刺挖苦孩子，对孩子耐心细致	□是	□一般	□不是

本章小结

本章针对综合实践活动课程开展过程的评价进行了详细的梳理和分类，既详细介绍了评价的内涵、目的、原则和特征，又详细介绍了学生评价和教师评价的诸多方法。

评价在综合实践活动课程的实施过程中既是难点，也是关键点。因为它关注过程，也兼顾结果，强调主体评价的多元、评价形式的多元、评价项目的多元。在具体的评价过程中，我们应该明确评价的具体指标，评价过程不能显得随意化；应强调过程性评价，重视对活动结果的评价和对问题解决能力的评价；要重视评价理念的树立，重点放在确立评价目标、了解评价内容、掌握评价方法、解决评价问题这几大方面上来，克服综合实践活动课程实施过程中的盲目性。综合实践活动课程是一个新生事物，对它的评价研究仍然需要广大教育工作

① 案例由西南大学附属小学朱小强提供。

者在今后的实践中不断探索并逐步细化。

实践·反思·探究

1. 综合实践活动课程评价的理念是什么?

2. 在设计综合实践活动课程的评价方案时,我们应从哪几个方面给予考虑?

3. 在综合实践活动课程中,科学的教学测量与评价是对教师教学成果与效率的反馈,也是改进教学的重要依据。而适当的测量与评价也是激发学生学习热情和强化活动效果的重要途径。请讨论:如何科学地处理综合实践活动课程评价过程与结果的关系?

推荐阅读

[1] 靳玉乐,等. 综合实践活动课程评价手册[M]. 重庆:西南大学出版社, 2017.

[2] 潘洪建,李庶泉. 小学综合实践活动指导[M]. 镇江:江苏大学出版社,2010.

[3] 田慧生. 综合实践活动课程的理论探索与实践反思[M]. 北京:教育科学出版社,2007.

[4] 李树培. 综合实践活动课程评价从何处入手?[J]. 中小学管理,2017(12):13-14.

[5] 唐丽. 综合实践活动课程评价策略研讨[J]. 基础教育研究,2015(17):5-10.

[6] 曹林男. 运用"成长档案袋"革新评价之法——谈综合实践活动课程的学生评价[J]. 江苏教育研究,2011(06):22-23.

第七章
综合实践活动课程管理

学习目标

- 了解学校管理和综合实践活动课程管理的内涵和意义。
- 理解综合实践活动课程管理的原则和内容。
- 应用综合实践活动课程管理的路径和方法,分析和解决实际问题。

教学建议

本章共 3 学时,其中学生课前查阅文献、阅读材料、自主研读和课前讨论 1 学时,课堂讲授、讨论 2 学时。

本章以课堂讲授、自主学习和讨论为主。在学习上,一方面,要建立起对学校管理的整体认知,认识到管理在综合实践活动课程中的重要性以及实践意义,通过案例学习,掌握学校管理对课程实施的价值和作用。另一方面,深入学习综合实践活动课程管理的主要内容、步骤和方法,能对学校综合实践活动课程做出初步规划。建议教师创设条件,让学生能够进入学校,了解学校在综合实践活动课程管理中遇到的困难和问题,思考当前综合实践活动课程管理的策略。

► 知识导图

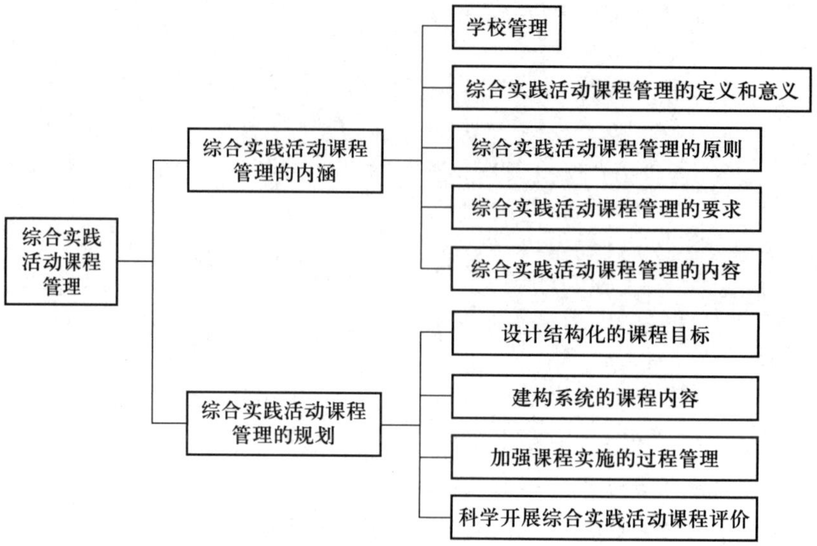

综合实践活动课程管理
综合实践活动课程管理的内涵
学校管理
综合实践活动课程管理的定义和意义
综合实践活动课程管理的原则
综合实践活动课程管理的要求
综合实践活动课程管理的内容
综合实践活动课程管理的规划
设计结构化的课程目标
建构系统的课程内容
加强课程实施的过程管理
科学开展综合实践活动课程评价

综合实践活动课程的管理是指课程管理者利用课程内外的一切资源，通过计划、组织、控制、激励等手段，以最终实现综合实践活动课程目标的系列活动总称。从内容上看，综合实践活动课程的管理包括对课程组织机构的管理、规章制度的管理、活动安全的管理和指导教师的管理等；从操作上看，综合实践活动课程的管理包括建构完善的课程体系，设计立体化的课程目标，加强对课程实施过程的管理，重视对课程评价的管理以及活动成果的管理。综合实践活动课程的管理是促进综合实践活动课程有效实施的有力保障，因此，学校在实施综合实践活动课程的过程中要强化管理工作，健全管理制度，提升教师的专业化水平，优化课程评价机制，加强综合实践活动课程的成果宣传。只有改变传统的综合实践活动课程的管理理念，才能更好发挥该课程的教育功能。

[拓展阅读]综合实践活动课程的管理

第一节　综合实践活动课程管理的内涵

综合实践活动课程的有序发展离不开规范的课程管理，因此学校应依据一定的原则对综合实践活动课程进行整体的规划和管理。综合实践活动课程的管理是学校管理的一个部分，为了更好地理解本概念，首先应该从学校管理的概念开始。

一、学校管理

（一）学校管理的概念

管理活动自人类社会的存在而产生，是人类生活的基本现象之一，那么，何谓管理？从字面上解释，“管理”可以是管辖和处理的意思；从人类社会生活实践上看，可以把管理定义为管理者通过对各种资源进行计划、组织、控制、激励等手段，以有效地实现一定目标的系列活动的总称。其中，目标是管理的必备要素，计划、组织、控制、激励等是管理的主要职能。

管理是一个宏观的概念，与教育相关的管理活动即教育管理。教育管理是国家管理的重要组成部分，其职能是对国家教育活动进行规划、组织、协调和控制，以保证国民受教育权利的充分实现。学校作为教育的基层单位，是教育管理的重要主体，学校管理的质量将直接影响到学校效能的发挥和教育目的的实现。

学校管理就是学校管理者通过对校内外一切资源进行计划、组织、控制、激励等手段，以最终实现学校教育目标的系列活动的总称。从内容上看，学校管理包括对学校的人、财、物、时间、信息等要素的管理。与一般的管理活动相比，学校管理处于学校这样一个特殊的环境当中，所以它具有一个与其他管理活动所不同的显著特点，即教育性。

学校是培养人的教育机构，学校教育的目的是培养和教育人，因此，学校管理的目标、学校管理的宗旨、学校管理的过程和学校管理的制度等，都应该紧紧围绕着培养和教育人这一核心。学校管理要突出人的发展,尤其是学生全面和谐发展这一目的。

(二)学校管理的意义

学校是一个涉及人员管理、财物管理、组织管理、校舍管理的场所,学校教育进程的顺利展开,教育目的的最终实现不能缺少严密的学校管理。因此,学校管理有着重大意义。

1. 学校管理能够保证学校发展的正确方向

随着时代的不断发展,社会对于学校的要求,人民对于学校的期望以及学校的教育制度、课程模式、教学方法、教学组织形式等都会发生巨大的变化,现代学校将会逐渐拥有自身的教育特色和管理模式。学校管理是学校利用一切资源和相应手段以实现教育目的的活动,社会改革对学校提出了新的要求,学校则采取相应的管理措施,使自身能够顺应时代发展的需要,符合社会主义国家的发展方向。

2. 学校管理有利于学校教育活动的顺利展开

学校是专门从事教育的场所,教育的对象是人,因此,学校事务是复杂的。学校管理必须为学校中的各项事务制订规范的管理制度,统筹安排好教育教学的所有活动,正确处理其中产生的问题,使教育活动顺利开展。

3. 学校管理有利于提高管理者素质

学校管理者不仅仅要对学校中的各种事务进行协调和管理,同时也是参与到学校课程规划中的专业人员,我们可以称之为课程领导者,从学校管理到课程领导,对于学校管理人员来说,这既是一个理论学习与实践反思相结合的过程,也是一个提高自身素养的过程。

二、综合实践活动课程管理的定义和意义

综合实践活动课程是一门国家规定、地方管理、校本开发的课程。为了使综合实践活动课程有效实施,学校应该建立起完善的综合实践活动课程管理制度。

(一)定义

根据学校管理的内涵,可以将综合实践活动课程管理定义为课程管理者利用课程内外的一切资源,通过计划、组织、控制、激励等手段,为顺利实施综合实践活动课程,对课程进行管理,包括课程的决策规划、课程的组织实施、课程的评价、课程的保障等环节。具体来说,包括课程组织机构管理、规章制度管理、活动安全管理和指导教师管理等。

(二)综合实践活动课程管理的意义

综合实践活动课程管理是实现学校课程规范有序开展的组织保障。

第一,综合实践活动课程管理能保证课程的常态化运行。综合实践活动课程的管理对象包含课程涉及的一切人、财、物、时间、信息等要素,具体来说,综合实践活动课程资源的开发、课程内容的选择、教材的编写、教学人员的安排、时间的分配、教学组织形式的选择及综合实践活动课程主题活动的实施等都是课程管理的内容。有了管理作为保障,课程就可以有序运行。

第二,综合实践活动课程管理能提升课程实施的质量。课程内容是课程质量和课程目标的重要环节,课程内容的选择和课程计划的实施是确保课程质量和课程目标实现的关键环节。而综合实践活动课程管理既包括对课程内容的科学选择,对内容质量的管理监测,又包括对综合实践活动课程计划、实施、开展、评价的全过程推动和管理。所以,综合实践活动

课程管理是确保课程质量和目标实现的重要途径。

第三,综合实践活动课程管理能够增进课程的适切性。综合实践活动课程的管理既要把握好课程内容的质量,又要为推进课程内容的计划、实施、开展与评价过程创造条件,所以,综合实践活动课程管理会对影响课程发展的各种不利因素进行调整,充分利用其有利因素展开课程的开发与实施。

第四,综合实践活动课程的管理能够提升教师的综合能力。一方面,教师是综合实践活动课程的执行者,也是综合实践活动课程的管理参与者。教师能够在教学过程中将课程实施与管理相结合,根据学生的特点和兴趣需要,开发综合实践活动课程主题活动方案,发现课程运行过程中的问题,及时解决。另一方面,教师是综合实践活动课程的管理对象,在综合实践活动课程的管理中应建立相应的教师评价激励制度,促进教师的教学积极性,促使教师深入研究综合实践活动课程,对于提升教师的综合素质和课程质量有巨大帮助。

三、综合实践活动课程管理的原则

综合实践活动课程的管理要富有成效地开展,需要遵循相应的管理原则,使管理能够成为促进课程实施的有效推手。

(一)制度化原则

管理是目标能实现的前提条件,而制度是管理的直接手段,是对管理的规章化。只有通过完善的管理制度,才能保证管理产生效果,从而达成管理目标。综合实践活动课程的管理在运行过程中,针对课程所涉及的人员、活动空间、环境材料等各个环节,都要建立必要的规章制度。因此,综合实践活动课程的管理应在学校总的课程指导思想、实施目标、实施原则的领导下,坚持制度化原则。从教师到学生,从教学模式到资源开发等各个方面设立相应的制度,例如综合实践活动课程师资配备制度、综合实践活动课程教学管理制度、综合实践活动课程教师培训制度、综合实践活动课程评价制度、综合实践活动课程安全制度、综合实践活动课程档案管理制度、社会资源利用制度以及学校设备、设施使用方面的管理制度,等等。只有不断加强综合实践活动课程的管理制度化,才能合理规划综合实践活动课程,化课程管理无序为有序,规范课程管理活动,实现综合实践活动课程的计划性。

(二)激励性原则

激励是管理方式中的重要手段。所谓激励,是管理者为了达到一定的目标,推动事物不断向前发展,因而在管理实践中采用的激发和鼓励人们行为动机的方式,促使人们奋发向上、自强不息,努力提高劳动生产率,完成工作任务,从而达到预期目标的行为。由此可见,激励是引起需要、激发动机、指导行为、实现目标的心理过程,也就是调动人的积极性的过程。综合实践活动课程管理活动中的激励对象,是综合实践活动课程的任课教师。前面谈到,教师既是课程的执行者,又是管理的参与者,这种双重身份再加上其他教学任务,很可能会使教师产生倦怠感。在这种情况下,把综合实践活动课程的管理与教师的工作量、职称评定挂钩,建立一套有效的激励制度,可以提高教师的教学质量和课程管理的积极性,促使教师更加深入探索综合实践活动课程的开展和实施。例如,对于积极参与研究活动的教师和承担综合实践活动课程工作量较大的教师,学校可以发放一定的活动经费;以教师的课程开发能力以及学生参与课程的态度、能力和效果为标准，对指导教师进行奖励；凡在综合实践活动课程的方案设计、案例、论文撰写、展示课、资料包等校级以上的评比中获奖或发表文章的教师，学校要给予相应的奖励，等等。

（三）理论联系实际原则

有效的课程管理离不开科学的课程管理理论的研究指导。坚持课程管理和理论研究相结合不仅是综合实践活动课程有效实施的要求，也是综合实践活动课程实现课程价值的内在需要。一方面，从课程管理者的角度来看，随着时代的变革，课程管理日益复杂化，管理者仅仅凭借自身的经验来管理课程已是不可能的，这就要求管理者在管理实践中要不断研究学习，掌握管理理论，运用科学的方法进行综合实践活动课程管理。另一方面，课程理论研究主要涉及课程内容选择、课程实施、课程资源开发、课程评价等方面，综合实践活动课程是一门综合性和灵活性极强的课程，并没有统一的课程内容、参考教材、评价指标等，这就需要课程管理理论要关注课程实施和活动过程，加强对实践的管理。

四、综合实践活动课程管理的要求

为了保证综合实践活动课程规范有序地开展，使课程的目的得以实现，使课程的理念得以落实，综合实践活动课程管理必须做到以下三点。

（一）完善课程管理制度，推进课程常态运行

综合实践活动课程自开设以来，总体上处于一种非常态化运行的状态。主要原因有以下两点，一是课程的课时得不到保证，课时常常被占用。由于综合实践活动课程不作为考试的科目，在有些学校里，虽然安排了这门课，但是常常被“语数外”等学科课程占用，使得综合实践活动课程没能进入学校正常的教学秩序中。二是作为一门新的课程，综合实践活动课程缺少专职教师，没有稳定的教师团队，使课程得不到正常开展，更谈不上开展教研活动和对教师进行培训。为了保证课程能有效实施，常态化地开展，必须要对综合实践活动课程的管理有所要求。

1. 完善各项管理制度

综合实践活动课程是国家规定的必修课程，各地区各部门应该引导和督促学校按要求执行国家课程计划，将综合实践活动课程切实纳入学校课程计划中，并按照相关要求实施课程，有了课时的保证，才有可能将课程良好的开展。地方教育管理部门，应该加大对该门课程的管理，将其列入对各个学校行政检查的项目中，或者将此作为对学校进行评价的指标之一，以此保证课程的实施。

在学校层面，要完善各种管理制度的建设，比如综合实践活动课程的教研学习制度、课程评价制度、教师培训制度、教师业绩考核制度、课程资源管理制度、校内设施管理制度、学生考勤制度、学生安全出行制度、外出活动登记制度等，只有有了相应的制度保证，教师在教授课程的时候才有章可循，通过制度的建设，才能使综合实践活动课程在学校课程体系中逐渐走向规范化。

2. 加强教学管理

教学管理指学校根据教育和教学目的，遵循教育和教学规律，对教学过程的各个环节进

行管理，以保证教学的顺利开展。综合实践活动课程由于没有统一规定的教材，所以任课教师拥有对教学活动极大的支配权，因此，更需要学校加强对该课程教学过程的管理，使这门课程的优势得以发挥出来。由于综合实践活动课程是基于学生的问题而展开的，而学生的问题又有很多的随机性和相似性，有时候同一个问题可能会同时出现在三年级和五年级，而有些问题可能在三年级的时候已经探索过了，但是到了六年级的时候，学生又提出了类似的问题，针对这些现象，就要加强对教学的管理，既要满足学生探究的愿望，又要使学生的探究兴趣能够保持持续的新意，使教学资源得到最大利用。学校教学管理部门应该对全校的综合实践活动课程有整体的规划，根据各年龄段学生探究的特点，对学生探究的主题做一个初步的划分，同时制订对各学段学生的发展目标，对课程的组织方式、教师人员的配备和教育资源的配置做出明确要求，以保证活动的有序开展。

在活动过程中，要合理分配和利用好课程资源，协调好校内和校外资源，特别是积极利用好社区和社会资源，组织协调好各类关系，保证学生的外出活动安全。要建立健全的教师教学经验交流平台，通过教研组活动或者网络渠道加强教师教育经验的交流，使不同专业的教师有相互学习的机会，帮助教师拓展思路，完成对学生的综合实践活动课程的主题活动指导。建立活动评价表，对教师在活动过程中的指导水平和协调能力进行评价，对学生在活动过程中的探索精神、创新精神和合作能力等进行评价，同时为学生的成果展示提供平台。此外，还要灵活处理集中课时和分散课时的关系，校内探索和校外探索的关系。有些课程主题探索活动的内容比较多，仅用每周 3 课时来探索活动历时就比较长，有些探索活动还要延伸到校外，因此要灵活处理，可以将课时集中起来使用，这样可以保证学生探索活动的连续性。

（二）规范人事组织管理，形成专业指导团队

教师是综合实践活动课程实施的关键，教师的素质水平和教学能力决定着课程实施的质量。面对一门全新的课程，如何建设一支高水平的教师队伍以保证课程顺利开展是行政管理部门的重要任务。

1. 灵活设置教师岗位，培养稳定的教师队伍

综合实践活动课程的师资队伍建设是学校管理面临的一个新问题。《指导纲要》指出，学校要成立综合实践活动课程领导小组，结合实际情况设置专门的综合实践活动课程中心或教研组，或由教科室、教务处、学生处等职能部门，承担起学校课程实施规划、组织、协调与管理等方面的责任，负责制订并落实学校综合实践活动课程的实施方案，整合校内外的教育资源，统筹协调校内外相关部门的关系，联合各方面的力量，特别是加强与校外活动场所的沟通协调，保证综合实践活动课程的有效实施。要建立专兼职相结合、相对稳定的指导教师队伍。学校教职工要全员参与分工合作，各学科的教师都应当承担综合实践活动课程的实施任务。原则上每所学校至少配备 1 名专任教师，主要负责指导学生如何开展综合实践活动课程，组织其他学科的教师开展校本教研活动。各学科教师要发挥自身的专业优势，主动承担指导任务。

为了保证课程的开设，除了需要专职的教师来完成课程的建设和管理外，同时也需要稳定的教师指导团队，开展课程研究工作。在现阶段的学校管理中，采取专任教师和兼职教师结合的方式是比较可取的。一方面，设置专职教师，教师可以有更多的时间和精力投入到这门课程中，开展课程研究工作。教师有了更多的时间来关注学生、倾听学生、与学生对话、

参与学生的探索活动，帮助学生设计活动主题，指导学生开展研究活动，帮助学生展示研究成果，在这个过程中，既能保证这门课程正常开展，也可以帮助教师积累课程经验，更有助于促进教师的专业发展。另一方面，可让其他学科的教师同时兼任这门课程，参与这门课程的实施和指导，形成教学协助团队。因为综合实践活动课程是一门综合性极高的课程，而学生探索的问题涉及很多学科的内容，仅依靠单一学科的教师是无法胜任指导工作的，如果能够让不同学科的教师组成课程指导团队，形成对学生指导的合力，就可以使这门课程得到更多教师的关注，既提高了课程实施的质量，加强了各学科教师的交流，又提升了教师整合课程的能力。

学校还应该积极争取家长、校外活动场所指导教师、社区人才资源等有关社会力量作为综合实践活动课程的兼职指导教师，使他们共同构成活动指导共同体，协同指导学生综合实践活动课程的开展。

2. 加强校本培训，提高教师专业水平

要提高教师的专业水平，就必须加强对教师的培训。第一是加强理论学习，通过学习，使任课教师能够了解课程改革的背景、基本理念，尤其是综合实践活动课程的课程观、学生观、学习观、评价观等，通过理论学习，形成对这门课程的基本认识。第二是案例学习，综合实践活动课程开展一段时间后，各地区各学校都积累了一些好的活动案例，这些案例是教师和学生智慧的结晶和实践的成果，通过地区或学校间的学习和交流，不仅为教师和学生提供了展示成果的平台，同时也给其他教师和学生以启示，并提供了可借鉴的有益经验。第三是开展行动研究。教师将在课程实施过程中将出现的问题提炼出来，通过自己的独立思考，逐渐摸索，梳理问题解决的方法，形成相对稳定的教育经验或者教学风格。教师也可通过在培训中与专家、同事的交流，共同探讨问题的解决方案。综合实践活动课程是一门实践性课程，在实践过程中，每一个主题都是鲜活的，每一个学生都是真情投入的，不同学校学生的活动都是丰富多彩的，教师应该运用专业的眼光审视课程，将自己的智慧融入课程实践中，加强行动研究，在行动中研究学生、研究课程，提高自身的教师专业水平。

（三）加强成果管理，形成学校办学特色

综合实践活动课程的特点之一就是没有统一的教材，这为教师和学生参与课程和创生课程提供了广阔的空间。在实施课程的过程中，每个学校都取得了一定的成果，比如教师的教学日记，教学活动案例，学生创造的作品，以及课程资源库，这些在实践过程中形成的成果，是教师和学生成长最真实的记录，是教师和学生心灵交互的精神果实，是教师和学生在学校生活的价值体现。一方面，学校管理者应该鼓励教师和学生积极收集这些成果，为成果的展示搭建平台，比如形成综合实践活动课程的校本课程，结集出版教师和学生的活动日记，学校为学生的科技作品、艺术作品举办科技成果展、艺术展、音乐会等，向社会、家长做成果汇报和宣传工作，对于比较成熟、有创意的关乎社会现象的调研报告，可积极向相关部门推荐和宣传。另一方面，对于在这门课程中有研究成果的教师，要多加鼓励和表扬，推荐评优，以培养出一批以执教综合实践活动课程为特长的优秀教师、特级教师。

五、综合实践活动课程管理的内容

综合实践活动课程的管理指的是学校如何从宏观上对综合实践活动课程进行整体的规

划和管理,学校要长期、连贯及系统地对综合实践活动课程加强管理规划,保证综合实践活动课程实施的常态化。具体来说,综合实践活动课程的管理内容包括组织机构管理、规章制度管理、活动安全管理、指导教师管理等。

(一)组织机构管理

综合实践活动课程是一门在国际课程改革大背景下产生的新课程,与传统学科课程相比,综合实践活动课程没有国家统一编制的教材,没有课程内容选择的标准,也没有具体明确的考核模式。因此,为了保证综合实践活动课程的顺利实施,学校应该建立相应的组织协调机构,制订出规章制度,根据办学特色,充分利用校内校外资源对综合实践活动课程进行校本化开发,自行编写综合实践活动课程教材,丰富课程的活动主题方案。从宏观的课程管理,到课程内容的开发、教学人员的配备,综合实践活动课程的组织机构涉及到了学校的各个部门,为了确保综合实践活动课程的每个环节能够顺利运行,应该成立综合实践活动课程的教研组,组成专业团队专门从事相关的教学和研究工作。

第一,各级教研机构要配备综合实践活动课程的专职教研员,加强对该课程任课教师校本教研的指导,并组织开展专题教研、区域教研、网络教研等,通过协同创新、校际联动、区域推进,提高中小学综合实践活动课程的整体实施水平。

第二,校级管理从学校领导开始,按照《指导纲要》精神,重新认识到该课程的重要性,确保综合实践活动课程能够顺利进行。校级领导部门要明确自己的职责,积极主持综合实践活动课程的统筹与规划工作,管理和指导相关机构及专业人员,建立校际间及学校与社会相关部门间的协作机制和资源共享平台,建立健全相关评价体系。学校要明确实施机构和人员,强化对综合实践活动课程的精心组织、整体设计和综合实施。学校还要确保经费的落实,拟定对专任教师的专业化培训和发展规划,支持综合实践活动课程的资源和实践基地建设、专题研究等。

第三,教研组长(业务校长)要做好综合实践活动课程的建设工作。主要包括制订综合实践活动课程的教学发展规划;组织综合实践活动课程的教学评估;编制综合实践活动课程的教学进程和课程安排;落实综合实践活动课程的教师配备和课时;负责综合实践活动课程的教学质量监控和测评;负责学校综合实践活动课程的档案管理等。

第四,教研组负责对学校综合实践活动课程进行研究,对课程实施进行总体协调和指导。通过理论和实践相结合的研究,对课程实施过程中遇到的问题提供帮助。同时,教研组也要对教师的工作给予指导,组织教师进行相关课题的研讨和交流。学校要通过专业引领、同伴互助、合作研究,积极开展以校本为主的教研活动,及时分析、解决课程实施中遇到的问题,提高课程实施的有效性。

案例:

玉带山小学综合实践活动课程组织机构安排[①]

学校成立了综合实践活动课程领导小组和工作小组。领导小组由校长担任组长,全体

① 案例由重庆市玉带山小学邹红提供。

校级、行政干部参与。工作小组以教学副校长为组长,教导处主任牵头,成立项目设计、项目实施、项目展示三个团队。工作小组在领导小组的领导下,承担起学校综合实践活动课程实施规划、组织、协调与管理等方面的责任,负责制订并落实学校综合实践活动课程实施方案,整合校内外教育资源,统筹协调校内外相关部门的关系,联合各方面的力量,特别是加强与校外活动场所的沟通协调,保证综合实践活动课程的有效实施。

项目设计团队面向全校公开招募,由教导处统筹协调,成员以课程设计师团队的1—3人为主导,包括教导处联系的干部、年级主任、教研组长、校外专家。项目实施团队,由年级主任主导,包括课程设计师、教研组长、年级全体上课教师。项目展示团队,以年级为主导,在年级主任的统筹下,教导处参与指导,课程设计师、课程实施者、教研组长以及全体学生和家长参与。所有项目团队,都积极争取家长、校外活动场所指导教师、社区人才资源等各类社会力量的支持和参与。

学校具有全员参与、分工合作、相对稳定的综合实践活动课程教师队伍。每个年级配备1名兼职教研组长,待遇和其他学科课程的教研组长一样,主要负责指导本年级教师和学生开展综合实践活动课程,组织其他学科教师开展校本教研活动。年级各学科教师发挥各自专业优势,指导相应任务。同时积极争取家长、校外活动场所指导教师、社区人才资源等有关社会力量成为综合实践活动课程的兼职指导教师,协同指导学生综合实践活动课程的开展。

(二)规章制度管理

在综合实践活动课程的学校管理中,制订相应的规章制度,是形成科学化管理的关键。从当前综合实践活动课程学校管理的现状来看,对于规章制度方面的管理规划,可以从学校、教师以及学生三个层面来进行,如图7-1所示。

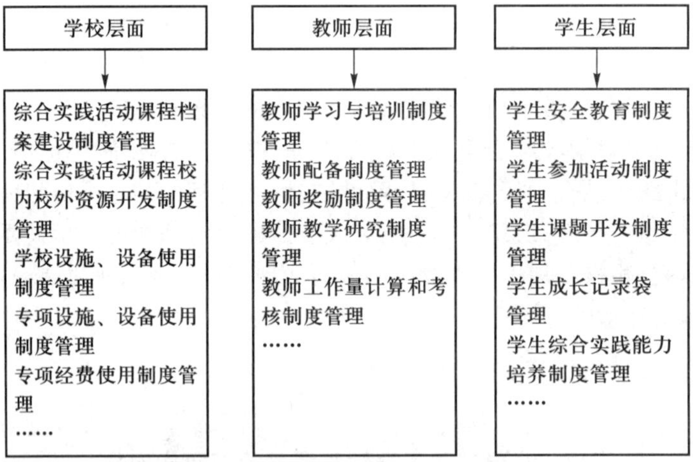

图7-1 学校课程管理内容列表

学校层面的相关规章制度管理包括:综合实践活动课程档案建设制度管理、综合实践活动课程校内外资源开发制度管理、学校设施及设备使用制度管理、专项经费使用制度管理等。

教师层面的相关规章制度管理包括：教师学习与培训制度管理、教师配备制度管理、教师奖励制度管理、教师教学研究制度管理、教师工作量计算和考核制度管理等。

学生层面的相关规章制度管理包括：学生安全教育制度管理、学生参与活动制度管理、学生课题开发制度管理、学生成长记录袋管理、学生综合实践能力培养制度管理等。

（三）活动安全管理

开放性和灵活性是综合实践活动课程的两大特点，这也决定了这门课程要求学生走出学校，接触社会和大自然，在这种情况下，学生的安全问题成为了综合实践活动课程稳步发展的重要问题。因此，学校必须建立一套全面有效的安全保障制度，加大安全管理力度，保证综合实践活动课程的安全运行。

首先，做好学生的安全教育是综合实践活动课程安全管理的首要任务，学生自身安全意识和自我防范意识的提高，是课程保障安全的内在前提。因此，学校要加强安全教育力度，丰富安全教育形式，积极开展安全知识教育活动，重视安全体验教育，培养学生团结合作、共同维护课程安全的能力。将综合实践活动课程中的安全问题放在学校管理的重要位置。

其次，学校要切实做好活动安全的管理工作。学校要成立相应的综合实践活动课程安全管理小组，配备安全管理人员，建立校外活动审批制度，做好活动情境安全规划，提前对活动环境进行考察，研究可能发生的安全问题及其对策，建立突发、应急事件处理方案，在最大限度内，控制综合实践活动课程情境的复杂性和不确定性。

最后，学校要加强各方面的沟通协作。学校应该借助各方面力量来维持综合实践活动课程的安全开展。在校内，学校应重视教师之间的协作，保证一切活动要在教师的参与和指导下进行；在校外，学校可以同家长和与活动相关的社会人士进行合作管理，将课程的具体内容和安排及时告知给他们，请求他们的共同参与和管理，保障综合实践活动课程的安全开展。

案例：

玉带山小学综合实践活动课程安全管理①

1. 加强在综合实践活动课程中的安全教育。

2. 教师做好综合实践活动课程的校内安全保障工作。

3. 建立综合实践活动课程校外实施申请制度，严格按照申请流程向学校相关部门进行申报。具体流程如下：

指导教师提前 5 – 7 天向学校安全管理小组提交综合实践活动课程校外实施书面申请（见表 7 – 1），由安全管理小组进行安全评定后交予学校行政管理部门，由学校行政管理部门审批后方可进行校外综合实践活动课程的实施。

---

① 案例由重庆市玉带山小学邹红提供。

表 7-1 综合实践活动课程校外实施申请表

活动主题			
活动时间		活动时长	
活动地点		指导教师	
活动流程	活动内容		活动形式
活动可能发生的安全问题及应对措施			
活动的社会组织或家长参与情况			

（四）教师管理

教师是学生开展综合实践活动课程的引导者，是学生实践学习的重要保证。综合实践活动课程的教师管理指的是学校对担任综合实践活动课程的任课教师进行的管理。教师管理的主要内容包括教师配备管理，教师培训管理，教师评定管理。学校要加强对综合实践活动课程任课教师的行为管理，通过管理提高教师课程指导的有效性和工作的积极性，保证综合实践活动课程的顺利进行。

1. 教师配备

《指导纲要》指出："要建立专兼职相结合、相对稳定的指导教师队伍。学校配备足够的综合实践活动课程指导教师，原则上每所学校至少配备 1 名专任教师。专职教师是学校综合实践活动课程实施的总负责人，要发挥应有的骨干作用。学校领导、班主任、任课教师以及有关社会力量都可以成为综合实践活动课程的指导教师，协同指导学生综合实践活动课程的开展。"综合实践活动课程是一门跨学科的课程，需要大量的教师和其他人员参与，学校应鼓励不同学科背景的教师参与综合实践活动课程的实施，还可以利用社会力量，聘请校外辅导人员等作为学生综合实践活动课程的指导教师。所以，在综合实践活动课程教师配备的管理上，学校可安排由三部分组成：一是综合实践活动课程的专职教师；二是由班主任或学科教师担任的兼职教师；三是聘请相关的校外指导教师。

（1）专职教师管理

综合实践活动课程是一门独立但未成熟化的课程，因此，学校需要设立专职的综合实践活动课程教师，其职责与其他学科的专职教师相同，要掌握《指导纲要》的内容，明确综合实践活动课程的目标，根据《指导纲要》设置学校综合实践活动课程的学期目标、阶段目标、主题目标和教学目标等，负责所授班级综合实践活动课程的日常管理和指导工作。综合实践活动课程的任课教师作为综合实践活动课程实施的总负责人，还要总体负责学校综合实践活动课程实施的各项任务和在教学过程中对学生进行的全方位指导，要对学生的主题活动成果、阶段性成果、学期成果进行收集、记录、总结与评价，并组织好活动成果的展示与推广工作。这些做法，能够锻炼和培养出较为专业的综合实践活动课程任课教师，提高课程实施的质量和水平。对于任课教师而言，他们要将主要精力集中于综合实践活动课程的实施中，通过专门的学习和培训，丰富自己开展综合实践活动课程的经验，这更有利于帮助学校组织综合实践活动课程的组织与管理。

（2）兼职教师管理

综合实践活动课程是一门内容丰富、综合性较强的课程，它不是个别教师的事情，而是全体教师参与的活动课程。因此，综合实践活动课程需要拥有不同学科背景的教师参与其中。由各个学科教师担任的综合实践活动课程兼职教师的职责是要做好课程的主题设计活动，完成主题的教学目标和教学重难点设计，进行教学方案的撰写，对负责的主题活动给予学生相应的教学指导。这样能够在学校中形成良好的课程实施氛围，综合实践活动课程的实施不是依靠个别教师就可以实现，它的顺利开展涉及到资源开发、后勤管理、教学研究等多个方面，因此，如果各个学科的教师能够担任课程的实施任务，那么对课程的顺利实施能起到良好的促进作用。

（3）校外指导教师管理

综合实践活动课程内容丰富，涉及领域广阔，开展模式多种多样，另外，学生还会由于综合性学习的需要走出校园，走入社会进行活动。所以，学校可以利用社会教育力量，聘请一部分学生家长、有关领域的专家、校外辅导员，作为学生开展综合实践活动课程的指导教师，这些聘请的校外指导教师的职责在于辅助综合实践活动课程的专职教师或兼职教师，根据主题活动的内容对学生进行相关知识的讲解、技能的指导，给学生带来课外知识的扩充。让校外指导教师参与到综合实践活动课程中来，有利于提高学校与社区、家长的联系，拓宽课程资源的渠道，形成校外指导教师资源库，拓宽学校综合实践活动课程的广度与外延。

案例：

西南大学附属中学综合实践活动课程指导教师管理[①]

我校研究性学习师资的形式是“1 + X”形式，“1”为一个班固定一名研究性学习指导教师，原则上为该班班主任，该教师全权负责该班研究性学习，“X”为该班指导教师，原则上为该班任课的所有教师，也可以为我校其他教师、职工，高校教师，社区人士，企业人员，家长，高年级学长等。具体到学生的课题研究，“1”为主要指导教师，“X”为其他相应指导教师。所以我校研究性学习指导教师既是班级或课题指导教师，也是该班级或课题的“教务”老师，负责该课题的评价、管理、指导、学分认定、学生成长记录等。指导教师不仅要对课题进行指导，也要代表学校对该课题实施“教务”工作，将“教务”工作具体化。在“教务”工作中，指导教师主要进行学生课题的准备工作，也就是“备课”，对课题有可能的研究思路进行提前准备；同时对于学生的研究性学习规划或者课题研究计划进行建议；熟悉、适应学生的个性，并记录、统计学生的成长信息，做出激励性评价，让学生顺利完成研究性学习课题。

2. 教师培训管理

综合实践活动课程对教师的要求较高，学校要重视对教师培训和教研方面的管理，组织

① 案例由西南大学附属中学黄仕友提供。

有关指导教师专业发展需求的调研，通过多种形式开展教师专业素质持续发展的活动。第一，要加强教师理论学习。教师要通过专门培训或自学来丰富综合实践活动课程的目标、内容、实施、评价等方面的系统理论知识。学校可以为教师提供专家讲座、专业书籍、相关文献材料等，帮助教师对于综合实践活动课程理论有一个系统的认识。第二，要建立起培训制度。学校要开展面向综合实践活动课程指导教师的全员培训，明确培训目标，努力提升教师的综合实践活动课程能力。要根据教师的实际需求，开发相关的培训课程，组织教师进行系统的学习。要不断探索和改进培训方式，激发教师学习的动力。第三，要健全教师教研制度。学校要积极开展以校本为主的教研活动，及时分析、解决课程实施中遇到的问题，提高课程实施的有效性。相关教研机构要加强对校本教研的指导，组织开展专题教研活动，提高综合实践活动课程的整体实施水平。

3. 教师评价管理

对教师工作进行评价也是综合实践活动课程教师管理的重要内容。合理的教师评价能够激发教师工作的积极性，促使教师能够更加深刻地进行学习和研究；不合理的评价则可能导致教师工作积极性下降，甚至产生倦怠和抵触情绪。学校务必要建立一套公正、科学的教师工作评价制度，对教师的工作成绩充分予以肯定，对教师工作的不足之处，进行科学分析，并帮助教师改进。对教师的评价包括对教师的知识水平、能力水平和工作态度的考察，对教师指导成效性的考核，对教师工作量的计算以及对教师综合实践活动课程的业务考核等。

案例：

玉带山小学综合实践活动课程教师培训与评价管理[①]

1. 建立各类教师培训制度

设计师团队培训，是在课程设计之前、之中、之后，通过邀请各类专家对设计师开展各类培训。对实施和展示队伍的培训，除了专家培训外，更主要的是课程设计师在课程开始前就要开展培训，课程之中参与实时指导，课程结束开展调研。全员培训由校内外专家不定期开展。

2. 建立健全日常教研制度

每个年级设置综合实践活动课程教研组长，主要负责指导本年级综合实践活动课程的开展，组织本年级的教师进行集体备课，做好课程资料的准备、过程资料的收集整理，职责和其他学科的教研组长一样。每周三下午，全校各年级在年级主任召集下，由年级教研组长组织全年级教师开展集体备课，以研促教。学校综合实践活动课程的教学与学生的学业评价相结合，以评促教。定期开展综合实践活动课程赛课活动，以赛促教。教导处将综合实践活动课程的开展和实施纳入常规管理，确保该课程的有效实施。

3. 建立健全指导教师考核激励机制

学校把综合实践活动课程纳入教学管理的综合考核，对任课教师计算工作量，将指导学生综合实践活动课程开展的工作业绩作为教师职称晋升和岗位聘任的重要依据，对取得显

① 案例由重庆市玉带山小学邹红提供。

著成效的指导教师给予表彰奖励。

第二节 综合实践活动课程管理的规划

根据《指导纲要》的精神，课程的管理规划是课程管理的组成部分，综合实践活动课程的管理规划就是对综合实践活动课程进行整体设计，将办学理念、办学特色、培养目标、教育内容等融入其中。《指导纲要》还明确，要形成综合实践活动课程总体实施方案，除此之外，还要基于学生的年段特征、阶段性发展要求，制订具体的“学校学年或学期活动计划与实施方案”，对学年、学期活动做出规划。要使总体实施方案和学年或学期活动计划相互配套、衔接，形成促进学生持续发展的课程实施方案。因此，综合实践活动课程规划应该包含以下四个方面。

一、设计结构化的课程目标

综合实践活动课程的课程总目标是通过让学生积极参与日常活动、社会生活和职业活动，发展学生参与实践的积极体验和丰富经验，提高学生对自然、社会和自我之内在联系的整体认识，培养学生的社会责任意识、问题解决能力、实践创新精神。在设置课程目标时，要为学生制订详细的课程目标。对于每个综合实践活动课程的主题活动来说，详细的活动目标，既要包括活动的总体目标，也要包括活动各个阶段要实现的目标；既要有知识目标，也要有技能目标和情感目标。通过对课程目标制订的管理，能够使教师和学生对于课程的开展与实施有一个整体的认识，并可以明确每个阶段的目标，对课程的全过程做到心中有数。

案例：

玉带山小学综合实践活动课程目标规划①

综合实践活动课程总目标：根据学生“认识世界、探索世界、改造世界”的空间维度和时间维度，鼓励学生在对家、校园、社区、世界的探索中，能够从个体生活、社会生活及与大自然的接触中获得丰富的实践经验，形成并逐步提升对自然、社会和自我之内在联系的整体认识，具有价值体认、责任担当、问题解决、创意物化等方面的意识和能力。

(1) 价值体认：通过综合实践活动课程设计，学生获得有积极意义的价值体验。理解并遵守公共空间的基本行为规范，初步形成集体思想、组织观念，增进对家乡的热爱和对中国人身份的认同，培养对中国共产党的朴素感情，为自己是中国人感到自豪。学校在综合实践活动课程中以24年版画特色教育为主以及将音乐、戏剧等各类艺术与综合实践活动课程进行有机融合。在课程设计时注重“家国情怀”等价值、道德层面的意识和能力培养，非常重视“批判性思维”“儿童哲学”“思维方式”等人文素养层面的意识和能力培养。

(2) 责任担当：围绕家、校园、社区、世界等主题中的日常生活开展力所能及的服务活动，能处理生活中的基本事务，初步养成自理能力、自立精神、热爱生活的态度，具有积极参

---

① 案例由重庆市玉带山小学邹红提供。

与学校和社区生活的意愿。

(3) 问题解决:学生能在教师的引导下,结合家、校园、社区、世界主题中的各类生活现象,发现并提出自己感兴趣的问题。能将问题转化为研究小课题,体验课题研究的过程与方法,提出自己的想法,形成对问题的初步解释。

(4) 创意物化:通过动手操作实践,初步掌握手工设计与制作的基本技能;学会运用信息技术,设计并制作有一定创意的数字作品。运用常见、简单的信息技术解决实际问题,服务于学习和生活。

二、建构系统的课程内容

学校的课程规划应该依据学生的发展状况、学校特色、可利用的社区资源(如各级各类青少年校外活动场所、综合实践活动课程基地和研学旅行基地等)对综合实践活动课程进行整体规划。

第一,在主题开发与活动内容选择时,要重视学生的自主发展需求,尊重学生的自主选择。教师要善于引导学生从日常生活中选取活动的内容,提升其自主规划和管理能力。同时,要善于捕捉和利用课程实施过程中生成的有价值的问题,指导学生深化活动主题,不断完善课程内容。

第二,综合实践活动课程要基于学生的兴趣专长,面向学生的整个生活世界,课程内容一定要开放。因此,基于学生的已有经验及其身心发展特点,综合实践活动课程要打破学科界限,选择开放性的课程内容,促进课内与课外、学习与生活、学校与社会的有机联系。任课教师要引导学生把自己的成长环境作为学习场所,在与家庭、学校、社区的持续互动中,使自己的个性特长、实践能力、服务精神和社会责任感获得发展。

第三,综合实践活动课程的内容设计应基于学生跨学科素养可持续发展的要求,设计长周期的主题活动,不断丰富课程内容,使课程内容具有连续性和递进性,由简单走向复杂,使课程主题向纵深发展,拓展课程的活动范围,从培养学生的综合素养出发,由小学到高中,逐步增加课程内容的宽度和探究的难度,构建科学合理的综合实践活动课程内容序列,全面培养学生的综合素养和能力。

为使课程内容系统化,除了学校要对综合实践活动课程的内容做出整体规划,每个年级、每个班级也要根据学校的整体部署来制订课程的学年方案和班级方案,层层压实,以确保课程体系的完整和系统。

案例:

"五个一"工程——西南大学附属中学综合实践活动课程常态化实施的规划[①]

按照《重庆市普通高中新课程综合实践活动课程实施指导意见》要求,学生在高中阶段必须选择 3 个及以上的综合实践活动课程课题进行研究,获得 15 个学分。西南大学附属中学结合已有的实施经验,提出学生在高中阶段应独立或合作完成五项综合实践活动课程主

---

① 案例由西南大学附属中学黄仕友提供。

题活动，五项活动涉及相应的教师指导、学习规划、实施管理、评价激励、学分认定、学校制度及硬件保障等内容。这些学习内容需要学校、教师、学生、家长甚至社会多个方面的力量，是一个复杂的教育教学过程，是一项系统工程。我们将这五项主题活动称为“五个一”工程，它包含一项方法学习，一项综合性课题研究，三项自主选择的片段研究，详见表 7－2。

表 7－2　西南大学附属中学综合实践活动课程整体安排表

<table>
<tr><th>学科领域</th><th>模块</th><th colspan="2">模块分解</th><th>内容</th><th>时间</th></tr>
<tr><td rowspan="8">综合实践活动课程</td><td rowspan="4">主题活动</td><td rowspan="4">“五个一”工程</td><td>方法学习</td><td>探究性学习通识培训</td><td>高一、高二上</td></tr>
<tr><td rowspan="2">综合课题研究</td><td>理科趋向学生：理科综合性研究性学习</td><td rowspan="2">高二</td></tr>
<tr><td>文科趋向学生：文科综合性研究性学习</td></tr>
<tr><td>设计制作</td><td>从以下内容和形式中根据自己的特长、爱好任意选择三项片段进行研究：
一次文献、一次实验、一个设想、一次小品、一次制作、一个发明、一次 DV、一个电脑作品、一次采访、一次调查、一次演讲、一次课本剧、一次绘画、一篇读书笔记、一组书信、一组诗歌、一次谱曲、其他</td><td>高一到高二</td></tr>
<tr><td colspan="3" rowspan="2">社会服务</td><td rowspan="2">暑假期间以小分队等形式参加为期 5 天的社区服务活动</td><td>高一</td></tr>
<tr><td>高二</td></tr>
<tr><td colspan="3" rowspan="2">职业体验</td><td>军训</td><td>高一入学</td></tr>
<tr><td colspan="2">高二、高三参加一周的社团、学农、社会实践活动</td></tr>
</table>

“五个一”工程体现了高中新课改对学生学习的要求，在设计中又有必学、必选、自选部分，体现了学生学习的自主性、选择性，尊重学生共性基础的个性学习。

为综合应用学科知识和生活经验，提高自身素质，学生在高中阶段都需完成一个综合实践活动课程的课题，其中文科趋向学生研究文科综合课题，理科趋向学生研究理科趋向课题。学生顺利完成后可获得 4 个学分。

为了体现综合实践活动课程的选择性和自主性，遵从学生的个性化、特长化发展，学生可从“一次文献、一次实验、一个设想、一次小品、一次制作、一个发明、一次 DV、一次电脑作品、一次采访、一次调查、一次演讲、一次课本剧、一次绘画、一篇读书笔记、一组书信、一组诗歌、一次谱曲、其他等”20 余项片段学习中任意选择三项进行探究性学习，发展特长，提升能力。学生完成其中一项专项研究可获得 3 个学分，三项合计 9 个学分。

案例：

西南大学附属中学学生课题研究规划[①]

学生在学校综合实践活动课程整体规划的基础上规划自己高中三年的活动计划，见表8-3。该表是学生综合实践活动课程"五个一"工程规划表，学生要在指导教师的指导下，仔细思考后填写。该表填写完成后，由填写人在班级进行公布，实现同学之间的相互了解，可以适当互相借鉴和参考。在高一、高二年级，学生按照自己的规划，进行相关课题研究。

此表由学生在辅导员的指导下填写

姓名		性别		学号	
综合实践活动课程规划	预计形式	预计名称	预计实施时间	预计成果	
	一次研究性学习	细说古诗词的古典美女词汇研究	2017 年 1—6 月	研究成果	
	一次实验	教室 CO_2 含量的简单测定	2017 年 12 月到寒假	实验报告	
	一次采访	关于环城车抢道、占道的采访	2017 年暑假	采访记录及结论	
	一组诗	校园礼赞	2017 年 11 月—2018 年 11 月	一组诗歌	
修改计划记录					
修改计划记录					
修改计划记录					
备注					
学生签名：________			辅导员签名：________		

修改计划记录栏：在课程实施过程中如需修改综合实践活动课程规划，请将修改原因及修改后记录填写在此栏。

预计形式可以选择：一次研究性学习、一次文献、一次实验、一个设想、一次小品、一次制作、一个发明、一次DV、一个电脑作品、一次采访、一次调查、一次演讲、一次课本剧、一次绘画、一篇读书笔记、一组书信、一组诗歌、一次谱曲、其他。

① 案例由西南大学附属中学黄仕友提供。

三、加强课程实施的过程管理

综合实践活动课程在实施过程中要注意课时安排，小学1—2年级，平均每周不少于1课时；小学3—6年级和初中，平均每周不少于2课时；高中执行课程方案相关要求，完成规定学分。各学校要切实保证综合实践活动课程的上课时间，在开足规定课时总数的前提下，根据具体活动需要，把课时的集中使用与分散使用有机结合起来。要根据学生活动主题的特点和需要，灵活安排、有效使用综合实践活动课程时间。学校要给予学生广阔的探究时空环境，保证学生活动的连续性和长期性。要处理好课内与课外的关系，合理安排时间并拓展学生的活动空间与学习场域。

案例：

西南大学附属中学综合实践活动课程通识培训[①]

为让学生学会研究，通过综合实践活动课程培养学生的思维方法和能力，实现发展。西南大学附属中学在实践的基础上形成了通识培训的三个步骤。第一步：让学生进入高中时通过网络或者展板形式了解以往综合实践活动课程的成果，这些成果是我校历届学生的综合实践活动课程的研究课题。通过观摩让学生对综合实践活动课程有一个感性的认识。第二步：在学生对该课程有了一定的感性认识后，利用课堂活动的形式让学生掌握基本的研究方法，保障课题研究正常进行。表7-3是我校通识培训教材的部分目录。第三步：为了进一步提升学生的创新能力，在学生实践的基础上，各指导教师结合学生的实际情况通过小讲座、座谈、头脑风暴等方式进行针对性的训练，提高学生思维能力。

表7-3　通识培训教材目录(部分)

序号	内容	课时数	备注
1	什么是综合实践活动课程——撕报纸实践活动	1	进入课表，通过课堂形式实施
2	我心中的“?”——瓦楞纸实践活动提出更多问题 ——通过观察提出更多问题 ——通过发散思维提出更多问题	1或3	
3	将问题上升为课题——教室内CO_2比室外多吗	1	
4	常用研究方法介绍——我校万象楼的高度	1	
5	怎样进行实证研究——两面镜子塑造千手观音实践活动	1	
6	信息的分析、处理——“词语大串烧”实践活动	1	
7	结论的生成——低碳生活图示化实践活动	1	
8	“五个一”工程表填写及高中综合实践活动课程规划	1	
……			

① 案例由西南大学附属中学黄仕友提供。

三个步骤的课时共计21节，在学生通识培训的第二步，学生要从理论上参与一个完整的课题研究过程，课时15节，累计课时36节，学生顺利完成并经考核合格后计2个学分。通识培训安排见表7－4。

表7－4 综合实践活动课程通识培训安排

<table>
<tr><th colspan="3">“三步法”步骤</th><th>课时</th><th>学分记录</th><th>实施时间</th><th>实施形式</th></tr>
<tr><td>第一步：历届研究性学习成果观摩</td><td rowspan="3">学生参与一个课题研究的理论过程</td><td>对综合实践活动课程的感性认识</td><td>5</td><td rowspan="3">2</td><td>入高中</td><td>入学教育</td></tr>
<tr><td>第二步：综合实践活动课程的学习方法通识培训</td><td>了解、实践、体验综合实践活动课程的基本过程</td><td>8</td><td>高一上学期</td><td>课堂实施</td></tr>
<tr><td>第三步：思维方法通识介绍</td><td>对综合实践活动课程的问题深度思考，完善知识结构</td><td>8</td><td>高二上学期</td><td>课题研究过程中训练</td></tr>
</table>

四、科学开展综合实践活动课程管理评价

综合实践活动课程的管理评价应该以学生的成长为导向，通过对课程实施过程中的观察、记录，分析，了解课程的情况，最终达到促进学生成长的目的。

综合实践活动课程的管理评价要做好课程实施过程中的记录，教师和学生要客观记录参与活动的具体情况，包括活动主题、持续时间、所承担的角色、任务分工及完成情况，收集活动相关的事实材料，如活动照片、作品、研究报告、获奖证书等，为综合实践活动课程的管理评价提供必要的依据。另外，在课程实施过程中，要分类整理具有代表性的重要记录和典型事实材料，进行编排、汇总、归纳后，形成综合实践活动课程的主题档案袋，作为综合实践活动课程的主要评价方式。综合实践活动课程的管理评价是一种发展性评价，因此，在评价中要应坚持多样化评价的原则，综合运用过程性与终结性评价、定性与定量评价相结合的方式。

案例：

西南大学附属中学学生综合实践活动课程课题评价的管理①

学生在经过一段时间的综合实践活动课程课题（项目）研究后，将研究的成果、收获与体会，以多媒体形式向课题管理部门、同学、教师和家长，以及一切关心自己课题的人或团体进行展示，促进彼此之间的相互交流，接受相关专家和人员的评价与指导。该活动由学生组织、宣传、策划和实施，研究者将选题、研究过程、研究成果等通过多媒体进行展示。该课程

① 案例由西南大学附属中学黄仕友提供。

将学生的已有知识与技能应用于现实生活的能力充分展现，增强了学生对综合实践活动课程成果的展示、交流和评价能力，同时也增强了学生对综合实践活动课程过程的反思、感悟和改进能力。

综合实践活动课程强调课程的活动过程，丰富的活动过程能孕育丰厚的活动成果，在活动中，学生活动的照片、调研的资料、研究报告、调查报告、手抄报、艺术作品、设计制作的产品、电子图片等等，构成了丰富多样的成果。教师可以指导学生展示和交流课程成果，举办报告会，出版主题活动简报，加大班级主题活动的影响力度。一方面加强了对于知识产权的保护，另一方面更需要加强社会宣传，扩大成果的影响力和社会贡献。

案例：

西南大学附属中学网络平台成果展①

西南大学附属中学架设了一个网络平台，在网络平台中放入综合活动实践课程的相关知识，我校综合实践活动课程的开展过程和总体规划，学生成果展示区域，学生、教师问题交流区域等板块。板块的详细作用如表7－5所示。

表7－5　西南大学附属中学网络平台板块

编号	板块名称	主要内容	教师权限	学生权限
1	知识准备	综合实践活动课程的相关知识准备	添加 浏览	浏览
2	论坛	发表问题，提出解决问题的方法，这里教师可以与学生一起进行交流、及时讨论，该栏目根据学校网络情况可以向外网（相对于校园网）开放	添加 浏览	添加 浏览
3	综合实践活动课程流程	根据学校实际情况，制订和发布综合实践活动课程主题探究流程，让指导教师和学生知道目前应该做什么，知道什么时候进行选题、实施、总结、展示和反思等，从而更加熟悉综合实践活动课程流程	浏览（添加权限：学校教务处）	浏览
4	研究成果	学生成果的上传区域，上一届学生的优秀成果区域（案例）。在这里学生可以把自己的最新课题成果上传到这里，指导教师和同学可以在这里对其成果进行肯定和批评，并提出自己的观点	添加 浏览 修改	添加 浏览 修改自己课题

指导教师和学生可以在该开放式的网络平台中了解和学习综合实践活动课程，并且可以在论坛中留下自己的问题和提出自己解决问题的办法，实现课程的交互。在综合实践活

① 案例由西南大学附属中学黄仕友提供。

动课程实施的过程中，教师可以把自己的经验和方法发布在平台中，供学生参考，丰富和完善学生的经验。

案例：

西南大学附属中学成果交流展示评比平台①

西南大学附属中学从2003年11月开始在学校进行全校性的“西南师大附中综合实践活动课程多媒体成果评比展示活动”，2004年12月举办第二届“西南师大附中综合实践活动课程多媒体成果评比展示活动”。在成果交流展示评比中，我们邀请了重庆市的综合实践活动课程专家对学生的课题进行评比、点评，最后评选出了一、二、三等奖，并给获奖小组颁发了证书和奖金。

在学校具体的展示评比活动中，具体流程如图7－2所示。

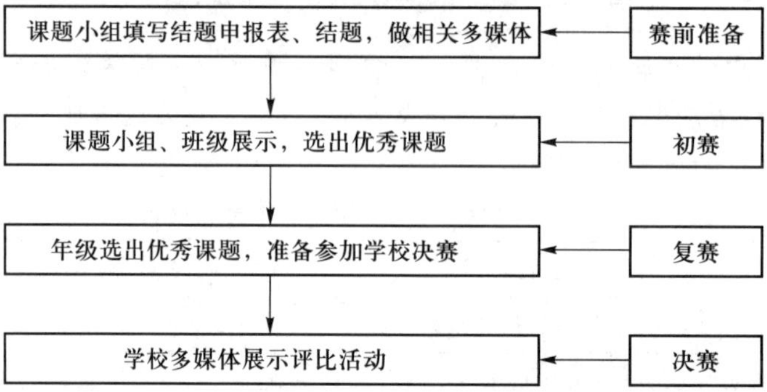

图7－2　西南大学附属中学成果展示评比活动流程图

本章小结

作为一门新型课程，综合实践活动课程的管理尤为重要，良好的课程管理能够促进课程的建设和发展。为了使综合实践活动课程有效实施，学校应该建立起完善的综合实践活动课程管理制度，只有这样才能有利于保证课程的常态化运行，从而有利于提升课程实施的质量，有利于增进课程的适切性，有利于提升教师的专业能力，有利于实现课程的价值。综合实践活动课程的管理从组织机构管理、规章制度建立、活动安全管理规约、指导教师管理规定等事务都有待学者们加强研究和思考。学校作为综合实践活动课程管理的核心主体，更要充分理解该课程的内涵和管理要义，加强实践探索，积极探索出一套科学合理的综合实践活动课程管理制度，进一步明确各管理部门的职责，加强教师专业化队伍建设，优化综合实践活动课程评价机制，加强活动成果宣传，使该课程绽放应有的教育价值。这既是课程改革与发展的客观需要，也是综合实践活动课程成熟发展的必要保障。

① 案例由西南大学附属中学黄仕友提供。

实践·反思·探究

1. 如果你是校长,你将如何规划本校的综合实践活动课程体系?
2. 访谈一所学校的校长,了解该校综合实践活动课程管理的成效、困难和问题。
3. 如果你是一名校长,你将如何将学校综合实践活动课程的成果进行宣传和推广?

推荐阅读

[1] 杜建群. 综合实践活动课程理论与实践[M]. 北京:北京师范大学出版社,2014.
[2] 陈树杰. 综合实践活动课程引论[M]. 北京:首都师范大学出版社,2010.
[3] 洪明,张俊峰. 综合实践活动课程导论[M]. 福州:福建教育出版社,2007.
[4] 张华. 综合实践活动课程研究[M]. 上海:上海科技出版社,2009.
[5] 郭元祥. 综合实践活动课程与教学论[M]. 北京:人民教育出版社,2013.
[6] 田慧生. 综合实践活动课程实施中的问题与策略[M]. 北京:教育科学出版社,2007.

参考文献

[1] 中华人民共和国教育部. 中小学综合实践活动课程指导纲要[S]. 2017.
[2] 中华人民共和国教育部. 综合实践活动指导纲要 3—6 年级[S]. 2001.
[3] 中华人民共和国教育部. 综合实践活动指导纲要 7—9 年级[S]. 2001.
[4] 中华人民共和国教育部. 基础教育课程改革纲要(试行)[N]. 中国教育报,2001-07-27(2).
[5] 雅斯贝尔斯. 什么是教育[M]. 邹进,译. 北京:读书·生活·新知三联书店,1991.
[6] 顾明远. 教育大辞典(增订合编本)[M]. 上海:上海教育出版社,1998.
[7] 廖哲勋. 课程学[M]. 武汉:华中师范大学出版社,1991.
[8] 廖哲勋,田慧生. 课程新论[M]. 北京:教育科学出版社,2003.
[9] 钟启泉等. 基础教育课程改革纲要(试行)解读[M],上海:华东师范大学出版社,2001.
[10] 钟启泉. 课程论[M]. 北京:教育科学出版社,2007.
[11] 钟启泉. 现代课程论(新版)[M]. 上海:上海教育出版社,2003.
[12] 朱慕菊. 走进新课程[M]. 北京:北京师范大学出版社,2002.
[13] 李子健,黄显华. 课程:范式、取向和设计[M]. 香港:香港中文大学出版社,1996.
[14] 陈时见. 综合实践活动:实践与探究[M]. 南宁:广西科学技术出版社, 2018.
[15] 靳玉乐. 现代课程论[M]. 重庆:西南师范大学出版社,1995.
[16] 张华. 课程与教学论[M]. 上海:上海教育出版社,2000.
[17] 郭元祥. 综合实践活动课程的管理与评价 [M]. 北京:高等教育出版社,2003.
[18] 郭元祥,伍香平. 综合实践活动课程的理念[M]. 北京:高等教育出版社,2003.
[19] 田慧生. 综合实践活动课程的理论探索与实践反思[M]. 北京:教育科学出版社,2007.
[20] 高孝传. 课程目标研究[M]. 北京:教育科学出版社,2001.
[21] 洪明,张俊峰. 综合实践活动课程导论[M]. 福州:福建教育出版社,2007.
[22] 陈侠. 课程研究引论[J]. 课程·教材·教法,1981(3):7-12.
[23] 熊梅. 论综合实践活动指定领域与非指定领域的关系[J]. 教育研究,2003(6):85-89.
[24] 蔡勇强,童顺平. 论综合实践活动指定领域融合项目的开发[J]. 当代教师教育,2009(12):70-73.

[25] BOBBITT, F. The curriclum [M]. Boston: Houghton Mifflin Company, 1918.
[26] OLIVA, P. F. Developing the curriculum [M]. 3rd de. Boston & Toronto: Little, Brown and Cornpany, 1992.

郑重声明